O LADO CERTO DA HISTÓRIA

OUTRAS OBRAS DE BEN SHAPIRO

*Bullies: How the Left's Culture of Fear
and Intimidation Silences Americans*

Brainwashed: How Universities Indoctrinate America's Youth

*The People vs. Barack Obama: The Criminal Case
Against the Obama Administration*

O LADO CERTO DA HISTÓRIA

*Como a Razão e o Propósito Moral
Tornaram o Ocidente Grande*

—

BEN SHAPIRO

Rio de Janeiro, 2019

O Lado Certo da História
Copyright © 2019 da Starlin Alta Editora e Consultoria Eireli. ISBN: 978-85-508-0926-7

Translated from original The Right Side of History. Copyright © 2019 by Ben Shapiro. ISBN 978-0-06-285790-3. This translation is published and sold by permission of HarperCollins, the owner of all rights to publish and sell the same. PORTUGUESE language edition published by Starlin Alta Editora e Consultoria Eireli, Copyright © 2019 by Starlin Alta Editora e Consultoria Eireli.

Todos os direitos estão reservados e protegidos por Lei. Nenhuma parte deste livro, sem autorização prévia por escrito da editora, poderá ser reproduzida ou transmitida. A violação dos Direitos Autorais é crime estabelecido na Lei nº 9.610/98 e com punição de acordo com o artigo 184 do Código Penal.

A editora não se responsabiliza pelo conteúdo da obra, formulada exclusivamente pelo(s) autor(es).

Marcas Registradas: Todos os termos mencionados e reconhecidos como Marca Registrada e/ou Comercial são de responsabilidade de seus proprietários. A editora informa não estar associada a nenhum produto e/ou fornecedor apresentado no livro.

Impresso no Brasil — 1ª Edição, 2019 — Edição revisada conforme o Acordo Ortográfico da Língua Portuguesa de 2009.

Publique seu livro com a Alta Books. Para mais informações envie um e-mail para autoria@altabooks.com.br

Obra disponível para venda corporativa e/ou personalizada. Para mais informações, fale com projetos@altabooks.com.br

Produção Editorial Editora Alta Books **Gerência Editorial** Anderson Vieira	**Produtor Editorial** Juliana de Oliveira Thiê Alves **Assistente Editorial** Maria de Lourdes Borges	**Marketing Editorial** marketing@altabooks.com.br **Editor de Aquisição** José Rugeri j.rugeri@altabooks.com.br	**Vendas Atacado e Varejo** Daniele Fonseca Viviane Paiva comercial@altabooks.com.br	**Ouvidoria** ouvidoria@altabooks.com.br
Equipe Editorial	Adriano Barros Bianca Teodoro Ian Verçosa	Illysabelle Trajano Kelry Oliveira Keyciane Botelho	Larissa Lima Leandro Lacerda Livia Carvalho	Paulo Gomes Thales Silva Thauan Gomes
Tradução Carolina Gaio	**Copidesque** Wendy Campos	**Revisão Gramatical** Hellen Suzuki Thamiris Leiroza	**Diagramação** Joyce Matos	

Erratas e arquivos de apoio: No site da editora relatamos, com a devida correção, qualquer erro encontrado em nossos livros, bem como disponibilizamos arquivos de apoio se aplicáveis à obra em questão.

Acesse o site www.altabooks.com.br e procure pelo título do livro desejado para ter acesso às erratas, aos arquivos de apoio e/ou a outros conteúdos aplicáveis à obra.

Suporte Técnico: A obra é comercializada na forma em que está, sem direito a suporte técnico ou orientação pessoal/exclusiva ao leitor.

A editora não se responsabiliza pela manutenção, atualização e idioma dos sites referidos pelos autores nesta obra.

Dados Internacionais de Catalogação na Publicação (CIP) de acordo com ISBD

```
S529l    Shapiro, Ben
             O lado certo da história: como a razão e o propósito moral tornaram o
         Ocidente grande / Ben Shapiro ; traduzido por Carolina Gaio. - Rio de
         Janeiro : Alta Books, 2019.
             272 p. ; 17cm x 24cm.

             Tradução de: The Right Side of History
             Inclui bibliografia e índice.
             ISBN: 978-85-508-0926-7

             1. Ciências políticas. 2. Ocidente. 3. Razão. 4. Propósito moral. 5.
         Sociedade. 6. Valores. I. Gaio, Carolina. II. Título.
                                                                  CDD 320
         2019-1120                                                CDU 32
```

Elaborado por Vagner Rodolfo da Silva - CRB-8/9410

Rua Viúva Cláudio, 291 — Bairro Industrial do Jacaré
CEP: 20.970-031 — Rio de Janeiro (RJ)
Tels.: (21) 3278-8069 / 3278-8419
www.altabooks.com.br — altabooks@altabooks.com.br
www.facebook.com/altabooks — www.instagram.com/altabooks

Para meus pais, que me mostraram
que a vida tem uma causa.

Para minha esposa, que me mostrou
que a vida tem sentido.

Para meus filhos, que me mostraram
que a vida tem um propósito.

SOBRE O AUTOR

Ben Shapiro é editor-chefe do *Daily Wire* e apresentador do *The Ben Shapiro Show*, o principal podcast conservador e um dos programas de rádio em maior ascensão nos Estados Unidos. Autor best-seller do *New York Times*, Shapiro é graduado pela Harvard Law School e um dos palestrantes universitários mais cotados do país.

AGRADECIMENTOS

Este livro é o resultado de muitos anos de reflexão e diálogo sobre questões complexas. Todas essas conversas, debates e discussões influenciaram minhas concepções — então gostaria de agradecer a todos os meus amigos e a todos os opositores por me ajudarem a desenvolver essas ideias. Como sempre, todas as falhas ou erros são meus, e apenas meus.

Agradeço ao meu melhor amigo, Jeremy Boreing, um herói anônimo do movimento conservador, que é meu parceiro nos negócios e nas trincheiras políticas. Não consigo imaginar nenhuma outra pessoa com quem prefira encarar uma batalha ideológica. Fazer isso todos os dias é uma honra e um prazer.

Agradeço a Caleb Robinson, CEO da Forward Publishing, que direciona as decisões com dignidade e pragmatismo. É raro encontrar um homem tão dedicado a uma causa. Tenho orgulho de trabalhar com ele.

Agradeço a Eric Nelson, editor deste livro, que fez um trabalho hercúleo ao revisar várias vezes o material, e que me direcionou de volta para a realidade — pelo menos, o quanto conseguiu.

Agradeço a Frank Breeden, meu agente, que entendeu que este era um projeto movido por paixão e soube incentivar os dois.

Agradeço a todos os respeitados colegas e pensadores que leram o manuscrito e contribuíram com seu aprimoramento a cada passo da jornada. São eles: Yoram Hazony, Yuval Levin, Matthew Continetti, John Podhoretz, Andrew Klavan, o execrável Michael Knowles, Rabbi David Wolpe, Eric Weinstein, David French, Dana Perino e meu amigo e parceiro de estudos talmúdicos, Rabbi Moshe Samuels. A generosidade de todos vocês é infinita.

Agradeço a todas as pessoas incríveis com quem trabalho, todos os dias, na Daily Wire; dos escritores e editores aos produtores. Eu não conseguiria fazer o que faço sem seu apoio incomensurável — e eles têm minha mais profunda gratidão.

Agradeço aos nossos parceiros de conteúdo da Westwood One, pioneiros na abordagem ao podcast e ao programa de rádio.

Agradeço aos nossos parceiros da Young America's Foundation, que colaboram com a difusão da nossa mensagem para milhares de jovens nos campi universitários de todos os Estados Unidos.

Agradeço aos distribuidores do Creators Syndicate, e aos editores da *National Review* e aos da *Newsweek*, que fazem com que eu alcance leitores de uma ampla gama de filiações políticas e culturais.

Acima de tudo, agradeço a todos os ouvintes, espectadores, leitores e seguidores nas mídias sociais: vocês me inspiram a ser melhor todos os dias, e quero ser tão bom quanto esperam.

Por fim, agradeço a Deus, Criador do Céu e da Terra, Mestre do sentido e propósito, e Pai Benevolente da liberdade humana.

Muito obrigado.

SUMÁRIO

SOBRE O AUTOR ... ix

AGRADECIMENTOS ... xi

INTRODUÇÃO ... xv

CAPÍTULO 1: A PROCURA DA FELICIDADE ... 1

CAPÍTULO 2: DO TOPO DA MONTANHA ... 19

CAPÍTULO 3: DO PÓ VIEMOS ... 39

CAPÍTULO 4: UNIÃO IMPROVÁVEL ... 55

CAPÍTULO 5: DOTADOS PELO CRIADOR ... 73

CAPÍTULO 6: MORTE AO PROPÓSITO, MORTE À PREDISPOSIÇÃO ... 95

CAPÍTULO 7: A REFORMULAÇÃO DO MUNDO ... 117

CAPÍTULO 8: DEPOIS DA TEMPESTADE ... 153

CAPÍTULO 9: O RETORNO AO PAGANISMO ... 177

CONCLUSÃO: COMO CONSTRUIR ... 205

NOTAS ... 213

ÍNDICE ... 233

INTRODUÇÃO

Este livro aborda dois mistérios.

O primeiro: Por que a vida é tão boa?

O segundo: Por que nós estragamos tudo?

Os seres humanos viveram milhares de anos em extrema pobreza, sob condições de subsistência, em constante ameaça de perigo físico infligido tanto pela natureza quanto pelos seus semelhantes. Em quase toda a história humana, a vida tem sido perversa, brutal e curta. Em 1900, nos Estados Unidos, cerca de 10% de todos os bebês morreram antes de completar o primeiro aniversário; em outros países, o número foi muito maior. Era esperado que aproximadamente uma em cada cem mães morresse no parto.

No entanto, hoje vivemos em uma era em que o padrão é sobreviver à gravidez e ao parto (a taxa de mortalidade caiu 99%).[1] Estima-se que os bebês sobrevivam à infância e tenham mais oito décadas. Vivemos em uma época em que a maior parte da população norte-americana vive em lugares com temperatura amena, artificialmente controlada, abastecidos de alimentos, um carro e, pelo menos, uma televisão. Falamos uns com os outros instantaneamente, a despeito dos milhares de quilômetros de distância, achamos e reunimos informações ao tocar poucas teclas, transferimos dinheiro para qualquer parte do globo sem problemas e compramos produtos fabricados em inúmeros lugares, por centavos, sem sair de nossas casas.

E, então, há nossa liberdade. Podemos supor que um bebê nascido nos Estados Unidos nunca será escravizado, assassinado nem torturado; que um adulto cumprirá sua rotina de trabalho sem ter medo de ser preso por adotar um ponto de vista impopular, adorar o deus errado ou nenhum. Não há restrições que impeçam certas raças ou gêneros de realizarem trabalhos específicos; nenhuma lei ou análogo destinado a privilegiar um endogrupo biológico ou religioso particular em detrimento de qualquer exogrupo. Podemos viver com quem escolhermos, ter quantos filhos quisermos e começar qualquer empreendimento que acharmos adequado. Podemos ter esperanças de morrer mais ricos do que nascemos.

Não vivemos em um mundo perfeito, mas vivemos no melhor que já existiu. Então, o primeiro mistério é este: Como tudo isso aconteceu? O que mudou?

Depois, há a segunda pergunta, a mais importante: Por que estamos jogando tudo isso fora?

Estamos nos matando em taxas mais altas do que aconteceu em décadas. As taxas de casos de depressão dispararam. As overdoses de drogas matam mais do que os acidentes de carro. As taxas de casamento caíram, como as de gravidez. Gastamos mais dinheiro com superficialidades e usufruímos menos de todas as coisas. As teorias da conspiração substituíram a razão; e as percepções subjetivas, a observação

Introdução xvii

objetiva. Fatos foram soterrados para dar espaço a sentimentos; soluções mágicas e benefícios egoístas assumiram o lugar da lógica.

Estamos mais divididos do que em qualquer momento que o passado recente registra. No dia da eleição de 2016, as pesquisas mostraram que 43% dos eleitores tinham uma opinião favorável sobre Hillary Clinton; 38%, sobre Donald Trump. Enquanto 36% julgavam que Hillary era honesta e confiável, 33% pensavam o mesmo de Trump. Houve 53% dos norte-americanos que expressaram preocupação ou medo se Clinton ganhasse; 57%, se fosse Trump. Nunca dois candidatos tão impopulares haviam concorrido na mesma eleição.[2]

Eles ainda ganharam milhões de votos de apoio. E não parou por aí — as pessoas que se sentiam desconfortáveis com o candidato oponente atacavam seus entusiastas de forma ferina; elas romperam amizades com os que não compartilhavam da mesma opinião política. Em julho de 2017, a Pew Research descobriu que 47% dos democratas liberais autodeclarados disseram que teriam dificuldades em manter amizade com eleitores de Trump; 13% dos conservadores disseram o mesmo, mas é difícil precisar se esses números se inverteriam caso Trump tivesse perdido. Também vale ressaltar que 47% dos eleitores de Clinton disseram que não tinham nenhum amigo próximo que votasse em Trump. Uma estatística mais reveladora: 68% dos democratas disseram que era "estressante e frustrante" conversar com oponentes políticos; 52% dos republicanos concordaram.[3]

O que está acontecendo é mais complexo do que diferenças políticas. Praticamente toda a confiança nas principais instituições ruiu. As pesquisas do Gallup [uma espécie de IBOPE dos EUA] indicam que o nível de confiança geral que os norte-americanos ainda depositam nas 14 instituições mais representativas do país é de apenas 32%. Somente 27% dos norte-americanos confiam nos bancos; 20%, nos jornais; 41% nas religiões institucionalizadas; esse número é de 19% para o governo federal, como um todo, e de 39% para o sistema de saúde.[4] Somente 30% dos norte-americanos confiam nas escolas públicas; 18%, nas grandes empresas e 9%, no Congresso.[5] Ainda confiamos em nossa política, mas esses números caíram na última década, particularmente entre os democratas.[6] A única instituição em que parecemos realmente confiar é o exército — o que é justificável, já que ele é responsável pela nossa defesa.[7]

Também não confiamos uns nos outros. Segundo uma pesquisa de 2015, apenas 52% dos norte-americanos disseram confiar em todos ou na maioria dos vizinhos; a resposta dos negros e dos hispânicos foi de 31% e 27%, respectivamente. Somente 46% dos norte-americanos relataram confraternizar com os vizinhos uma vez por mês, em comparação com os 61% que tinham esse hábito em 1974.[8] Em 2016, outro levantamento indicou que somente 31% dos norte-americanos acreditavam que "a maioria das pessoas é confiável".

E cada vez menos pessoas se sentem satisfeitas com a democracia. Uma pesquisa de outubro de 2016 mostrou que 40% dos norte-americanos disseram "ter perdido a fé na democracia", com outros 6% declarando que nunca nem chegaram a acreditar nela. Não surpreende que apenas 31% dos entrevistados tenham dito que aceitariam "de cabeça baixa" os resultados da eleição se seu candidato a perdesse. E 80% disseram que o país estava dividido — *mais do que nunca.*[9] Um lembrete: houve uma guerra civil em grande escala nos Estados Unidos, fora as leis de Jim Crow e o terrorismo doméstico da década de 1960.

Introdução xix

Essa cisão brutal se alastra por todos os aspectos da malha social: não conseguimos assistir ao futebol sem debater os méritos de se protestar durante o hino nacional, assistir à televisão sem cair em debates sobre a sub-representação feminina nem ir à igreja sem discutir voto. Lutamos cada vez mais agressiva e veementemente por questões ínfimas — quanto mais frívolo é o assunto, mais intensas são as batalhas.

O que aconteceu com o mundo?

Existem algumas hipóteses muito em voga.

Há os que culpam a expressiva desigualdade econômica pela atual desintegração política e social. Muitos críticos e políticos argumentam que a desigualdade de renda gerou um conflito inédito na vida norte-americana. Defendem que muitos norte-americanos se sentem deixados para trás pela nova economia globalizada e que tanto o leve protecionismo quanto o redistribucionismo curarão essas feridas. Eles assumem que o 1% supera os 99%; que os norte-americanos urbanos ultrapassam os rurais; que os empregos de colarinho branco excedem os de colarinho azul.

Esse reducionismo econômico parece deslocado. A classe média alta dos Estados Unidos cresceu de 12%, em 1979, para 30%, a partir de 2014.[10] No entanto, a mobilidade de renda não muda significativamente desde 1970.[11] Os Estados Unidos passaram por tempos econômicos piores — quando este livro foi escrito, a taxa de desemprego era de 4%, com ganhos recordes no mercado de ações. Nem a Grande Depressão nos segregou da forma que hoje estamos — e a economia tem crescido constantemente desde 2009. A mudança econômica tornou-se uma força frequente na vida norte-americana, com uma tendência ascendente de longo prazo de abranger todos os locais. A diferença está em nossa divisão social, não em nossas carteiras. E quanto à raça? Nessa perspectiva, os conflitos políticos são um substituto das feridas raciais mais latentes, que se reabriram nos últimos anos.

Essa opinião é sustentada de modo muito passional por Ta-Nehisi Coates, que sugeriu que Barack Obama era a melhor e última esperança dos negros norte-americanos ("um defensor das fantasias, sonhos e oportunidades para os negros"[12]) e que a presidência de Donald Trump representa a vingança dos brancos. "Para Trump, a branquidade não é imaginária nem simbólica, mas o cerne de seu poder", escreveu Coates recentemente. "Nisso, Trump não está sozinho. Mas, enquanto seus antepassados carregavam a branquidade como um amuleto ancestral, Trump o abriu, liberando seus poderes sobrenaturais."[13] Os norte-americanos negros, defende Coates, "foram lançados em uma corrida em que o vento está sempre soprando em suas faces, e os cães estão em seus calcanhares. O sequestro da vida negra foi uma prática que se enraizou na infância deste país e tem sido ratificada por toda a sua história. Assim, ele se tornou também herança, mentalidade, sentimento e um cenário-padrão para o qual, talvez até o fim de nossos dias, invariavelmente voltaremos".[14]

Esse cenário negativo que Coates enxerga é uma cortesia do movimento racista da direita alternativa, que acata sua caracterização da política norte-americana, mas a entende de forma diametralmente oposta: um país dominado por políticas de identidade de minorias raciais. A direita alternativa *ama* essa caracterização que Coates faz da parcela branca dos Estados Unidos como todo-poderosa; como Richard Spencer disse à *New York Times Magazine*, em colaboração com Thomas Chatterton Williams: "É por isso que estou extremamente confiante, porque esses esquerdistas são os mais fáceis de

Introdução   **xxi**

chutar."[15] Mais do que isso, a direita alternativa entende que o mundo é uma grande guerra racial — que espera um dia, finalmente, vencer.

No entanto, a discriminação racial não explica a atual crise em que vivemos. Os conflagracionistas raciais sempre existiram nos Estados Unidos. Este ainda é o país que enfrentou a escravidão e as leis de Jim Crow. Será que a questão racial se agravou assim desde então?

Na verdade, estamos mais igualitários do ponto de vista racial do que nunca em nossa história — mais do que qualquer outra sociedade na história humana. Em 1958, apenas 4% dos norte-americanos aprovavam o casamento entre brancos e negros; a partir de 2013, esse número era de 87%.[16] Naquele ano, 72% dos norte-americanos brancos viam relações inter-raciais com bons olhos, e 66% dos negros; essa estatística permaneceu relativamente estável de 2001 a 2013. E, no entanto, nossas batalhas raciais são agora sangrentas e brutais, com um tribalismo renovado de todos os lados; em julho de 2016, 53% dos norte-americanos julgavam bem as relações inter-raciais, contra 46%.[17] Há, de fato, algo desintegrando-se, mas é difícil atribuir a culpa ao ressurgimento do sentimento racista.

Um terceiro argumento popular para explicar a fragmentação nacional acusa a tecnologia. As mídias sociais, dizem, têm-nos segregado mais do que nunca. Nós nos escondemos em nossas bolhas, só falamos com quem concordamos. Seguimos aqueles de que gostamos; cada vez menos frequentamos reuniões sociais. Se nos sentamos em nossas salas de estar e nos evitamos, e interagimos apenas para sustentar nossas noções preconcebidas, é menos provável que vejamos aqueles de que discordamos como iguais. Mosta-fa El-Bermawy, da Wired.com, defende: "Do feed do seu Facebook à pesquisa do Google, à medida que sua interação digital se amplia e se personaliza, as ilhas da internet se segregam e se mantêm à prova de som. Sem nos darmos conta, desenvolvemos uma espécie de visão em túnel."[18]

Essa é uma teoria interessante. Mas, segundo os pesquisadores, não há muitas evidências que a respaldem. Segundo os professores de economia de Stanford e de Brown, a polarização política ocorre mais para "grupos demográficos menos propensos a usarem a internet e as mídias sociais".[19] A polarização parece cruzar fronteiras demográficas, sem se relacionar ao nível de uso das tecnologias.[20]

Por último, há a hipótese mais simples de todas: por algum motivo, a natureza humana retrocedeu. Somos naturalmente tribais, naturalmente possessivos, naturalmente irados. Por um tempo, suprimimos esses instintos, e chamamos a essa repressão de "Iluminismo". Jonah Goldberg, em seu magistral *Suicide of the West* ["Suicídio do Ocidente", em tradução livre], chama a essa derrocada do instinto humano de "O Milagre".[21] Steven Pinker, autor de *O Novo Iluminismo*, defende uma ideia parecida: segundo ele, o Iluminismo mudou tudo — gerou ciência e humanismo, razão e progresso. O pensamento iluminista substituiu a irracionalidade pela racionalidade, e o efeito foi a criação do mundo moderno.[22] Goldberg, sustentando a ideia de que os ideais do Iluminismo são antinaturais, diz que nossa atual degradação parece uma reversão a nossa natureza tribal e reacionária. Pinker concorda.

Entretanto, essa proposta não explica por que precisamente, antes de tudo, a modernidade irrompeu — se a natureza humana extirpa o liberalismo, o capitalismo, o humanismo e a ciência, por que os levou a florescer? Mais importante, não explica por que estamos derrubando essas poderosas forças *só agora*, em detrimento de qualquer outro momento nos últimos dois séculos.

Acredito que ambas as questões estão intimamente relacionadas. Este livro argumenta que a civilização ocidental, incluindo as noções modernas de valores, razão e ciência, foi construída sobre profundas estruturas. E também argumenta que estamos jogando fora o que há de melhor em nossa civilização porque esquecemos que elas existem.

Então, de onde surgiram as ideias para este livro? Da minha percepção — amplamente refletida, creio eu — de que estamos segregando-nos. Essa constatação me ocorreu em um momento preciso: 25 de fevereiro de 2016.

No final de 2015, comecei uma série de palestras em campi universitários, indo primeiro à Universidade do Missouri. Esse campus pipocou nos noticiários nacionais após o movimento ativista Black Lives Matter protestar contra a administração; o time de futebol se negou a entrar em campo para um jogo programado, apesar da reação excessivamente cuidadosa da administração a relatos vagos de incidentes racistas isolados, alguns dos quais completamente infundados. Os estudantes que protestavam declararam greve de fome, armaram acampamento e vetaram a presença de jornalistas. A professora Melissa Click, sem nenhum pudor, pediu que batessem em um repórter estudantil que tentava cobrir o evento.

Proferi uma palestra para os estudantes do campus — que foi assistida online meio milhão de vezes em uma semana; defendi a ideia de que todas as pessoas de bom coração querem combater o racismo, mas que acusações vagas de racismo institucional e privilégio branco diluem os problemas reais — e difamam o país, como um todo. Palestrei sem equipe de segurança. Tudo correu bem, apesar de uma tentativa de acionamento do alarme de incêndio, e os alunos fizeram fila para uma sessão de perguntas e respostas bastante heterogênea.

Apenas três meses depois, a ficha caiu.

Eu tinha uma palestra marcada para o grupo da Young America's Foundation, na Universidade do Estado da Califórnia, em Los Angeles. Duas semanas antes, começamos a ouvir rumores sobre protestos. Na semana anterior, o reitor anunciou que o evento fora cancelado. Eu me recusei a concordar com essa clara violação dos direitos assegurados pela Primeira Emenda — afinal, meus impostos de contribuinte já estavam no sistema da universidade — e avisei que iria assim mesmo.

Meu sócio, Jeremy Boreing, insistiu em levar uma equipe de segurança, mas eu não via necessidade. Afinal, nunca precisei de segurança para evento algum. Não era a Batalha de Faluja. Era um grande campus universitário no meio da minha cidade natal.

Só por precaução, Jeremy contratou os seguranças.

Graças a Deus eu o escutei.

No dia do evento, nossa equipe de segurança começou a ouvir rumores de que a violência estava próxima. Uma hora antes do evento, o reitor recuou e avisou que a polícia resguardaria a palestra.

Ao nos aproximarmos do campus, vimos helicópteros sobrevoando a área.

Entramos por um estacionamento atrás do auditório, e logo dezenas de policiais armados e uniformizados formaram um cordão de isolamento e me empurraram subitamente pela porta dos fundos. Fiquei intrigado, mais do que qualquer outra coisa.

As precauções de segurança não pararam por aí. Nos bastidores, havia mais uma penca de policiais.

Centenas de manifestantes lotavam o corredor do lado de fora do auditório e bloquearam todas as entradas. Alguns desordeiros agrediam os estudantes que queriam entrar; a polícia ficou de tocaia, mas só conseguia conter dois por vez. Encostei o ouvido na porta do auditório; parecia haver um apocalipse zumbi do outro lado. Os membros do departamento de polícia disseram que a administração os orientou a desistir e deixar que os manifestantes fizessem o que desejassem.

A polícia nos deu duas opções: esperar duas horas, enquanto eles enchessem a sala, ou prosseguir com a palestra. Decidimos ir em frente, apesar do auditório quase vazio e da baderna logo do outro lado da porta.

No decorrer da palestra, os alunos acionaram o alarme de incêndio; as luzes se apagaram e o barulho foi ensurdecedor. Os estudantes do lado de fora continuaram esmurrando as portas. No meio da discórdia, deixei claro que os detratores não nos impediriam de exercer nosso direito de liberdade de expressão.

Quando terminei, perguntei aos espectadores — a essa altura, eu estava com a corda toda — se eles queriam sair e se misturar aos manifestantes. Eles responderam que sim — ao que a equipe de segurança e a polícia me puxaram para os bastidores. "Se você sair", alertou-me um dos policiais, "conseguiremos protegê-lo do primeiro e do segundo cara que lhe der um soco, mas não do terceiro. Além disso, não poderemos proteger todos esses alunos se o acompanharem. Você precisa deixar o campus, e manteremos todos os alunos aqui até a multidão se dispersar".

Acatei as ordens e concordei em ser escoltado pelo campus. O cordão de policiais me retirou sorrateiramente do auditório pelos corredores e cozinhas dos fundos, conduziu-me a uma van preta com vidros escuros, e saí do campus com uma escolta policial piscando suas luzes.

Então, o que aconteceu de errado?

Posteriormente, descobri que uma professora do campus estava dizendo a seus alunos que eu era um supremacista branco, comparável a um membro da Ku Klux Klan, que eu era nazista (devo usar o yarmulke só como disfarce). Os alunos acreditaram em seus professores e sua reação foi proporcional. A palestra foi destituída de seu valor por causa de uma raiva subjetiva, que não se respaldava em fato algum.

Claro, esse foi apenas o começo. Na Universidade de Wisconsin, minha palestra quase foi suspensa por manifestantes que abarrotaram a frente do palco. Na Penn State, os manifestantes se reuniram do lado de fora da sala e socaram as portas. Na Universidade DePaul, a administração ameaçou me prender se eu fosse ao campus e convocou um xerife do condado de Cook para fazer as honras. Em Berkeley, o governo teve que convocar centenas de policiais para proteger os cidadãos honestos da fúria de desordeiros violentos.

No entanto, o circo de 2016 ainda não tinha se acabado.

Durante o período eleitoral, critiquei fortemente ambos os candidatos. Como conservador, sou crítico de longa data de Hillary Clinton. Mas também fui extremamente crítico de Donald Trump e, em função disso — e da minha ruptura pública com a *Breitbart News*, um canal que me parecia ter-se tornado um instrumento de propaganda para a campanha de Trump —, logo me vi alvejado por um novo tipo de radicalismo. No final de março, o execrável Milo Yiannopoulos

escreveu uma história floreada para a Breitbart elogiando abertamente a direita alternativa, incluindo odes a cretinos racistas como
Richard Spencer. Influenciando seus seguidores da direita alternativa
e fanfarronando com sua corja de embusteiros em sua "trolagem es-
túpida", Milo me enviou uma foto de um bebê negro no dia do nascimento do meu filho, naquele mês de maio — a "piada" era insinuar
que eu era corno manso.

No decorrer da campanha de 2016, eu me tornei o principal foco
de antissemitismo entre os jornalistas judeus na internet. Por uma
margem enorme. Segundo a Anti-Defamation League, organização
não governamental judaica internacional, aproximadamente 19.253
tuítes antissemitas foram direcionados a jornalistas no período entre
agosto de 2015 e julho de 2016. Eu recebi 7.400; 38% do total.[23]

Passei a maior parte da minha vida adulta envolvido em conversas políticas públicas sem risco de violência nem insultos racistas. De
repente, passei a precisar de centenas de policiais protegendo-me durante minhas palestras em vários campi, e meu feed do Twitter foi
inundado com imagens diretamente das páginas do *Der Stürmer* [ta-
bloide nazista].

Obviamente, algo havia mudado.

Aliás, algo *mudou*.

Nós perdemos alguma coisa.

Este livro representa minha tentativa de compreender o que perdemos e como podemos reencontrar.

Para descobrir o que perdemos, precisamos reconstituir os nossos
passos. Este livro se pauta em ideias antigas — de pessoas das quais
talvez nos lembremos vagamente, daqueles dias do ensino médio, da

faculdade e da escola dominical, mas de cuja importância vital nos esquecemos substancialmente.

Essas ideias, defendo, são cruciais. Precisamos reaprendê-las.

Isso não significa que eu acredito que os filósofos sozinhos transformaram a história. Não acho que Adam Smith tenha inventado o capitalismo, tampouco Immanuel Kant, a moralidade. Mas esses filósofos e outros pensadores são a base para compreender as ideias mais importantes de seu tempo. Tolstói notoriamente pergunta em *Guerra e Paz* o que move a história, e conclui que ela é apenas a progressão de todas as várias forças em jogo no Universo, canalizadas para a ação em um momento particular. Há muita verdade nisso, é claro. Mas as ideias importam, e ideias cruciais — como as mais bem articuladas pelos grandes pensadores — são a estrada motivacional pela qual a humanidade viaja. Acreditar é o que nos move.

Para nos consertar, precisamos avaliar aquilo em que acreditamos.

Acreditamos que a liberdade é construída sobre as noções complementares de que Deus criou todos os seres humanos à Sua imagem, e que somos capazes de desvendar e desbravar o mundo de Deus. Essas ideias se originaram em Jerusalém e em Atenas, respectivamente.

Essas noções complementares — pérolas dos mestres espirituais — estruturaram nossa civilização e a nós, enquanto indivíduos. Se você acredita que a vida não se resume a prazeres materiais e a fugir da dor, você é fruto de Jerusalém e de Atenas. Se acredita que o governo não tem o direito de se intrometer no exercício de sua vontade individual, e se sente obrigado a buscar a virtude pela força do desejo moral, você é fruto de Jerusalém e de Atenas. Se acredita que somos capazes de melhorar nosso mundo pelo uso da nossa razão, e se sente compelido a fazê-lo por um propósito maior, você é um fruto de Jerusalém e de Atenas.

Jerusalém e Atenas construíram a ciência. Os ideais complementares de valores judaico-cristãos e a razão da lei natural grega construíram os direitos humanos. Elas construíram a prosperidade, a paz e a beleza artística. Jerusalém e Atenas construíram o Ocidente, acabaram com a escravidão, derrotaram os nazistas e os comunistas, tiraram bilhões da pobreza e ofereceram a bilhões um propósito espiritual. Jerusalém e Atenas foram os alicerces da Magna Carta e do Tratado de Vestfália; elas foram os alicerces da Declaração da Independência, da Proclamação da Emancipação de Abraham Lincoln e da Carta de Martin Luther King Jr. escrita na Cadeia de Birmingham.

As civilizações que rejeitaram Jerusalém e Atenas, e essa tensão entre elas, voltaram ao pó. A URSS rejeitou os valores judaico-cristãos e a lei natural grega, substituindo-os por valores de coletividade e uma nova visão utópica de "justiça social" — e condenaram milhões de seres humanos à fome e à morte. Os nazistas rejeitaram os valores judaico-cristãos e a lei natural grega, e trancaram crianças em câmaras de gás. A Venezuela, uma nação rica em petróleo, rejeita os valores judaico-cristãos e a lei natural grega, e seus cidadãos foram reduzidos ao ponto de terem que comer cachorros.

Nos Estados Unidos, especialmente, com nossa história singular de sucesso, temos vivenciado o progresso e a prosperidade como direito inato. Os conflitos que destroem as outras nações nos são alheios; sem dúvida, não precisamos nos preocupar com revoluções nem com colapsos. Nós somos os Estados Unidos. Nós somos únicos.

Essa visão otimista está totalmente equivocada. A luta contra a entropia nunca termina. Nosso estilo de vida nunca nos manteve a mais de uma geração do precipício. Já vemos um grande número de nossos cidadãos perdendo a fé na liberdade de expressão, na democracia, na liberdade econômica, na ideia de uma moral ou causa comum. Esse afastamento de nossos valores começou quando, antes de qualquer coisa, perdemos a fé no caminho que nos trouxe até aqui.

Estamos a um passo de abandonar os valores judaico-cristãos e a lei natural grega em prol do subjetivismo moral e da lei da paixão. E assistimos ao colapso da civilização no tribalismo tradicional, no hedonismo individualista e no subjetivismo moral. Não se engane: a prosperidade de que desfrutamos ainda é herança de Jerusalém e de Atenas. Acreditamos que podemos rejeitar os valores judaico-cristãos e a lei natural grega e nos satisfazer com interseccionalidade, materialismo científico, políticas progressistas, governos autoritários ou com a solidariedade nacionalista. Nós não podemos. Passamos os últimos dois séculos nos afastando de nossas raízes. Nossa civilização sobreviveu e prosperou — por um tempo. Então começou a morrer, de dentro para fora. Ela está corroída pelas contradições internas, comunidades desprovidas de valores e indivíduos vazios.

As economias do Ocidente não serão aniquiladas da noite para o dia; soterrar infraestruturas capitalistas com programas socialistas não as colapsará de imediato. Mas nos vangloriamos de que podemos abandonar os valores do passado e, de alguma forma, sobreviver indefinidamente. Filosoficamente, o Ocidente tem-se arrastado há gerações. Assistimos às taxas de natalidade despencarem e aos gastos do governo dispararem — e a grandes fileiras de imigrantes, alheios aos valores ocidentais, sendo importados para preencher a lacuna, o que resulta em um retrocesso polarizador. Assistimos à política europeia se transformar em uma batalha entre socialistas de extrema-esquer-

Introdução xxxi

da, que prometem utopias, e nacionalistas de extrema-direita, que prometem restauração nacional. Ambos estão fadados ao fracasso. E, embora os Estados Unidos ainda estejam mais atrás, seguem o rastro da Europa. Os laços que nos unem estão afrouxando-se.

Esses laços foram trançados a ferro e fogo, a razão e oração. A jornada para a modernidade foi longa. Essa estrada não foi sempre agradável — muitas vezes, foi violenta. A tensão entre Jerusalém e Atenas é real. Mas removê-la abandonando Jerusalém ou Atenas faz a ponte construída entre elas desmoronar.

Para fortalecer nossa civilização, devemos examinar como a ponte foi construída. A civilização ocidental precisou de 3 mil anos para chegar até aqui — podemos perder tudo em uma geração, a menos que escoremos nossas fundações. Precisamos parar de cavar e começar a reformar. Essa tarefa exige que reexaminemos essas fundações, tijolo por tijolo.

Neste livro, faremos exatamente isso. Passaremos por milhares de anos de filosofia e história, o que significa que inevitavelmente daremos aos grandes filósofos menos atenção do que merecem e simplificaremos as questões, em razão de brevidade. Este livro não lhe dirá tudo o que precisa saber sobre essas ideias e filósofos — nem de longe. Isso significa que deve buscar as ideias específicas que lhe interessarem, com pessoas mais experientes do que eu, em maiores detalhes (particularmente, restringi minhas sínteses filosóficas a pontos sobre os quais parece haver concordância geral). Mas este livro *realmente* exemplifica minha tentativa de trazer essas ideias da maneira mais acessível, em busca da sabedoria a respeito das questões essenciais sobre nossa civilização.

Bom, vamos começar pelo começo.

O LADO CERTO DA HISTÓRIA

CAPÍTULO 1

A PROCURA DA FELICIDADE

Você é feliz?

Foi a pergunta que minha esposa me fez alguns anos atrás. Passávamos por um período estressante — ela é médica e estava trabalhando excessivamente; nosso caçula, Gabriel, acordava-nos a noite toda; nossa filha mais velha, Leeya, estava em uma fase em que a menor provocação a fazia abrir o berreiro. E meu trabalho também estava penoso: meus sócios e eu nos esforçávamos para que nosso site, *The Daily Wire*, funcionasse a todo vapor; estávamos produzindo meu podcast; eu mantinha uma rotina de viagem a vários campi; cada um era um desafio de segurança e um teste de resistência com alunos por vezes violentos e administradores hostis.

"Claro", falei. "Claro que sou."

Como muitas outras pessoas que respondem a essa pergunta de um cônjuge, eu sabia que havia uma resposta correta; você nunca quer negar, para que sua esposa não pense que a culpa é dela.

Mas a questão crucial é *outra*.

Eu estava feliz?

Ou, mais precisamente, quando eu me sentia *mais* feliz?

Formulada assim, ficou fácil: no Sabá.

A cada semana, esqueço tudo por 25 horas. Como judeu orto-doxo, celebro o Sabá, o que significa que telefone e televisão ficam proibidos. Nada de trabalho. Nada de computador. Nada de notícias. Nada de política. Um dia inteiro e mais uma hora, para passar com minha esposa, filhos e pais, com minha comunidade. O mundo exterior desaparece. Esse é o apogeu da minha vida. Não há felicidade maior do que me sentar com minha esposa, ver as crianças brincando (e, de vez em quando, brigando), ter um livro aberto no meu colo.

Não estou sozinho. O Sabá é o ápice das semanas de muitos ju-deus. Há um velho ditado na comunidade judaica que diz: Os judeus não guardam o sábado, é o sábado que os guarda. Sem dúvida, é isso que preserva nossa sanidade.

Hoje, vivo da política. E isso me faz feliz — tem um propósito maior, e trabalhar com a interpretação e a transmissão de ideias é re-compensador. Mas a política não é minha fonte de felicidade. Ela traça a rota que me permite *buscá-la*, não a conquistar; a política nos ajuda a estabelecer os requisitos necessários para a felicidade, não proporciona felicidade em si. Os Pais Fundadores entendiam bem essa ideia. Foi por isso que Thomas Jefferson não escreveu que o governo tinha o poder de lhe conceder a felicidade: existia para proteger sua busca. O governo existe para resguardar seus direitos, para evitar que sejam infringidos. O governo existe para impedir que alguém roube seu cavalo, mate-o enquanto dorme, destrua suas terras.

A Procura da Felicidade

Em nenhum momento, Jefferson propôs que o governo pode conquistar a felicidade. Nenhum dos Fundadores supôs isso.

Ainda assim, cada vez mais o Ocidente busca a felicidade por meio da política. Em vez de procurarmos formas de melhorar nossas vidas olhando para dentro, decidimos que o principal obstáculo para a felicidade são forças externas, mesmo no país mais livre e rico da história mundial. Esse desejo de silenciar — e até subjugar — os que pensam diferente tem atingido novos e tenebrosos níveis.

Um pequeno exemplo, em setembro de 2017, republicanos e democratas travaram um embate pela *exata mesma política*: Obama tinha emitido uma anistia executiva para certos filhos de imigrantes ilegais, os ditos DREAMers [sonhadores]; Trump a revogou, mas pediu ao Congresso que aprovasse uma versão legislativa para protegê-los. Os democratas acusavam os republicanos de cruéis e desumanos; um congressista apelidou Trump de "Pôncio Pilatos". Enquanto os republicanos acusavam os democratas de desregrados e levianos.

Todo esse circo sobre a *exata mesma política*.

E a briga só fica mais feia. Parecemos engajados com a premissa de que basta mudar o cenário político — ou pelo menos imputar motivos sórdidos a nossos oponentes — para alcançarmos a felicidade que tanto almejamos. Em vez de deixarmos o outro em paz, queremos controlá-lo — se Bob fizesse o que eu queria, eu seria feliz! E se eu eleger o cara certo, *ele obrigará* Bob a fazer o que eu quero!

Nossos representantes sabem que buscamos a felicidade por meio deles, e se aproveitam desse equívoco. Em 2008, Michelle Obama disse que os norte-americanos deveriam apoiar seu marido porque ele os ajudaria a "consertar suas almas". E de que forma, exatamente? Ela explicou: "Barack Obama... pedirá que vocês abandonem o cinismo.

Que derrubem suas barreiras... Que se esforcem para ser melhores. E que vocês se engajem. Barack nunca admitirá que voltem à rotina costumeira, de desinteresse e alheamento."[1] Em maio de 2016, o então candidato Trump declarou abertamente: "Eu lhes darei tudo. Eu lhes darei o que estão há 50 anos buscando. Eu sou o cara."[2]

Somos ingênuos de acreditar neles. E, como se não bastasse, estamos *conscientes* dessa ingenuidade. As pesquisas mostram que não confiamos em nossos representantes. Achamos que eles mentem para nós, e estamos certos. Eles nos ludibriam. Eles nos iludem. Articulam promessas com o único objetivo de angariar nosso apoio, depois inventam desculpas para quebrá-las. E, no entanto, investimos neles avidamente, cada vez com mais autoridade, e intimidamos os que se opõem aos nossos candidatos favoritos.

Por que investimos tanto tempo e esforço, e consideramos a tábua da salvação essas brutais disputas políticas sobre questões ínfimas, quando nada disso nos aproxima da felicidade? Por que, de modo geral, a população parece estar cada vez menos otimista? Por que, indicam os dados, quase três quartos dos norte-americanos não se sentem confiantes de que "a vida para a geração dos filhos será melhor" — o menor número em décadas?[3] Por que uma vasta pluralidade de jovens norte-americanos está mais temerosa do que esperançosa em relação ao futuro?[4] Por que as taxas de suicídio têm subido drasticamente entre alguns dos segmentos mais prósperos da sociedade — taxas não vistas em 30 anos?[5]

Talvez o problema seja que o que procuramos não é mais a felicidade, mas outras prioridades: buscamos prazer físico, catarse emocional, estabilidade financeira. É claro que tudo isso é importante, mas não resulta em felicidade vitalícia. Na melhor das hipóteses, são meios necessários para a procura da felicidade. Mas nós misturamos os meios com o fim. E, ao fazê-lo, condenamos nossas almas ao completo vazio.

FELICIDADE É TER PROPÓSITO MORAL

É possível sentir prazer com uma variedade de atividades: golfe, pesca, brincadeiras com seus filhos, sexo. As atividades amorais também nos podem dar prazer — aquela euforia passageira, aquela sensação de quando se esquecem de todas as preocupações. No entanto, esse prazer nunca é suficiente. Alcança-se a felicidade duradoura por meio do cultivo da alma e da mente. E, para cultivá-las, precisamos viver em prol de um propósito moral.

Isso está claro desde o início da civilização ocidental. A própria terminologia de felicidade é imbuída dessa ideia tanto no contexto judaico-cristão quanto no grego. A Bíblia hebraica chama felicidade de *simcha*; Aristóteles, de *eudaimonia*. O que a Bíblia quer dizer com *simcha*? Significa ação correta, de acordo com a vontade de Deus. Em Eclesiastes, Salomão lamenta: "Disse eu no meu coração: Ora, vem, eu te provarei com a alegria; portanto, goza o prazer; mas eis que também isso era vaidade."[6] A Bíblia não parece se importar muito com o que queremos. Em vez disso, Deus *nos ordena* a viver com *simcha*. Como Ele pode ordenar um sentimento? Ele não pode — só pode ordenar que busquemos com entusiasmo o ideal que Ele estabeleceu para nós. Se não perseguimos esse propósito, pagamos o preço: servimos a deuses alheios, que não nos concedem nenhum tipo de realização legítima.

Uma vez que vocês não serviram com júbilo e alegria ao Senhor, o seu Deus, na época da prosperidade, então, em meio à fome e à sede, em nudez e pobreza extrema, vocês servirão aos inimigos que o Senhor enviará contra vocês. Ele porá um jugo de ferro sobre o seu pescoço, até que os tenha destruído.[7]

Podemos não pensar em assistir compulsivamente a *Stranger Things* como um jugo de ferro no pescoço, mas, se a televisão é a razão de nossa existência, não estamos vivendo de verdade. Regozije-se no propósito que Deus lhe deu. Aqui está Salomão de novo: "Não há nada melhor para o homem do que desfrutar do seu trabalho, porque esta é a sua recompensa."[8] O que ele quer dizer não é encontrar seu "porquê" em uma startup de software. Ele fala sobre o trabalho de servir a Deus e segui-lo. Como o rabino Tarfon diz, em *Ética dos Pais*: "O dia é curto, o trabalho é extenso, os trabalhadores são preguiçosos, mas a recompensa é grande, e o dono da casa está batendo à porta." E se você não quiser trabalhar? Bem, difícil: "Não é para você finalizar o trabalho, mas também não pode desistir dele."[9]

De forma análoga, a *eudaimonia* aristotélica se pauta na ideia de viver conforme o propósito moral. Como a Bíblia, Aristóteles não define a felicidade como uma alegria passageira. Ele a entende no contexto de uma vida bem vivida. Como podemos viver bem? Primeiro, determinando o que "bem" e "bom" significam; segundo, indo atrás dessa ideia. Para Aristóteles, "bem" não é um termo subjetivo, algo para cada um definir como achar melhor; "bem" é uma declaração de fato objetivo. Algo é "bom" se cumpre seu propósito. Um bom relógio marca o tempo; um bom cão defende seu dono. O que um bom homem faz? Age de acordo com os propósitos corretos. O que torna o

A Procura da Felicidade

ser humano único, diz Aristóteles, é a capacidade de pensar e de usar essa razão para desbravar a essência do mundo e nosso propósito nele:

> Quando diremos, então, que não é feliz aquele que age conforme a virtude perfeita e está suficientemente provido de bens exteriores, não durante um período qualquer, mas através de uma vida completa?[10]

Aja corretamente, conforme seus valores enquanto ser racional, e será feliz. O propósito moral está em cultivar a razão e usá-la para agir de forma virtuosa; buscá-lo engrandece o espírito.

Partindo de polos opostos, a Bíblia e o filósofo chegam à mesma conclusão: a Bíblia nos ordena a servir a Deus com alegria e equipara esse propósito à felicidade; Aristóteles sugere que é impossível alcançar a felicidade sem a virtude, o que significa agir conforme um propósito que os seres humanos extraem da essência do Universo — o que ele chama de motor imóvel. George Washington sintetiza essas ideias na carta à Igreja Episcopal Protestante, de 19 de agosto de 1789: "Saber que felicidade e responsabilidade moral são inseparavelmente ligadas sempre me incentivará a promover o progresso da primeira, para repercutir na prática da última."[11]

Tudo isso parece uma versão mais restritiva de felicidade do que aquela a que estamos acostumados porque, de fato, é. Felicidade não é rolar na lama em Woodstock, nem um bom jogo de golfe depois de uma semana difícil no trabalho. Felicidade é a busca do propósito em nossas vidas. Se vivemos com propósito moral, até a morte se torna menos angustiante. Quando Charles Krauthammer, colunista do *Washington Post*, descobriu que sua morte era iminente, escreveu uma carta sobre a expectativa da partida. Nas palavras daquele

8 O LADO CERTO DA HISTÓRIA

homem de alma grandiosa: "Acredito que a busca da verdade e de ideias corretas através de um debate honesto e de argumentos rigorosos é uma tarefa nobre [...]. Eu deixo esta vida sem arrependimentos." Somente viver com propósito moral concede uma felicidade profunda.[12]

Como o psiquiatra austríaco Viktor Frankl escreveu em seu emocionante livro de memórias do Holocausto, *Em Busca de Sentido*: "Ai daquele que não via mais a meta diante de si em sua vida, cuja vida não tinha mais conteúdo, mas perdia o sentido de sua existência e assim todo e qualquer motivo para suportar o sofrimento. Essas pessoas perdiam a estrutura e deixavam-se cair muito cedo. [...] Precisamos aprender e também ensinar às pessoas em desespero que *a rigor nunca e jamais importa o que nós ainda temos a esperar da vida, mas sim exclusivamente o que a vida espera de nós*."[13]

O sentimento de Frankl não é exclusivo. Segundo um estudo longitudinal de 14 anos da Universidade de Carleton, no Canadá, quem relatava um forte propósito era 15% mais propenso a permanecer vivo. Essa estatística se aplica a todos os grupos etários. Um estudo similar da University College London descobriu que aposentados com senso de propósito tinham 30% menos chances de morrer em um período de oito anos e meio. Em geral, como afirma Steve Taylor, professor da Universidade de Leeds Beckett: "Quem relatou maiores níveis de realização viveu, em média, dois anos a mais."[14] Um estudo feito com 951 pacientes com demência descobriu que os que tinham senso de propósito eram 2,4 vezes menos propensos a desenvolver Alzheimer.

Pacientes com câncer que receberam terapia "centrada no significado" em vez da "focada no apoio" eram mais motivados a viver — e até se sentiam melhor, em comparação aos outros. Um estudo com adolescentes descobriu que aqueles com maior empatia e altruísmo tinham menor risco cardiovascular. Como o Dr. Dhruv Khullar, pesquisador do departamento de políticas e pesquisas em saúde da Weill Cornell, escreveu no *New York Times*: "Apenas cerca de um quarto dos norte-americanos endossa fortemente o senso de propósito e o significado de suas vidas, enquanto quase 40% se dizem neutros ou não se identificam. Isso é um problema social e de saúde pública."[15]

Dessa forma, do que precisamos para criar o propósito moral que fundamenta a felicidade?

Entendo que precisamos de quatro elementos: propósito moral individual e coletivo; e predisposição individual e coletiva para buscá-los. Esses quatro elementos são cruciais; a única forma de fundamentar uma civilização profícua é mantê-los em um cuidadoso equilíbrio.

A NECESSIDADE DO PROPÓSITO MORAL INDIVIDUAL

Na era pré-bíblica, sua posição na estrutura social era a responsável por lhe conferir sentido. No Código de Hamurabi, considerava-se que apenas o rei fora criado à imagem de Deus; quanto mais perto estivesse do rei, mais direitos você teria.

Na Bíblia, não funciona assim. A frase principal — que retrata o começo da civilização ocidental — está em Gênesis 1:26, diz que todos fomos feitos à imagem de Deus. Todos nós, não apenas reis ou potentados. Isso significa que todos somos valiosos por natureza e que nossa missão está além de nós mesmos. Esse propósito individual se estende aos nossos relacionamentos — na verdade, o judaico-cristianismo insiste que deve ser assim. Mas a fonte de nossas relações é nosso relacionamento com o Criador Divino, que nos dotou de valor e que insiste em que O busquemos.

Somos dotados não apenas de direitos, mas de deveres, o que nos dá propósito. E esses deveres recaem sobre nós como indivíduos, independentemente das circunstâncias sociais, graças ao nosso valor inato de criaturas feitas "um pouco menor do que os seres celestiais, e o [o homem] coroaste de glória e de honra".[16]

Sem o propósito moral individual decorrente da relação com o Criador, procuramos o sentido no mundo exterior, ou nos destruímos nos baixios da libertinagem. Vivemos presos no hedonismo amoral, em um sentido não depreciativo. Nada disso parece negativo, mas, muitas vezes, é. Afinal, meus interesses são imperiosos sobre seus direitos, e o individualismo atomista tende a ganhar ares de opressão alheia justificada. Até mesmo os ateus mais convictos, no decorrer da história, reconheceram isso; Voltaire, notoriamente, declarou: "Quero que meu advogado, meu alfaiate, meus criados e até minha esposa acreditem em Deus, porque isso significa que serei enganado, roubado e traído com menos frequência [...] Se Deus não existisse, seria necessário inventá-lo." Sem acreditar em nosso valor individual inato, caímos na ideia de que somos animais incapazes de buscar um propósito moral, mesmo que sintamos a necessidade de fazê-lo.

A maneira como preenchemos essa necessidade de propósito moral individual faz diferença. Ainda somos constantemente atraídos por falsos deuses. Nosso proselitismo desmedido engloba tudo, da interseccionalidade ao consumismo, do Instagram à comida orgânica, do ativismo político aos óleos essenciais. Quantos de nós realmente sentem que há algum propósito vitalício nessas distrações fugidias?

A NECESSIDADE DA PREDISPOSIÇÃO INDIVIDUAL

Saber nosso propósito moral individual e que devemos buscar a felicidade por meio da virtude não basta. Para sermos felizes, precisamos acreditar que é possível *encontrar* essa felicidade. Precisamos acreditar que somos capazes de cultivar algumas habilidades e de colocá-las em prática — que somos agentes livres e ativos de nossas vidas.

Todos os Fundadores norte-americanos eram especialistas em autoajuda. Washington, durante seus anos de formação, anotava regras de civilidade; como seu biógrafo, Richard Brookhiser escreve: "As regras tratam de questões morais, mas indiretamente. Elas procuram formar a mente do homem (ou menino) moldando o exterior."[17] Benjamin Franklin foi um notório devoto do aperfeiçoamento — até criou um calendário de virtudes, a fim de eliminar sua tendência a cometer erros (é possível comprar online cópias do calendário de Franklin).[18]

Precisamos acreditar que, mesmo nas circunstâncias mais terríveis, somos capazes de nos aperfeiçoar. Como Frankl escreveu sobre a vida no Holocausto: "Todos os dias, cada hora trazia a oportunidade de tomar uma decisão, que determinaria se você se submeteria àqueles poderes que ameaçavam roubá-lo de você mesmo e sua liberdade interior; que determinaria se você se tornaria ou não um brinquedo das circunstâncias, renunciando à liberdade e à dignidade para ser moldado como preso prototípico."[19]

Precisamos também assumir que existimos como indivíduos significativos, não como meros agrupamentos de células. Não somos apenas bolas de carne vagando pelo Universo, aglomerados de matéria se transformando a todo momento. Somos indivíduos com identidades e responsabilidades.

Precisamos acreditar também no poder da razão — de nossa capacidade racional. Não somos apenas instintos e neurônios sendo disparados. Temos a capacidade de *refletir*. Os materialistas científicos falam constantemente sobre o poder da razão e por que ela deve rejeitar a religião. Mas a própria noção de razão — de um argumento lógico que orienta o *comportamento* — é estranha ao materialismo científico.

Se somos um conjunto de neurônios disparando e hormônios fluindo, e nada mais, por que apelar para a razão? Por que apelar para argumentos? A razão seria apenas uma ilusão, da mesma forma que o livre-arbítrio. Os neurônios disparam, o que faz com que outros neurônios disparem, gerando uma resposta de outro grupo de neurônios em outro corpo humano. É claro que negar a razão seria acabar com toda a comunicação humana, destruir nossa política, destituir o que significa ser essencialmente um ser humano. Isso acabaria com a própria ciência — como em Moby Dick, só podemos tirar a máscara da essência do Universo por meio de nossas habilidades cognitivas. Nós *precisamos* acreditar na razão para viver vidas produtivas.

Por fim, precisamos acreditar que estamos buscando objetivos *legítimos* — não apenas eficazes. A evolução darwiniana não deixa espaço para a verdade; só para a vantagem evolutiva. A sobrevivência do mais forte não é um princípio moral; sobrevivência em si nem é uma proposição moral. Matar bebês e comê-los não se tornaria algo moral ainda que pudessem existir vantagens nisso; assim como $2 + 2 = 5$ não se tornaria verdade. Mas nos importamos com a moral e com a verdade, e isso demanda uma suposição básica: que podemos descobri-las.

A NECESSIDADE DO PROPÓSITO
MORAL COLETIVO

Somos criaturas sociais, não meramente indivíduos. Isso significa que procuramos contato e queremo-nos sentir parte de algo maior que nós mesmos. É por isso que procuramos amigos e comunidades das quais participar. Sêneca declarou: "Ninguém pode viver feliz considerando apenas a si mesmo e transformando tudo em uma questão de sua própria utilidade."[20] Salomão escreveu em Eclesiastes: "Melhor é serem dois do que um, porque têm melhor paga do seu trabalho. Porque, se um cair, o outro levanta o seu companheiro; mas ai do que estiver só; pois, caindo, não haverá outro que o levante."[21]

As ciências sociais concordam. O sociólogo Emile Durkheim descobriu que é possível avaliar a taxa de suicídios por meio da conexão social; como Jonathan Haidt escreve: "Para prever quão feliz alguém é, ou por quanto tempo viverá (se não tiver permissão para perguntar sobre seus genes e personalidade), analise suas relações sociais. Ter fortes laços sociais fortalece o sistema imunológico, prolonga a vida (mais do que parar de fumar), acelera a recuperação de cirurgias e reduz os riscos de depressão e transtornos de ansiedade."[22] Um extenso estudo longitudinal de Harvard descobriu que o melhor preditor de felicidade no decorrer da vida é a presença de relacionamentos próximos: aos 50 anos, estar satisfeito com seus relacionamentos é um melhor preditor de saúde em longo prazo do que as taxas de colesterol.[23]

Mas o que nos conecta?

Claro, há o amor romântico, que tende a ser mais profundo e companheiro; há a amizade, apreciada por Aristóteles, porque se baseia na apreciação virtuosa do valor do outro. Mas é preciso mais.

14 O LADO CERTO DA HISTÓRIA

Precisamos de comunidades. Precisamos de vitalidade cívica, de envolvimento com essas comunidades. Precisamos de redes para recorrer, amigos para confiar, cidadãos para defender. Nos termos do cientista político Robert Putnam, de Harvard, precisamos do capital social para funcionar adequadamente como indivíduos: precisamos de confiança, normas compartilhadas, virtude cívica.

Então, o que constrói comunidades? Uma visão compartilhada de seu propósito moral.[24] Como Aristóteles, os Fundadores acreditavam em organizações sociais que promoviam a virtude: um país sem esses laços sociais não sobreviveria em liberdade. Eles também concordaram que a tradição judaico-cristã tinha que fornecer uma base de valores sólidos para indivíduos que vivem em uma comunidade livre: como John Adams declarou em uma carta à guarda nacional de Massachusetts: "Não temos governo armado com poder capaz de competir com as paixões humanas desenfreadas por [...] moralidade e religião. Avareza, ambição, vingança ou valentia quebraria os elos mais fortes de nossa Constituição como uma baleia passando por uma rede. Nossa Constituição foi criada para pessoas morais e religiosas. Ela é totalmente inadequada para qualquer outro tipo de governo."[25]

Os melhores países — e as melhores sociedades — são aqueles em que os cidadãos são virtuosos o suficiente para se sacrificarem pelo bem comum, mas não estão dispostos a serem *forçados* a se sacrificar em prol de um suposto bem "maior". As sociedades prósperas demandam um tecido social funcional, criado pelo trabalho colaborativo dos cidadãos — e, claro, isolado também — rumo a uma vida significativa.

A NECESSIDADE DA PREDISPOSIÇÃO COLETIVA

A busca individual e coletiva por objetivos virtuosos só se efetiva quando instituições sociais representativas prosperam — como igrejas, sinagogas, clubes sociais e organizações de caridade —, e quando o governo é suficientemente forte para se proteger da anarquia e contido para controlar a tendência à tirania. Este é um equilíbrio delicado. Precisamos que as instituições sociais nos forneçam a segurança para assumir riscos, que nos ajudem a recuperarmo-nos quando caímos; também precisamos de estruturas governamentais que nos deixem livres para assumi-los. Precisamos de organizações sociais que promovam a virtude cívica para instilar a individual; precisamos que o governo proteja o direito de escolha dos indivíduos. A sociedade não é o governo; o governo não é a sociedade. É fácil perturbar esse equilíbrio. Tendemos ao tribalismo e à lealdade a grupos; paramos de nos preocupar com nosso aprimoramento pessoal e passamos a reformular e a remodelar a sociedade em volta, usando o poder do coletivo para esmagar os indivíduos. Nós quebramos ovos para fazer omeletes, como o braço direito de Stalin, Lazar Kaganovich (um ovo que, depois, Stalin quebraria), disse à *Time* em 1932.

No passado, associamos o potencial do coletivo a um governo poderoso. Afinal, os grandes governos fazem coisas grandiosas. Em 2012, a Convenção Nacional Democrata apresentou um vídeo com o slogan: "O governo é a única coisa a que todos nós pertencemos." Esse tipo de crença tem caracterizado tiranias em todo o mundo: a noção utópica de que se todos remarmos na mesma direção, comandados por um governo centralizado, faremos maravilhas juntos.

Esse caminho é temerário. É tentador usar nossa sede por mobilização coletiva como um clube pró-Estado para *forçar* virtudes individuais ou transformações em larga escala. A tirania raramente começa nas botas de cano alto; geralmente começa nos desejos inflamados por um futuro melhor, combinados à fé inabalável no poder do coletivo.

Por outro lado, descartamos completamente o valor da predisposição coletiva. Adoramos o individualismo radical em um altar, presumindo que os padrões do coletivo castram a criatividade e destroem a individualidade. A voz dos puritanos repressores da cidade pequena, que impedem Kevin Bacon de dançar com a amada, ainda é endossada por muitos norte-americanos. Segundo essa perspectiva, a satisfação é encontrada olhando-se para dentro, ignorando o que sua comunidade exige de você.

Então, como é a predisposição coletiva positiva? É um sistema governamental que se mobiliza para impedir as ameaças externas, mas sem castrar, com isso, as individuais; é um tecido social poderoso o suficiente para apoiar os membros da comunidade, firme o suficiente para evitar as armadilhas da compulsão governamental. Poucos governos na história da humanidade atingiram esse equilíbrio.

A predisposição coletiva deve, de algum modo, dar espaço para que busquemos nossos propósitos morais individuais e exercitemos nossa predisposição individual, ao mesmo tempo em que nos proporciona os meios para trabalhar em conjunto em prol dos objetivos morais coletivos.

Por fim, a predisposição coletiva precisa de dois fatores: comunidades sociais ativas que promovam a virtude e um estado não restritivo o suficiente para dar margem à livre escolha.

OS INGREDIENTES DA FELICIDADE

A felicidade, então, abarca quatro elementos: o propósito moral individual e o coletivo, e a predisposição individual e a coletiva. Se nos falta um deles, a procura da felicidade fica impossível; se essa busca é cerceada, a sociedade se desfaz.

Nossa sociedade foi erguida sobre esses quatro elementos. A fusão de Atenas e Jerusalém, equilibrada pela sagacidade e sabedoria dos Pais Fundadores, levou à criação de uma civilização de liberdade inigualável, e repleta de homens e mulheres virtuosos que se esforçam para se aprimorar e à sociedade ao redor.

Entretanto, estamos perdendo essa civilização. Estamos perdendo-a porque passamos gerações solapando as duas fontes mais profundas de nossa felicidade — as que estão por trás do propósito moral individual e do coletivo, e da predisposição individual e da coletiva. Essas duas fontes são razão e sentido Divinos. Não há propósito moral individual nem coletivo sem uma base de significado Divino; não há predisposição individual nem coletiva sem uma crença substancial e perene na essência de nossa razão.

A história do Ocidente se estrutura na interação desses dois pilares: razão e sentido Divinos. Adquirimos essa noção de sentido Divino de uma linhagem de três milênios que remonta aos antigos judeus; a de razão, de uma linhagem de 2,5 mil anos que remonta aos antigos gregos. Ao rejeitar essas linhagens — ao tentarmos nos encaixar em movimentos filosóficos superficiais, da moda, afastando-nos de nossas raízes — condenamo-nos a uma existência errática.

Devemos voltar às nossas raízes. Elas tomaram conta do Sinai.

CAPÍTULO 2

DO TOPO DA MONTANHA

magine um mundo no qual você é um fantoche da natureza ou dos deuses. Você tem um destino e não tem nenhum poder de intervenção. Até dá para apaziguar os deuses oferecendo-lhes sacrifícios, mas eles são tão instáveis e indiferentes quanto os outros seres humanos. Esses deuses deram poder a reis e potentados; você é um plebeu tentando sair da lama. Você se contenta com o que tem, com prazeres simples; talvez até encontre um sentido coletivo em servir ao regime. Mas você é basicamente um barquinho refém dos sabores do vento em um oceano que você não controla — que ninguém controla, aliás.

Agora, imagine que tudo se transforma.

Imagine que alguém lhe diga que você tem valor. Você, um reles plebeu lutando para sobreviver. Você não é escravo; é um ser humano livre e poderoso com valor intrínseco. Você não é mais um barquinho pelejando pelas correntezas da vida — é o capitão do próprio navio. E você, sua família e comunidade têm apenas uma função: direcionar esse navio para o Deus que o criou, para o Deus que se preocupa com você.

Esse é o Deus judaico e cristão. Essa é a civilização judaico-cristã. Essa é a base da maior cultura e civilização da história mundial — o Ocidente, a maior força da prosperidade material e a liberdade na história do planeta. A Luz que supostamente brilhou no Sinai iluminou incontestavelmente o mundo.

A revelação no Sinai, em aproximadamente 1313 a. C., de acordo com a crença bíblica tradicional, transformou o mundo, impregnando-o de significado para os que souberam da história. Em particular, o judaísmo (e mais tarde, como veremos, o cristianismo) criou o propósito individual e o coletivo. Ele o fez por meio de quatro postulados baseados na fé, totalmente diferentes do que as religiões pagãs anteriormente pregavam.

Primeiro, o judaísmo postulou que só havia um Deus, com um plano geral por trás de tudo.

Segundo, afirmou que os seres humanos são submetidos a padrões comportamentais por motivos *morais*, não funcionais — recebemos ordens para seguir a moral ditada por um poder superior, mesmo que as regras de Deus nos beneficiem já nesta vida.

Terceiro, o judaísmo postulou que a história progrediu: que essas revelações eram o começo, não o fim, que o homem tem a responsabilidade de buscar a Deus e promover a redenção da humanidade, e que Deus poderia usar um exemplo particular — uma pessoa escolhida — para guiar as nações.

Por fim, o judaísmo postulou que Deus dera livre-arbítrio aos homens, que eram responsáveis por suas escolhas e que elas importam.

O cristianismo assimilou as mensagens do judaísmo e as ampliou: concentrou-se mais na graça e difundiu proveitosamente os princípios fundamentais do judaísmo, adaptados, para bilhões de seres humanos em todo o planeta.

No Ocidente de hoje, tal alegação é extremamente controversa. Os líderes ocidentais usam rotineiramente frases como "valores ocidentais" para lembrar aos cidadãos que temos um propósito moral, que há algo de especial no Ocidente. E há.

Contudo, com uma frequência excessiva, os mesmos líderes atacam as raízes desses valores. Eles retratam os religiosos como tolos ou intolerantes; zombam deles, pintando-os como irracionais e retrógrados; alegam que a verdadeira iluminação reside na destruição da herança judaico-cristã. Eles contrapõem as crenças religiosas, que alicerçam a civilização ocidental, aos valores ocidentais, como se a civilização ocidental só pudesse ser preservada pela destruição das próprias raízes.

Esses mesmos líderes alegam que vivemos em um mundo de caos destrutivo — que não há plano, progresso nem responsabilidade pessoal. Argumentaram que somos meras vítimas dos sistemas nos quais nascemos —, somos, inevitavelmente, pó. Há benefícios políticos nesse tipo de demagogia: permite que os representantes se proclamassem messias preparados para nos salvar desse fatalismo.

Da última vez que esse tipo de pensamento foi difundido, não havia civilização ocidental. E é mais fácil voltar ao *status quo ante* do que qualquer um de nós admitiria.

O UNIVERSO ENCOMENDADO POR DEUS

Antes que houvesse Deus, havia deuses.

É difícil para a maioria dos ocidentais conceber a noção de vários deuses nos dias de hoje, porque o Deus judaico-cristão surgiu há muitos milênios. Mas a maioria das religiões anteriores ao judaísmo era politeísta. Isso não significa que os politeístas eram tolos. Na verdade, o politeísmo é sofisticado e natural em muitos aspectos.

O politeísmo é sofisticado em sua predisposição para assimilar deuses novos e extravagantes. Os antigos egípcios, gregos e romanos eram politeístas, e costumavam incorporar deuses de outras religiões à própria. Como o famoso humanista britânico Henry William Frederick Saggs aponta: "Aceitando uma visão politeísta da vida, os antigos não sentiam necessidade de negar os deuses dos outros povos. As dificuldades só surgiram quando um grupo negou veementemente a própria existência de outros deuses. Esse grupo foram os judeus, que, em consequência, tornaram-se os menos tolerantes entre todos os povos antigos."[1]

O paganismo também entende o Universo como um lugar caótico, inacessível em totalidade. Uma força motriz — um Deus singular, em vez de uma miríade deles — exigiria que a lógica governasse o Universo, um conjunto previsível de regras discerníveis pela mente humana. Não há regras tão óbvias; portanto, aceita-se que o Universo é uma interação de várias mentes lutando pela supremacia.

As histórias pagãs sobre a criação demonstram de forma heterogênea como essas crenças se manifestam. A história da criação da Mesopotâmia — semelhante a histórias de criação polinésias e nativas norte-americanas sob inúmeros aspectos — afirma que Apsu, deus da água doce, foi assassinado, e que sua esposa, Tiamat, deusa da água salgada, ameaçou destruir os outros deuses; Marduk a assassinou e a dividiu ao meio. Uma metade dela se tornou o Céu; a outra, a Terra.[2] A pletora de deuses foi criada para explicar um mundo sem regras. Nesse sentido, o politeísmo é mais pessimista e cínico do que o monoteísmo judaico-cristão.

Por fim, o politeísmo funda-se em uma crença insistente no que podemos ver. Como o ex-rabino-chefe britânico Jonathan Sacks aponta: "O pagão percebe o divino na natureza por meio dos olhos."[3] A explicação mais simples para uma vastidão de objetos é uma infinidade de criadores. Ou, de modo mais simples, Deus *é* a natureza, e a natureza é Deus — uma noção panteísta que até hoje encontra eco em círculos "espirituais, mas não religiosos", assim como em muitas religiões orientais. Os mesopotâmios adoravam milhares de deuses e construíam gigantescos zigurates, que seriam a morada terrena dos deuses. Ídolos foram construídos para os deuses habitarem, e eles eram adorados com servidão, sendo inclusive alimentados regularmente.[4] Os egípcios tinham um mito diferente sobre a criação, baseado em cada cidade importante, e uma pletora de deuses também.

O judaísmo negou todos esses princípios centrais do politeísmo.

Postulou que só havia um Deus. O primeiro dos Dez Mandamentos foi direto e reto: "Eu sou o Senhor, o teu Deus, que te tirou do Egito, da terra da escravidão. Não terás outros deuses além de mim."[5] Deus, então, é o primeiro e o último, o Criador.

Além disso, o judaísmo postulou que Deus tem regras — e que exige seu cumprimento. O Universo não é aleatório; de forma geral, essas regras são detectáveis e amplamente compreensíveis. A Bíblia não é uma reunião de histórias adaptadas para explicar por que a chuva cai e o Sol brilha. A Bíblia, em vez disso, apresenta pela primeira vez uma explicação para a lógica interna do Universo. Deus trabalhou em um sistema singular e unificado; a natureza seguia regras previsíveis, as quais Deus poderia negar, se assim o desejasse.

Em Gênesis, por exemplo, o patriarca Abraão pede para Deus seguir Suas regras para o certo e o errado: quando Deus diz que quer destruir Sodoma e Gomorra, Abraão *discute* com Ele sobre o certo e o errado, e pergunta se a punição coletiva é apropriada caso haja pessoas boas ainda vivendo na cidade. Deus responde a ele; Deus não meramente ignora Abraão ou o silencia. Em vez disso, Ele se envolve com Abraão. Em um mundo caótico, sem valores morais como guia, a história de Abraão não faria sentido.

Agora, o judaísmo não afirma que somos capazes de entender todos os motivos ou atos de Deus. Em Êxodo, Moisés pede especificamente a Deus que lhe mostre a face; Deus se recusa, respondendo: "'Diante de você farei passar toda a minha bondade, e diante de você proclamarei o meu nome: o Senhor. Terei misericórdia de quem eu quiser ter misericórdia, e terei compaixão de quem eu quiser ter compaixão.' E acrescentou: 'Você não poderá ver a minha face, porque ninguém poderá ver-me e continuar vivo.'"[6]

Essa metáfora é a maneira de Deus dizer que nós, seres humanos, não podemos entendê-lo totalmente. Na verdade, como Gênesis esclarece, a noção humana de bem e mal não reflete a Divina. Mas Deus tem um padrão, mesmo que não possamos compreendê-lo completamente. Deus não o muda de forma aleatória — "Ele é a Rocha, as suas obras são perfeitas, e todos os seus caminhos são justos. É Deus fiel, que não comete erros; justo e reto Ele é."[7] A noção de universo moral é uma criação judaica. Está entrelaçada ao nome de Israel:

Yisrael, em hebraico, significa "lutar com Deus". E Deus *quer* que os seres humanos lutem com Ele — tanto que se recusa a intervir para os corrigir, mesmo que errem. O Talmude notoriamente reconta esse incidente perturbador:

> [Durante um debate sobre uma questão da lei judaica] O rabino Eliezer trouxe todas as provas possíveis para respaldar sua opinião, mas os rabinos não a aceitaram... Finalmente, o rabino Eliezer disse: "Se a lei está a meu favor, o Céu provará isso." Uma voz divina então declarou: "Por que você está discutindo com o rabino Eliezer, se a lei está de acordo com sua opinião, de forma generalizada?" O rabino Josué ficou de pé e declarou [citando Deuteronômio 30:12]: "Não está no céu." O rabino Jeremias disse: "Como a Torá já foi dada no Monte Sinai, nós não ouvimos a Voz Divina, porque Você já escreveu no Monte Sinai, na Torá, para seguir a maioria." [Êxodo 23:2] Anos depois, o rabino Natã encontrou Elias, o profeta, e perguntou-lhe: "O que o Santo, bendito seja, fez no tempo daquele debate?" Elias respondeu: "Ele sorriu e disse: 'Meus filhos triunfaram sobre mim; meus filhos triunfaram sobre mim.'"[8]

Por fim, o judaísmo censurou a ideia espalhafatosa de um deus corpóreo. O judaísmo é antimaterialista; rejeita expressamente a ideia de que tudo o que existe se resume ao que podemos ver, ou que o espiritual deve se manifestar fisicamente. O segundo mandamento impede os judeus de esculpirem imagens. Judeus são especificamente intimados a destruir ídolos.[9] Assim, a religião não é tão tolerante quanto o paganismo, mas também é menos ligada à Terra, menos sensorial. Ela demanda que alcancemos além daquilo que nossos sentidos percebem. Devemos pensar além dos limites físicos — e reconhecer a própria limitação de nosso pensamento, uma vez que qualquer descrição de Deus é necessariamente física e, portanto, homonímica, não literal. A noção de um Ser Divino, que interage com a humanidade com palavras, que governa o Universo conforme certas regras e que fica ao nosso lado mesmo que não o vejamos, coloca Deus ao alcance humano, mesmo que sempre esteja além de nós.

O QUE DEUS ESPERA DO HOMEM

Antes da Bíblia, o homem era apenas poeira cósmica, um ser irrelevante subjugado às forças do divino. Os deuses esperavam pouco do homem além de suborno; não havia ligação entre o que consideramos comportamento "moral" e a expectativa divina. Como Saggs afirma: "Não havia doutrinas no sentido de se definir uma crença, e os padrões de conduta aceitos não se relacionavam diretamente à religião."[10] Os deuses eram arbitrários. Não se prendiam a regras. Isso significa que o comportamento humano não se vinculava ao divino.

A Bíblia trouxe outra perspectiva. Um Deus singular representava um padrão singular de comportamento. As consequências não poderiam ser simplesmente atribuídas à interação entre os vários deuses egoicos; em vez disso, eram lições de vida destinadas a nos ensinar a ser morais. O pecado teve consequências no mundo real. Agora, isso não significa que todo pecado seria punido com uma consequência imediata e proporcional — Deus não brinca com o pecado humano. Mas significa que seguir os mandamentos de Deus levaria a melhores resultados na vida do que fazer o oposto.

O politeísmo defendia que os deuses eram santos e, portanto, os seres humanos deveriam servir-lhes; o judaísmo, que devemos ser santos, imitando Deus.[11] Por que, então, a Bíblia se concentra tanto em sacrifícios aparentemente pagãos? Porque não objetivam meramente apaziguar um poder superior. Eles objetivam *nos* transformar, ensinar-nos algo. Maimônides argumenta que os sacrifícios foram originalmente incorporados para atrair politeístas ao monoteísmo, ressignificando um ritual cultural arraigado ao afastá-lo da mera reconciliação com os deuses e aproximá-lo do aprimoramento pessoal. Segundo Maimônides, os sacrifícios intencionam lembrar-nos de que devemos pagar nossos próprios pecados e de que somente a misericórdia de Deus nos redime dessa responsabilidade.

O Talmude reconhece abertamente que podemos usar o raciocínio para aprender certos traços de caráter;[12] o judaísmo sugere que é possível determinar certas injunções morais — até mesmo os ignorantes, acredita o judaísmo, são capazes de determinar que existe um Deus e que o assassinato é errado, por exemplo.

No entanto, esse aprendizado é incompleto, afirma o judaísmo. A razão pode nos ensinar a não ser ruins — como não prejudicar os outros. As sete Leis de Noé, que governaram a humanidade antes da revelação, destinam-se a minimizar a crueldade humana: proibição de assassinato, roubo, idolatria, imoralidade sexual, crueldade animal, blasfêmia, e o mandamento positivo de estabelecer tribunais para punir crimes. Essas Leis de Noé eram para todos, conhecessem ou não a Bíblia, especificamente porque são todas óbvias.

Contudo, a revelação nos ensina a ser *bons*: ensina-nos quais valores devemos ter, quais características devemos cultivar. A revelação é necessária para que transcendamos o reino dos medíocres.

DEUS: A FORÇA POR TRÁS DO PROGRESSO

Em muitas culturas, a história não tem começo nem fim. O pensamento grego entendia que o Universo é permanente e se move de forma circular — a história se repetiria, cresceria e decairia. Não existia uma visão de progressão da história, um movimento inexorável rumo a um tempo melhor ou a uma era messiânica.[13] O progresso em si era, para muitos dos antigos, uma ilusão, ou nem isso: era apenas uma concepção que não tinha lugar no universo racional.

Essa visão da história não é exclusiva dos gregos. Os antigos babilônios acreditavam que "passado, presente e futuro integram o fluxo contínuo de eventos no Céu e na Terra. Deuses e homens continuam *ad infinitum*".[14] Para as culturas nativas norte-americanas, a própria realidade é circular: "Os aros sagrados e as rodas medicinais, com a curvatura contínua, representam a visão cíclica, sem começo, sem fim, voltas reiteradas, uma visão da realidade 'mítica' dos nativos norte-americanos."[15] Para o hinduísmo, a história é circular; para o budismo, o tempo "não tem começo nem fim; a singularidade de cada momento, essencial para a noção de história, não é expressa no budismo".[16]

Nessa perspectiva, os deuses não se interessam pela história; eles podem intervir, mas apenas para os próprios propósitos, e muitas vezes em conflito uns com os outros. Na *Ilíada*, os deuses intervêm rotineiramente para salvar seus favoritos e até tomar partido na guerra, com base nos próprios interesses — que são instáveis e imprevisíveis. A Guerra de Troia tem pouca importância histórica — não gera progresso, nem os deuses expressam intenção de fazê-lo.

A Bíblia apresenta uma visão diferente. Ela coloca Deus diretamente no contexto de uma história ligada ao tempo: Deus existe fora do tempo, mas está intimamente envolvido no progresso. A história da criação judaica observa que Deus intervém dia após dia para criar novos níveis de complexidade no mundo material, e então descansa.

Quando Deus intervém no mundo é para melhorar a humanidade ou para ensinar lições. Deus se insere na história preservando Noé e sua família; Ele se conteve mais uma vez de parar a história destruindo Suas criaturas, independentemente de suas escolhas.[17] Deus se manifesta a Abraão com o intuito de enviar o primeiro monoteísta em uma jornada para um lugar que Abraão não conhece — e Deus então faz um pacto com Abraão para edificá-lo em uma grande e poderosa nação, conectada com uma porção particular de terra: Israel. Deus escolhe Abraão. Escolhe Isaque. Escolhe Jacob. E então Ele escolhe o povo de Israel para agir como exemplos de moralidade ao longo da história — para espalhar Sua palavra, com Moisés como Seu profeta. "E ser-me-eis santos, porque eu, o Senhor, sou santo e separei-vos dos povos, para serdes meus", afirma Deus em Levítico 20:26.

A narrativa da história é a narrativa do romance de Deus com Sua nação escolhida: Sua decisão de tirá-la da escravidão e levá-la para a liberdade, e usar essa nação como um veículo para a transmissão de Sua mensagem. "Ou que deus decidiu tirar uma nação do meio de outra para lhe pertencer, com provas, sinais, maravilhas e lutas, com mão poderosa e braço forte, e com feitos temíveis e grandiosos, conforme tudo o que o Senhor fez por vocês no Egito, como vocês viram com os seus próprios olhos?"[18]

Todavia, o enredo tem surpresas e reviravoltas. A história da humanidade é uma história do romance entre um Deus nobre e uma nação errante — uma nação que conhece melhor, mas deve aprender e reaprender a amar a Deus novamente, e um Deus que ocasionalmente se afasta, mas espera pacientemente que Seu povo retorne.

A cada reaprendizado, o progresso se aproxima, um movimento rumo à linha de chegada da história. Somos todos parte desse grande teatro. A história nos dá importância. Ela nos dá motivo. Podemos viver como indivíduos, mas fazemos parte da tapeçaria do tempo, e, mesmo que o fio chegue a um fim inglório, Deus a tece conosco.

Em suma, a história *pode* progredir. Isso porque Deus se preocupa conosco como indivíduos e porque Ele faz parte de nossa história. E a culminação final da história virá com o reconhecimento universal de Deus e de Sua obra, com os judeus como a preciosa joia que resplandece a luz de Jerusalém. Conforme o historiador Paul Johnson escreve:

Nenhum povo jamais insistiu mais firmemente do que os judeus em que a história tem um propósito e a humanidade, um destino. Num estágio muito precoce de sua existência coletiva, acreditavam que haviam apreendido um plano divino para a raça humana, no qual sua própria sociedade seria o piloto. Elaboraram seu papel com imensos detalhes. A ele se apegaram com persistência heroica diante de um sofrimento selvagem. [...] A visão judaica tornou-se o protótipo de muitos grandes projetos similares para a humanidade, tanto divinos como obra do homem. Os judeus, portanto, estão bem no centro da tentativa perene de conferir à vida humana a dignidade de um propósito.[19]

A PRINCIPAL FRASE
DA HISTÓRIA DA HUMANIDADE

O politeísmo deixava pouca margem para o indivíduo seguir seu caminho no mundo.

Isso não se aplicava aos governantes, que eram classificados entre os deuses. Eles tinham liberdade de ação, tendo sido feitos à imagem dos deuses. No antigo Egito, a partir da Quarta Dinastia (2613 a.C.), os governantes egípcios eram agraciados com o título de "Filho de Rá" — o deus egípcio supremo.[20] Na Mesopotâmia, a tradição dos reis que se declaravam divinos começou com Naram-Sin de Acádia, no século XX a.C. A autodeificação seguiu, de forma esporádica, por séculos, até Augustus, que foi declarado deus após sua morte, em Roma, em 14 E.C.[21] A centelha do divino investida em grandes líderes permitiu-lhes liberdade de ação. Hamurabi, por exemplo, descreve-se assim no início de seu código: "Quando Marduk me enviou para governar os homens, para dar a proteção do direito à terra, eu fiz direito e justiça em..., E trouxe o bem-estar dos oprimidos."[22] Os heróis épicos dos antigos mitos também são equiparados a deuses; os plebeus nunca aparecem nessas narrativas.

O judaísmo combateu a noção de desigualdade humana diante de Deus com unhas e dentes. Somos todos igualmente dotados de um certo nível de livre-arbítrio. Talvez a principal frase já escrita tenha sido essa, de Gênesis 1:27: "E criou Deus o homem à Sua imagem, à imagem de Deus o criou; homem e mulher os criou." A escolha divina não era mais restrita a grandes líderes: na verdade, Deus zomba de tais pretensões em Gênesis 6:2, quando decide inundar a Terra depois que os "filhos dos deuses" — os governantes — começam a violar os direitos dos cidadãos comuns, levando Deus a zombar desses humanos arrogantes, "meros mortais".[23]

Em vez de apenas uma casta dominante ter o poder do livre-arbítrio, agora *todos* os seres humanos — coletiva e individualmente — receberam-no. Deus nos marcou, soprou a vida dentro de nós, formou-nos do barro do solo. A própria narrativa da criação foi pensada para demonstrar como o primeiro homem, Adão, usou seu poder inato de escolha de forma equivocada — e somos todos descendentes de Adão. Um dos segmentos mais comoventes da Bíblia está pouco antes de Caim matar seu irmão, Abel: Deus vê que Caim tem inveja da oferta de Abel ter sido aceita, e, ardentemente, informa a Caim: "Por que te iraste? E por que descaiu o teu semblante? Se bem fizeres, não haverá aceitação para ti? E se não fizeres bem, o pecado jaz à porta, e sobre ti será o seu desejo, *e sobre ele dominarás.*"[24]

Este é um tema recorrente. Deus expõe a importância da escolha — do exercício apropriado do livre-arbítrio — em Deuteronômio:

Vejam que hoje ponho diante de vocês vida e prosperidade, ou morte e destruição. Pois hoje lhes ordeno que amem o Senhor, o seu Deus, andem nos seus caminhos e guardem os seus mandamentos, decretos e ordenanças. [...] Agora escolham a vida, para que vocês e os seus filhos vivam.[25]

Como podemos escolher, somos parceiros de Deus na criação. Somos signatários de um pacto com Deus, no qual devemos desempenhar nosso papel e escolher cumprir nossos compromissos. A livre escolha é o elemento central. Quando Deus tirou os judeus do Egito e os colocou diante do Sinai, exigiu que fizessem um acordo; eles aceitaram firmar o pacto com Deus e o fizeram sem nem mesmo esperar para ouvir os termos: "Tudo o que o Senhor tem falado faremos, e obedeceremos."[26] A liberdade para agir precede a justificativa.

O QUE JERUSALÉM NOS DIZ...
E O QUE SILENCIA

Voltemos ao nosso padrão original de felicidade: propósito individual e coletivo, e predisposição individual e coletiva. O que o judaísmo, por si só, tem a nos dizer sobre esses elementos cruciais?

Quando se trata do propósito individual, o judaísmo tem muito a dizer. O judaísmo diz que Deus espera algo de nós — que Ele estabeleceu padrões para nosso comportamento, que exige nossa santidade, que se importa com nosso compromisso. Um ser humano em uma ilha deserta pode encontrar um propósito em viver a vida que Deus quer, que lhe é ensinada por meio de uma série de regras presentes em Seu livro sagrado. Como o rei Salomão conclui, em Eclesiastes, o propósito da existência humana é simples: "Teme a Deus e guarda os seus mandamentos; porque este é o dever de todo homem."[27] Ao fazê-lo, diz Eclesiastes, encontraremos alegria: "Já tenho conhecido que não há coisa melhor para eles do que se alegrarem e fazerem o bem na sua vida; [...] não há coisa melhor do que alegrar-se o homem nas suas obras, porque essa é a sua porção."[28]

A Bíblia se pronuncia abertamente sobre a predisposição individual; declara que somos agentes livres, com a capacidade de escolher o pecado ou a santidade, e que temos a obrigação de fazê-lo. Somos santos; feitos à imagem de Deus. E somos iguais na capacidade de agir como criaturas piedosas, embora possamos ter outras.

A Bíblia também deixa claro que nosso trabalho é usar nossas mentes para descobrir Deus — buscá-lo, fazer perguntas, lutar com Ele. Acreditamos que Deus obedece moralmente a certas regras, e as estabeleceu para o mundo que criou — que a vida não é um esquema arbitrário de decisões caóticas de última hora feitas por uma variedade de deuses que lutam pela supremacia. Em termos científicos, essa noção — de um Deus previsível e acessível — é vital. A premissa de uma regularidade das regras do Universo é vital para o desenvolvimento da civilização ocidental — e para o da ciência, em particular. Toda a ciência é baseada na busca por regras universais que governam o mundo. Se o Universo fosse um aglomerado aleatório de eventos desconexos, sem que nenhuma lógica superior os governasse, a busca científica seria bastante frustrante.

No entanto, a Bíblia *não* explicita a ideia de que nossa busca por verdades universais nos aproximará da felicidade. Deus é, na visão judaica, a única verdade universal. Os judeus buscam a Deus e aos ensinamentos *Dele*, não seus pessoais — os padrões de verdade Dele são importantes, não os seus.[29] A noção de uma busca pela verdade que não seja Deus é estranha ao pensamento bíblico.

E quanto ao propósito coletivo? Obviamente, o judaísmo estipula essa noção. Deus diz a Abraão, em Gênesis: "E abençoarei os que te abençoarem e amaldiçoarei os que te amaldiçoarem; e em ti serão benditas todas as famílias da terra."[30] Nunca uma profecia foi mais verdadeira — de um homem em busca de Deus no deserto surgiram três religiões monoteístas que dominam a humanidade e estruturam a cultura humana na maior escala possível.

O judaísmo ensinou que o propósito coletivo era ao mesmo tempo algo particular e universal — que devemos viver dentro de nossas comunidades e adaptar nosso comportamento com base nelas. O judaísmo diz que a nação de Israel serve como prova da origem de Deus, como demonstração de Sua relevância na história.[31]

Do Topo da Montanha

A postura do progresso histórico, cunhada pelos judeus e adotada pelo cristianismo, impulsiona a civilização ocidental como um todo. Barack Obama gostava de citar Martin Luther King Jr.: "O arco do universo moral é amplo, mas se inclina para o lado da justiça." Ele inclusive inscreveu a citação em um tapete do Salão Oval. Mas o próprio King pensava que o arco moral só existia no contexto de uma narrativa religiosa da história. Aqui está o contexto original em que King proferiu essas palavras: "O mal pode moldar eventos em que César ocupe um palácio e Cristo, uma cruz; mas esse mesmo Cristo se erguerá e dividirá a história em a.C. e d.C., de modo que até a vida de César será datada por seu nome. Sim, 'o arco do universo moral é amplo, mas se inclina para o lado da justiça'." Se a história tem uma direção, só a seguirá se tivermos fé em um Deus que está na reta final, encorajando-nos a seguir em frente.[32]

Por fim, a predisposição coletiva: O que a Bíblia tem a dizer sobre o melhor sistema para cumprir o propósito individual e o coletivo? Surpreendentemente, pouco. O judaísmo acredita que o poder deve existir, em primeiro lugar, na família; em segundo, na comunidade de fé; e, finalmente, no governo.

Na melhor das hipóteses, o judaísmo é ambíguo quanto ao poder estatal. A Bíblia separa os poderes entre os levitas e um sistema judicial. Na verdade, ela expressa certo medo a respeito de uma renovação da monarquia divina. Moisés diz que o povo nomeará um rei — não diz que Deus enviará um monarca. Em seguida, expõe uma série de restrições a serem impostas ao rei, de limitações financeiras a restrições sobre o número de esposas, e conclui com uma ordem para o rei escrever a própria cópia da Torá, de modo a ser lembrado de seus deveres legais todos os dias.

O rei não deve "se levantar sobre os seus irmãos, e não se apartar do mandamento, nem para a direita nem para a esquerda".[33] Uma vez que os judeus entrem na terra, são governados por juízes por gerações; o profeta Gideão se recusa expressamente a governar os judeus, declarando: "Sobre vós eu não dominarei, nem tampouco meu filho sobre vós dominará; o Senhor sobre vós dominará."[34] Quando os judeus finalmente decidem depor o profeta Samuel em favor de um rei, Samuel adverte que um monarca empobrecerá o povo e agirá como um tirano, concluindo: "Então, naquele dia, clamareis por causa do vosso rei, que vós houverdes escolhido; mas o Senhor não vos ouvirá naquele dia."[35]

O judaísmo tem uma ressalva saudável com o poder centralizado. As penalidades criminais exigem que duas testemunhas advirtam o agressor *antes do crime* e após testemunhá-lo. Embora a religião tenha sido usada como fachada para a tirania teológica, há uma ampla base na Bíblia que corrobora a noção de que várias formas de organização do Estado para resguardar o propósito individual e o coletivo funcionam. Essa verdade se tornaria óbvia durante o período pré-Iluminista, quando a leitura generalizada da Bíblia derrubou séculos de poder teocrático.

Em resumo, a Bíblia apresenta uma visão completa da felicidade humana — mas que precisa de maior elucidação. A Bíblia nos diz o que Deus espera de nós e que temos o dever de cumprir essas expectativas; diz que somos especiais e que somos amados por um Ser infinitamente bom, solícito e poderoso. Diz que temos o dever de nos aproximar de Deus. A Bíblia torna Deus acessível; o que o traz à Terra. Ao fazê-lo, oferece ao homem a oportunidade de se levantar. Mas a tradição bíblica não enfatiza a capacidade das pessoas de raciocinar, *a priori*; a revelação está acima da razão.

E a revelação sozinha não é suficiente. A alma, da qual Deus dotou o homem, busca o Divino por meio da razão — a qualidade exclusivamente humana que eleva os seres humanos além dos animais e nos coloca aos pés do trono de Deus.

Para buscar um propósito moral mais elevado, os seres humanos precisam cultivar sua razão.

Para isso, eles se voltaram a Atenas.

CAPÍTULO 3

DO PÓ VIEMOS

Há uma batalha em voga nos campi universitários sobre o papel da universidade. É disponibilizar um espaço seguro para os estudantes "se encontrarem"? É um lugar para se experimentar a maravilha de uma ampla gama de pensamentos? Ou é um lugar para inculcar o pensamento básico que sustenta a civilização ocidental?

No passado, a resposta era claramente a última opção: as pessoas iam à faculdade para mergulhar nos clássicos. Os Pais Fundadores eram versados em latim e grego; sua escrita é cheia de referências à literatura antiga. Em 1900, metade de todos *os estudantes do ensino médio* norte-americanos eram obrigados a cursar latim.[1] Mas muitos acadêmicos e estudantes de hoje acham os clássicos batidos e tediosos, antigos e banais — etnocêntrica e culturalmente estagnados. Jesse Jackson organizou uma passeata em Stanford na década de 1980, de braços dados com os alunos, entoando: "A-há, o Ocidente tem que acabar." Desde 2010, nenhuma universidade exige que os estudantes façam um curso de civilização ocidental, e apenas 16 o oferecem.[2]

40 O LADO CERTO DA HISTÓRIA

O que aconteceu? Um desprezo generalizado pela própria civilização ocidental levou a uma forte crítica ao aprendizado dos clássicos. A civilização ocidental, na opinião de muitos da esquerda radical, era um bastião do imperialismo e do racismo; os estudantes deveriam se dedicar a aprender essas deficiências, e não as glórias da filosofia antiga. Realmente, o estudo da filosofia e da civilização antigas limita de forma drástica nosso entendimento dos males inatos do Ocidente.

Edward Said defende essa ideia mais expressamente em *Orientalismo*, em que propõe que o legado da Grécia e de Roma é o "outro" do Oriente — e que os classicistas estavam mais preocupados em menosprezar as tradições não ocidentais. Além disso, os ocidentais foram proibidos de escrever sobre as culturas "orientalistas" — como eram outsiders, acabariam pervertendo os ensinamentos daquelas culturas.[3] A educação, nessa perspectiva, é apenas uma forma diferente de perpetuar as relações de poder — e concentrar-se na civilização ocidental contribui, assim, para a tirania em curso. Seria melhor, então, ignorar os clássicos, em favor de uma educação mais completa, baseada em várias culturas.

Agora, não há nada de errado em deleitar-se com o que podemos aprender com uma infinidade de culturas — a sala de audiências da Suprema Corte contém Moisés, Hamurabi, Sólon e Confúcio no quadro de legisladores.[4] Mas ignorar o legado da tradição filosófica greco-romana é perpetuar a mentira de que a civilização ocidental nos trouxe mais exploração do que liberdade. Os promulgadores do multiculturalismo na educação muitas vezes não promovem a amplitude do aprendizado, mas a falta dele. Essa atitude alcança sua apoteose nos movimentos anticlássicos que vemos em campi universitários, como o Reed, em que um grupo de estudantes adota uma postura

Do Pó Viemos   **41**

panfletária contra os cursos básicos de humanidades porque supostamente "perpetuam a supremacia branca… Os textos que compõem o programa [Humanidades]… são 'eurocêntricos', 'caucasoides' e, portanto, 'opressores'".[5]

Essa é uma leitura drástica e deliberada da história da civilização ocidental — a maior propulsora do bem da história mundial. Essa afirmação não pretende ignorar a miríade de males em que a civilização ocidental se envolveu. Mas ela libertou mais pessoas do que qualquer outra, de longe; reduziu a pobreza, subjugou doenças e atenuou guerras. A civilização ocidental é a responsável pelo aprimoramento econômico da população global e pela ampliação dos direitos humanos e da democracia.

E essa civilização tem raízes profundas. Por que o Ocidente deveria se preocupar em estudar os gregos antigos? Porque as raízes clássicas da civilização ocidental, em Atenas, ainda têm muito a nos ensinar. Atenas nos ensina o que somos capazes de fazer como seres humanos. Atenas nos ensina que somos capazes de usar nossa razão para ir além de nós mesmos. Atenas não nos ensina apenas como a liberdade pode florescer, mas por que *deve florescer*. Argumentei que sem Jerusalém não haveria Ocidente; sem Atenas, também não.

A fé religiosa é fortalecedora, porque diz aos seres humanos que são amados e capazes de escolher entre o bem e o mal. Mas a fé religiosa também requer que conheçamos os limites inerentes a nossa capacidade — que reconheçamos que há coisas que nunca entenderemos, que somos criaturas terrenas, feitas de pó. Se o projeto do Sinai era elevar o homem acima dos animais, conferindo-lhe uma missão e uma alma divinas, o de Atenas era elevar o homem usando suas próprias faculdades. A religião não descarta a capacidade da humanidade, é claro, mas ela é sempre secundária à vontade de Deus. Atenas eleva a capacidade do homem e o torna primordial.

O pensamento grego, claro, não sugeria que o homem podia superar tudo. A noção de tragédia grega gira em torno do homem que é impedido de alcançar suas aspirações grandiosas por causa das próprias limitações intrínsecas. Mas os heróis dos mitos gregos desafiam o destino, buscando glorificar a própria independência: Prometeu, Antígona, Aquiles... até o próprio Sócrates. Como diz o famoso crítico de teatro Walter Kerr: "A tragédia fala sempre da liberdade."[6]

Essa empreitada trágica em busca do conhecimento é endêmica no pensamento grego. É uma tragédia que se desenrola com certa dose de esperança. A alegoria da caverna, de Platão, é o exemplo mais famoso do esforço para alcançar a luz. Naquela alegoria, Platão pinta um quadro de homens acorrentados a uma parede em uma caverna, impedidos de ver a fonte de luz do lado de fora; sua ignorância os restringe à crença de que "a verdade nada mais é que as sombras artificiais". Mas alguns nobres podem ser libertados desses laços, ambientados à verdade e levados para a luz; aqueles poucos felizes podem então voltar para a caverna e ajudar a construir uma sociedade mais verdadeira para seus semelhantes — mas arriscarão a ira de seus companheiros de prisão e poderão pagar o preço final por terem desmascarado as noções aceitas de verdade.[7]

Utilizar a razão humana para escapar da caverna e levar o conhecimento da luz: esta era a tarefa da antiga Atenas — uma tarefa que une Platão (428–348 a.C.) e Aristóteles (384–322 a.C.). Os gregos antigos deram-nos três princípios fundamentais: primeiro, que poderíamos descobrir nosso propósito na vida observando a essência do mundo; segundo, que, para entendê-la, precisamos estudar o mundo ao nosso redor, utilizando nossa razão; e, finalmente, essa razão pode ajudar-nos a construir os melhores sistemas coletivos para cultivá-la. Em suma, os gregos nos deram a lei natural, a ciência, a base do governo secularmente construído. Jerusalém trouxe os Céus à Terra; a elevação da razão de Atenas lançaria, então, a humanidade às estrelas.

ENCONTRANDO O PROPÓSITO NA NATUREZA

A primeira contribuição dos gregos antigos foi a filosofia da lei natural.

Vivemos no mundo físico. Ele não tem nada a nos dizer sobre propósito ou sentido. É só um amontoado de coisas. Por que esse amontoado teria algum tipo de informação sobre como direcionarmos nossas vidas? Vivemos em um mundo cheio de coisas e fatos. Fatos não determinam valores. Uma árvore não é boa nem ruim — é apenas uma árvore. O mundo está cheio de fatos brutos; nós mesmos somos fatos brutos, sem capacidade de nos elevarmos além das realidades básicas da natureza.

Essa é a conclusão a que muitos filósofos modernos chegam. Foi também a de certos gregos antigos, como Demócrito (460–370 a.C.), um filósofo contemporâneo a Platão e Aristóteles, que acreditava que toda a vida humana se resume a partículas fundamentais de matéria, o que chamou de "átomos".[8] A natureza era meramente a natureza; a ética ficava em segundo plano.

Platão, Aristóteles e os estoicos pensavam diferente. Platão e Aristóteles rejeitaram a teoria atômica de Demócrito. Na visão deles, a mente humana era capaz de decifrar espontaneamente as regras da natureza — e acreditavam que essas regras, de fato, existiam. Nós poderíamos determinar regras e valores a partir da própria natureza. A natureza tinha um propósito — ou o Deus, por trás disso, tinha.

Como chegaram a essa conclusão? O raciocínio foi simples e profundo. Postularam que praticamente todo objeto da criação tem um fim — um télos, do grego. O valor de um objeto está na capacidade de atingir o propósito para o qual foi feito. Fatos e valores não estão separados — os valores estão embutidos nos fatos. Por exemplo, um relógio é virtuoso se informar a hora corretamente; um cavalo é virtuoso se puxar corretamente uma carroça. O que isso significa para os seres humanos? O que torna um homem virtuoso é sua capacidade de se dedicar às atividades que fazem dele um homem, não um animal — o homem também tem um télos. Qual é o nosso télos? Nosso objetivo, de acordo com Platão e Aristóteles, é raciocinar, julgar e deliberar. Platão, nas palavras de Sócrates, escreve em *A República*:

> A alma não possui uma função que nada, a não ser ela, poderia desempenhar, como vigiar, comandar, deliberar e o resto? Podemos atribuir estas funções a outra coisa que não à alma e não temos o direito de dizer que elas lhe são peculiares? [...] E a vida? Não afirmaremos que é uma função da alma?[9]

Aristóteles concordou: ele acreditava que, usando a razão, podemos determinar o propósito de tudo ao nosso redor. Aristóteles acreditava que tudo dependia de uma justificativa para sua existência (em filosofia, uma "causa final").[10] Assim, por exemplo, as raízes de uma

Do Pó Viemos   45

planta só existem para atender a sua causa final — nutri-la. E nossa causa final é o uso da razão: "A função do homem é uma atividade da alma que segue ou que implica um princípio racional."[11]

Então, de acordo com Platão e Aristóteles, o que nos torna "virtuosos" é cumprir nossa função: olhar para o mundo com nossa razão, discernindo as causas finais para que as coisas existem. Esse é o nosso propósito. Assim como Adão foi encarregado de nomear os animais, segundo a Bíblia, somos encarregados de reconhecer o télos do mundo ao nosso redor por meio do pensamento grego.

A mente moderna se rebela com essa noção — a noção de virtude de alguma coisa ligada a seu propósito inerente. A natureza, acreditamos, é cega e sem valor — não culpamos uma cobra por morder ou um bebê por chorar. Mas não é isso o que os antigos queriam dizer com virtude. Eles não a interpretavam com nosso senso moral moderno de "virtude" — ser uma pessoa legal ou algo igualmente vago. Eles queriam dizer cumprir o télos para o qual você foi criado.

Parte da realização desse télos é cultivar os aspectos de caráter que o tornam mais humano. Sistemas antigos de pensamento carregam uma diferença relevante do pensamento moderno em relação à virtude: entendem a virtude em termos de desenvolvimento de caráter. Como Jonathan Haidt escreve: "Onde os antigos viam virtude e caráter em ação, em tudo o que uma pessoa faz, nossa concepção moderna limita a moralidade a um conjunto de situações que surgem para cada pessoa apenas algumas vezes em qualquer semana: compromissos que conciliam seus interesses com os alheios."[12] Enquanto os sistemas modernos de moralidade se concentram mais em saber se determinadas ações são boas ou más, sistemas éticos antigos se preocupam menos com regras de ação e mais em tornar homens e mulheres pessoas virtuosas — capazes de cumprir seu télos como ser humano e usar a razão e o caráter para elaborar complexas equações morais.

Agora, isso nos deixa um problema: para participar de uma comunidade, precisamos de um télos em comum. Como o filósofo Leo Strauss sugere, nenhuma sociedade pode ser construída sobre uma multiplicidade de objetivos finais.[13] A fim de evitar discuti-los incessantemente, os gregos postularam uma lógica objetiva subjacente ao Universo: um grande arquiteto, um Motor Imóvel. Se o Universo fosse um lugar caótico, arbitrário e aleatório, operando sem nenhum embasamento, não teria nenhum télos. Mas se há um grande plano por trás de toda a criação, nosso trabalho é meramente investigá-lo — descobrir a lei natural que governa o Universo.

Os antigos perceberam que qualquer teoria sobre o télos depende da presença de um arquiteto. Assim, eram monoteístas filosóficos, ainda que, em termos religiosos, fossem politeístas. Anaxágoras (510–428 a.C.) encontrou um sistema de lógica universal que sustenta o mundo; chamou-o de *noûs*. Heráclito (535–475 a.C.) foi o primeiro filósofo conhecido a usar o termo *logos* para descrever o sistema unificado de razão por trás do mundo que vemos e experimentamos.

O homem podia entender o Universo porque uma força o criara; a mente do homem espelhava essa força na medida em que ele pudesse descobrir seus propósitos. Como o historiador Richard Tarnas escreve: "Como os meios pelos quais a inteligência humana pode alcançar a compreensão universal, o logos é um princípio revelador divino, que opera simultaneamente dentro da mente humana e do mundo natural." E os filósofos foram incumbidos de descobrir esse logos; ao fazê-lo, estariam cumprindo o próprio télos e descobrindo o da humanidade, de forma mais ampla.[14]

O NASCIMENTO DA CIÊNCIA

Essa investigação levou ao nascimento da ciência. A ciência e a tecnologia que lapidaram o nosso mundo — que os calouros universitários usam em seus iPhones para difamar a civilização ocidental — foram construídas a partir das origens gregas.

A antiga crença de que a virtude reside no uso da razão exigiu que a natureza fosse investigada. Os antigos acreditavam que, estudando a essência das coisas, descobriríamos a essência do ser. Enquanto a cosmovisão bíblica diz que Deus criou a natureza, não tem muito a dizer sobre a natureza em si, ou se investigá-la leva a Deus. A Bíblia sequer tem uma palavra para "natureza"; a palavra do hebraico *yetzer* é o termo mais próximo e, de modo geral, significa "vontade". Mas a filosofia grega era diferente: sugeriu que a melhor maneira de investigar a natureza do propósito humano era examinar a própria realidade e tentar descobrir os sistemas por trás dela. Isso tornou imperativo investigar nosso Universo, a fim de encontrar um significado maior.

Pitágoras (570–495 a.C.) liderou essa busca — ele acreditava que os seres humanos poderiam alcançar a consonância com o Universo se procurassem compreendê-lo. A filosofia de Pitágoras levou-o à matemática, uma tentativa de descobrir a harmonia supostamente perfeita do cosmos. E isso o levou ao teorema de Pitágoras, entre outras descobertas.[15]

Platão e Aristóteles também acreditavam na noção de verdade objetiva. Mas discordavam em relação ao que a constituía: as formas ou o conhecimento do mundo físico. No final, essa discordância acabaria criando a base para o método científico: a dedução apresentaria aos seres humanos uma hipótese científica; os fatos apresentados por evidência empírica se tornariam a base para julgá-la; a hipótese seria então aceita, rejeitada ou alterada. O estabelecimento do rigor lógico por Aristóteles em relação à observação empírica lançaria as bases para todo o pensamento científico posterior.

UM GOVERNO BASEADO NA RAZÃO

Por fim, os gregos nos deram as raízes da democracia.

Baseados na ideia de virtude — o uso da razão para agir de acordo com a natureza — Platão, Aristóteles e os estoicos desenvolveram sistemas éticos. Esses sistemas não recomendavam o mero cultivo pessoal. Eles abrangiam a criação de novas formas de governo. Algumas de suas ideias sobre governo eram boas; outras, não. Mas eles começaram o processo de aplicar a razão às estruturas governamentais — um processo que continua até os nossos dias.

Os antigos acreditavam que, para cultivar a virtude, a polis — a cidade-Estado — deveria estar no centro da vida humana. Como o filósofo Alasdair MacIntyre aponta, os atenienses acreditavam, de forma generalizada, que o bom exercício da cidadania era um pré-requisito para ser um bom homem.[16] O sistema ético de Platão uniu a felicidade e a virtude: o homem verdadeiramente virtuoso será feliz. Platão também definiu várias virtudes: justiça, comedimento e análogos. Mas essas virtudes não são *individuais*; na visão de Platão, elas só existem no contexto de uma comunidade. A virtude da justiça, por exemplo, existe quando cada pessoa cumpre sua função em relação à polis. Nossas virtudes existem nas relações com os outros.[17]

Como a polis é o contexto no qual a virtude é cultivada — e como cultivá-la é o principal objetivo do homem —, deve ser governada com rigor, de modo que os seres humanos sejam inculcados com a virtude, de acordo com Platão. Isso significa que aqueles que governam devem ser os melhores e mais sábios de nós — que devemos, precisamente, condicionar uma classe de filósofos a governar. Do contrário, o caos se instalará. "Enquanto os filósofos não forem reis nas cidades", escreveu Platão na voz de Sócrates, "ou aqueles que hoje denominamos reis e soberanos não forem verdadeira e seriamente filósofos, enquanto o poder político e a filosofia não convergirem num mesmo indivíduo, enquanto os muitos caracteres que atualmente perseguem um ou outro destes objetivos de modo exclusivo não forem impedidos de agir assim, não terão fim, meu caro Glauco, os males das cidades, nem, conforme julgo, os do gênero humano, e jamais a cidade que nós descrevemos será edificada".[18]

Segundo Platão, o conflito dentro do Estado é oriundo da incapacidade das pessoas de reconhecer a própria posição. Para resolvê-los, Platão estabeleceu uma hierarquia rigorosa, em sua visão utópica, entre operários, guerreiros e reis filósofos. Ele também recomendava uma abordagem comunista a seu estado ideal, em que os reis filósofos são criados. Isso levou o filósofo Karl Popper a contestar que o Estado ideal de Platão era "puramente totalitário e anti-humanitário", e acusou Platão de reconsagrar "o domínio e o privilégio de classe". O princípio de que toda classe deve cuidar dos próprios negócios significa, de forma resumida e direta, que *o Estado é justo se o governante manda, o operário trabalha e os escravos obedecem.*[19] Em defesa, os estudiosos de Platão, Leo Strauss e Allan Bloom, rejeitaram a crítica de Popper ao sugerir que o esquema era, ao menos parcialmente, uma tentativa de provar a inviabilidade do pleno controle comunitário.[20]

O sistema de virtude de Aristóteles também envolvia o status do cidadão. Mas ele rejeitou a utopia de que as formas seriam entendidas por uns poucos que governariam de forma benevolente o resto de uma sociedade bem organizada. Ele atacou o regime sugerido por Platão, dizendo que era irrealista e que destruiria a sociedade em si. "Vamos lembrar", diz Aristóteles, "que não devemos desconsiderar a experiência das eras".[21] Aristóteles, em vez disso, considerava ideal um regime que combinasse aspectos da democracia e da aristocracia — uma iteração filosófica clara de um sistema de freios e contrapesos.

Tanto a lógica de Platão quanto a de Aristóteles conectavam a existência do Estado a sua capacidade de avançar e respeitar a lei natural. Seus herdeiros filosóficos, como Cícero, expressariam esse ponto de vista com mais intensidade. Assim, Cícero escreve em *Da República*:

> A razão reta, conforme à natureza, gravada em todos os corações, imutável, eterna, cuja voz ensina e prescreve o bem, afasta do mal que proíbe e, ora com seus mandatos, ora com suas proibições, jamais se dirige inutilmente aos bons, nem fica impotente ante os maus. Essa lei não pode ser contestada, nem derrogada em parte, nem anulada; não podemos ser isentos de seu cumprimento pelo povo nem pelo senado; não há que procurar para ela outro comentador nem intérprete; não é uma lei em Roma e outra em Atenas, — uma antes e outra depois, mas una, sempiterna e imutável, entre todos os povos e em todos os tempos; uno será sempre o seu imperador e mestre, que é Deus, seu inventor, sancionador e publicador.[22]

A requintada defesa de Cícero, do que chamou de sistema misto — um sistema de responsabilidade governamental compartilhada, em que os cidadãos têm uma parcela de controle do governo, legitimada por um monarca, controlado por uma aristocracia — era estimado pelos Pais Fundadores.[23] Esse sistema, pensava Cícero, evitaria a tirania e a violação da virtude.

O QUE ATENAS NOS DIZ...
E O QUE SILENCIA

Sim, os estudos clássicos ainda são necessários. Os universitários que os fulminam estão minando os próprios alicerces — estão ignorando a razão, a ciência e a democracia. Veremos mais adiante como esse abandono enfraquece a força do Ocidente. Mas não há dúvida de que, sem Atenas, o Ocidente simplesmente não existiria como é — e que o mundo sofreria muito por esse fato.

Isto posto, Atenas, isolada, não explica a grandeza do Ocidente.

O mundo de Atenas nos moldou de maneira profunda — e nos molda de forma particularmente forte como produtos de uma era secular. É mais fácil identificar nossa dívida com Atenas do que com Jerusalém: ela parece exigir menos fé, menos crença no miraculoso e no divino. Mas Atenas não bastou — o Ocidente ainda exigia Jerusalém.

Para entender por que, devemos mais uma vez retornar ao quadro quádruplo do sentido: propósito individual e coletivo, e predisposição individual e coletiva.

Na estrutura ateniense, é quase impossível dissociar o propósito individual do coletivo. Platão, Aristóteles e os estoicos considerariam tal divisão contraproducente e infrutífera: o propósito individual era a ação virtuosa — cumprindo o télos ao buscar a razão correta, conforme a natureza. A virtude, por sua vez, só se definiria em referência à comunidade. O indivíduo, nessa visão, tende a se apagar.

Enquanto os atenienses eram tépidos em relação ao propósito individual, sem a contraparte da comunidade, eram religiosos na crença na predisposição individual. Eles defendiam fervorosamente a noção de uma ordem para o Universo, e insistiam incessantemente que a humanidade não tinha apenas a predisposição, mas a obrigação de descobri-la. Descobrir a lei natural significava procurar conhecer a natureza, e Platão, Aristóteles e os estoicos estavam unidos em sua crença de que os seres humanos poderiam voltar suas mentes para a natureza em busca de respostas. Os seres humanos foram agraciados com um poder divino, a razão; a mente humana retratava verdades objetivas que podem ser descobertas no Universo. Talvez o legado mais inspirador de Atenas seja a fé inabalável no poder da mente.

Como observado, o propósito coletivo se encerrava no individual: se o objetivo do indivíduo era encontrar a felicidade por meio de cidadãos virtuosos, o da comunidade teria que ser a promoção dessa virtude. Nessa visão comunitarista, a liberdade individual, no sentido moderno, desaparece completamente. Atenas rejeitou o conceito de liberdade individual além daquela de perseguir a virtude em busca do télos; liberdade significava apenas autocontrole, o oposto do que muitas vezes queremos dizer com liberdade hoje. Essa noção moderna seria expressamente rejeitada por Platão, que achava que resultaria na anarquia; segundo Aristóteles, a liberdade só existe no contexto individual quando você está envolvido com atividades filosóficas.[24]

O que dizer, então, da predisposição coletiva? A comunidade foi encarregada de duas funções separadas: incutir a virtude na cidadania e proteger os cidadãos da violação da lei natural. Platão pensava que o cumprimento da primeira destituiria a necessidade da segunda: se o governo treinasse reis filósofos perfeitos para governar, não haveria necessidade de se preocupar com as violações da lei natural. Aristóteles e os estoicos estavam preocupados com tal utopismo, e acreditavam que o Estado tinha que ser arquitetado para evitar a violação da lei natural por meio de um sistema misto de freios e contrapesos.

O sistema ateniense de pensamento estabelece certas noções fundamentais para a felicidade: a noção de télos, que nos é acessível; a importância da investigação conduzida pela razão, levando ao nascimento da ciência; o reconhecimento de que os laços sociais nos conectam. Mas o pensamento ateniense ainda deixa várias questões sérias a serem respondidas. Os gregos encontraram a felicidade na filosofia, não na ação. Se você não é filósofo, como alcança a felicidade? Será que realmente devemos ser felizes como trabalhadores ou guerreiros na sociedade tripartida de Platão? Como podemos evitar a tirania da polis, dada a relação entre virtude e cidadania?

Acima de tudo, como a filosofia se traduz em ação? Enquanto a lei de Moisés é escrita em pedra, a lei natural parece vaga ou até mesmo ilusória. Como o mundo do pensamento pode se unir ao da prática? A voz trovejante de Deus, exigindo ação do topo da montanha, estaria de alguma forma ligada à voz quieta e questionadora dos filósofos, exigindo chegarmos à razão a partir da natureza?

CAPÍTULO 4

UNIÃO IMPROVÁVEL

O mundo de Jerusalém e o de Atenas pareciam, em grande parte, irreconciliáveis. O judaísmo era uma religião pequena, mas importante — as estimativas sugerem que talvez 10% do Império Romano fosse judeu até o final do primeiro século E.C.[1] —, e o pensamento grego havia sido amplamente incorporado ao romano. Mas as duas bases de construção da civilização ocidental, a revelação judaica e o raciocínio grego, estavam em guerra.

Na melhor das hipóteses, não estava claro se a consonância poderia ser alcançada.

Havia três conflitos expressivos entre o pensamento judaico e o grego. O primeiro envolvia a natureza de Deus: o Deus de Moisés e o de Aristóteles não eram idênticos. Enquanto o judaísmo postulava um Deus ativo no Universo, o pensamento grego postulava um Motor Imóvel, indiferente aos assuntos humanos. "O imutável Motor

Imóvel era o Deus de Platão e de Aristóteles", disse o rabino Jonathan Sacks. "O Deus da história foi o Deus de Abraão. Eles simplesmente não coexistiam." O judaísmo acreditava, como o pensamento grego, em um Deus que estava por trás da criação; mas, diferentemente da razão grega, o judaísmo também via a presença de Deus nos eventos humanos, não apenas na natureza. Deus se relacionava intimamente, nessa visão, à ação do homem. Os gregos acreditavam muito mais no destino do que em uma presença divina com um sentido moral.[2]

Segundo, a razão grega buscava a universalidade em todas as coisas; a revelação encontrou universalidade na comunicação específica entre Deus e o homem, no Sinai. O pensamento da lei natural grega centrava-se na noção de que os seres humanos podem, por meio da pura contemplação do mundo ao redor, chegar a certas verdades universais. Esses universais eram verdadeiros para todos e representavam o último nível de conhecimento.

A revelação judaica, por outro lado, sugeria que os seres humanos não eram totalmente capazes de descobrir todos os universais — que a revelação seria necessária, uma voz falando do alto para os seres humanos, ditando a moralidade. Assim, a Torá sugeria que Deus queria que os seres humanos usassem a razão para encontrar as verdades gerais, mas que Seu povo "escolhido" também tivesse responsabilidades adicionais. Esse povo foi designado Sua "luz para as nações", para decretar Seus mandamentos e, ao fazê-lo, espalhar essas verdades universais. O universalismo sugere que a lógica humana leva à luz fora da caverna; o particularismo, que a mão de Deus é encontrada em Sua orientação de uma nação em particular.

Terceiro, o compromisso grego com a polis contradizia o compromisso judaico com o divino. A visão grega de cidadania se concentrava majoritariamente no lugar do indivíduo dentro da polis, a cidade-Estado; o pensamento helênico se concentrava em moldar os indivíduos para servirem melhor como cidadãos e em cultivar virtudes que seriam úteis para eles.

O judaísmo, no entanto, tinha outro compromisso: com o serviço individual e coletivo à lei divina. Essas duas noções entraram em conflito direto em 167 a.C., quando o rei grego Antíoco IV tentou desenterrar o templo judaico em nome da religião grega e proibiu muitas práticas judaicas. Ele usou como representantes os judeus helenizados, que viam o judaísmo tradicional como um obstáculo à assimilação. Os macabeus levantaram-se em revolta e restabeleceram a dinastia hasmoneana na Judeia; essa insurreição é comemorada até hoje pelos judeus, no Hanucá.

Essas duas tradições poderiam ser reunidas? A razão isolada poderia fornecer um propósito? Somente a religião o faria com a predisposição? Ou as duas entrariam em consonância?

Essas questões conduziram a filosofia e a religião pelos 13 séculos seguintes, transformaram a filosofia e a história do continente europeu e consolidaram a próxima camada de ideias fundamentais na construção da modernidade.

O NASCIMENTO DO CRISTIANISMO

O nascimento do cristianismo representou a primeira tentativa real de fundir o pensamento judaico com o grego. A mistura cristã era muito mais judaica do que grega em sua visão de Deus e das buscas do homem no mundo, mas também era muito mais grega do que judaica em sua universalidade.

O cristianismo universalizou a mensagem do judaísmo. Os Evangelhos foram propositalmente escritos em grego, não no aramaico usado pelos judeus à época. A história de Jesus deveria se estender ao mundo inteiro. Como Jesus não era mais uma figura judaica na visão cristã, mas a encarnação material do divino, a lei judaica poderia ser abandonada em favor do universalismo. Como o historiador Richard Tarnas escreve: "Aquela Luz suprema, a verdadeira fonte da realidade que brilha fora da caverna das sombras de Platão, era agora reconhecida como a luz de Cristo. Como Clemente de Alexandria anunciou: 'Pelo logos, o mundo inteiro agora se tornou Atenas e Grécia.'"[3] A noção judaica de Deus, tão voltada para a lei e para o povo judeu, como a tocha de Deus queimando nas trevas através do cumprimento de Sua lei, foi afastada. Em vez disso, Jesus se tornou tudo:

> Porque o fim da Lei é Cristo, para a justificação de todo o que crê. [...] Se você confessar com a sua boca que Jesus é Senhor e crer em seu coração que Deus o ressuscitou dentre os mortos, será salvo. Pois com o coração se crê para justiça, e com a boca se confessa para salvação. Como diz a Escritura: "Todo o que nele confia jamais será envergonhado". Não há diferença entre judeus e gentios, pois o mesmo Senhor é Senhor de todos e abençoa ricamente todos os que o invocam.[4]

Deus se tornou universal, e, seu acesso, facilmente alcançável: a resposta era crer. Esse conceito cristão vital — a fé em um redentor pessoal, o representante da lógica de Deus no Universo — ampliou o apelo do judaísmo para bilhões de pessoas ao longo da história de uma maneira que o judaísmo nunca teria feito: o foco do cristianismo na graça, não na ação, torna a religião muito mais acessível do que o judaísmo, em um sentido prático. Os mandamentos do judaísmo são intricados e difíceis. A cristandade os dispensou. A fé é soberana.

No entanto, ao tornar a fé primordial, o cristianismo rebaixou o papel da razão grega na vida dos seres humanos; apesar da visão do cristianismo de Deus como logos, a lógica por trás de todo o Universo, o cristianismo confundiu esse logos com a pessoa de Jesus. O grande pensador cristão primitivo Tertuliano (155–240) resumiu bem a ideia: "O que Jerusalém tem a ver com Atenas, a Igreja com a Academia, o cristão com o herege? Depois de Jesus, não precisamos de especulação, depois do Evangelho, não há necessidade de pesquisa."[5]

Da mesma forma, Santo Agostinho (354–430) sugeriu que investigar o Universo era uma perda de tempo para quem aceitava a verdade da revelação: "Muitos estudiosos se engajam em longas discussões sobre esses assuntos, mas os escritores sagrados, com sua sabedoria mais profunda, omitem-nos. Tais assuntos não são proveitosos para os que buscam a beatitude, e, o que é pior, tomam um tempo muito precioso, que deve ser dispensado ao que é espiritualmente benéfico. [...] A verdade está, antes, no que Deus revela, do que no que os homens tentam supor."[6] Agostinho não se opunha completamente à razão; se não fosse pelo pecado original, disse Agostinho, só ela conectaria o homem a Deus. Mas a graça teve que preencher a lacuna entre o homem e Deus após a Queda; a razão não poderia ser o principal combustível para atravessar esse limite.

O cristianismo resolveu o dilema polis e indivíduo sugerindo que a transformação do mundo por Jesus era essencialmente espiritual, não material. O judaísmo postulara que o messias seria uma figura política, não primordialmente espiritual — e essa mesma ideia colocou o judaísmo inerentemente em conflito com qualquer império material poderoso. O cristianismo redefiniu inteiramente o conceito de messias: Paulo transformou a crença judaica em um messias político que iniciaria uma era de paz mundana na crença cristã de um messias espiritual que teria que morrer para expiar os pecados humanos.

Essa divisão foi explicitada por Agostinho, que, após a queda do Império Romano, ocupou-se profundamente com a rejeição da ideia de que a ascensão do cristianismo levara ao colapso do Império. Agostinho tratou de dicotomias, entre elas, a divisão entre o que chamou de Cidade de Deus e Cidade do Homem. A Cidade de Deus gira em torno da virtude; é a comunidade de cristãos iniciados pela graça no amor de Jesus. A Cidade do Homem é a material, a polis tão apreciada pelos gregos — ambiciosa, materialista, incapaz de gerar felicidade, na descrição de Agostinho.[7]

Essa dicotomia sugeria que os governos existentes não precisavam sentir-se ameaçados pelo cristianismo, que, afinal de contas, apenas procurava os corações dos homens em adoração. O cristianismo estava além da política; a cidadania deveria ser governada pela Cidade do Homem. Agostinho escreveu:

> Os servos de Cristo — sejam reis, príncipes ou juízes; soldados ou provincianos; ricos ou pobres; livres ou escravos; homens ou mulheres — são instruídos a suportar, se necessário, a pior e mais depravada república e, por sua perseverança, ganhar um lugar de glória no mais sagrado e majestoso senado dos anjos, por assim dizer, na renovação celeste, cuja lei é a vontade de Deus.[8]

O reino do homem era do homem; o reino de Deus era de Deus. Na realidade, é claro, a Igreja rapidamente centralizaria tanto o poder temporal quanto o espiritual. A dicotomia de Agostinho da Cidade de Deus e da Cidade do Homem, na verdade, *respaldava* essa tomada de poder, já que a melhor Cidade do Homem presumivelmente seria aquela que se pautasse nos valores da Cidade de Deus.

Agostinho acabou seguindo o caminho do poder, o que era um tanto controverso: quando uma seita cismática, chamada os donatistas, ameaçou a ele e ao regime sob o qual vivia, Agostinho usou as autoridades romanas para os aniquilar, argumentando: "Você é de opinião que ninguém deve ser obrigado a seguir a justiça; e, no entanto, lê que o chefe de família disse aos servos: 'A quem encontrareis, obrigue-os a entrar.' [...] Às vezes, o pastor traz ovelhas errantes de volta ao rebanho com seu cajado."[9] Defensores de Agostinho argumentavam que tal atitude era menos doutrinária e mais uma defesa de emergência; de qualquer forma, a Igreja Católica não se esquivaria da arrogação do poder ao longo dos séculos vindouros.

A VITÓRIA DO CRISTIANISMO

A propagação do cristianismo foi imediata e de longo alcance. O historiador Rodney Stark estima que havia cerca de mil cristãos no ano 40 E.C.; no ano 300, cerca de 6 milhões, uma taxa de crescimento de cerca de 40% por década.[10] O que impulsionou a disseminação do cristianismo? Houve várias teorias, além das espirituais, mais óbvias. Primeiro, alguns historiadores sugeriram que a ascensão do cristianismo foi motivada pela admiração por seu sistema de cuidado com os pobres: o imperador Juliano, opositor ferrenho da Igreja, falava das deficiências pagãs em comparação ao "caráter moral, mesmo que fingido" dos cristãos, incluindo sua "benevolência com os estrangeiros e cuidado com as sepulturas dos mortos". Juliano entendia a atenção dos cristãos com os desfavorecidos como um grande método de difusão.[11]

Houve também o fato de que o cristianismo era a única religião buscando convertidos: após a destruição do Templo judaico, em 70 E.C., o judaísmo suspendeu a angariação religiosa (há controvérsias sobre o judaísmo ter buscado a conversão religiosa mesmo antes desse evento). O cristianismo propôs a salvação universal *e* exclusiva, o que também atraiu adeptos da sociedade romana — é mais fácil evangelizar pessoas alheias à religião se elas forem barradas da eternidade pelo seu fracasso em integrá-la.

Os primeiros cristãos foram perseguidos brutalmente pelos romanos, que os viam como rebentos rebeldes e milenistas da árvore judia. Mas a divisão do cristianismo entre o mundo espiritual e o material permitiu que vários imperadores tratassem a religião como um bode expiatório ou como uma fonte potencial de apoio. O imperador Diocleciano lançou a rodada mais cruel de perseguição contra os cristãos em 303 E.C., mas, em 311 E.C., o imperador Gauliano emitiu um decreto de tolerância que concedia ao cristianismo o status de religião legal dentro do Império do Oriente; dois anos depois, o Edito de Milão estendeu essa tolerância ao Império Romano.

Em 325, o Imperador Constantino participou do Primeiro Concílio de Niceia, um concílio ecumênico destinado a estabelecer os principais pontos do cânon cristão. O resultado, o Credo Niceno, estabeleceu a estrutura teológica do cristianismo. No leito de morte, Constantino finalmente se converteu à religião que amava. Em 380, o imperador Teodósio fez do cristianismo a religião oficial do Império Romano. A ascensão espantosa de uma minúscula seita judaica à liderança religiosa do império mais poderoso da Terra estava completa.

União Improvável

63

Contudo, o Império Romano já claudicava nas últimas pernas. Em 476, o último imperador de Roma, Romulus Augustus, abdicou por força maior. (O Império do Oriente, sediado em Constantinopla, permaneceu, transformando-se no Império Bizantino, e perdurou até o século XV.) O colapso do Império Romano no Ocidente fragmentou o continente em termos de controle político. A Igreja Católica agiu rapidamente para preencher a lacuna, centralizando tanto o poder temporal quanto o espiritual.

Da queda de Roma até o século XII, o cristianismo se espalhou de sua base, na península italiana, para as ilhas britânicas, a França, a Alemanha e chegou até os países nórdicos. Embora Agostinho tenha postulado uma grande cisão entre a Cidade de Deus e a Cidade do Homem, a Igreja Católica foi bastante ativa na Cidade do Homem — a Igreja recebia dízimos dos cristãos do continente e tinha os próprios tribunais eclesiásticos. No século X, a Igreja era a maior proprietária de terras da Europa Ocidental.[12] Os reis encontraram sua legitimidade por meio do conduto da Igreja e lutaram com ela para expandir o próprio poder: o Sacro Imperador Romano Henrique IV andou descalço na neve para ganhar a aprovação do papa Gregório VII; Henrique II, da Inglaterra (1133–1189), foi açoitado a fim de reconquistar a aprovação de sua população cristã após ter ordenado acidentalmente a morte do arcebispo Thomas Becket.

A história popular sustenta que esse período representou a "Idade das Trevas". Mas isso é simplesmente impreciso. O progresso continuou, conforme o cristianismo se espalhava. O sistema monástico centralizou o aprendizado em mosteiros, onde padres e freiras se dedicavam à busca do conhecimento divino. Em termos educacionais, essa devoção girava em torno das escrituras. Os monges beneditinos, por exemplo, viviam sob as regras criadas por São Benedito (480–547), um conjunto de ordens referentes à hierarquia dos monastérios, ao comportamento ao qual obedecer e às exigências de trabalho. As artes prosperaram no sistema monástico; manuscritos foram preservados por monges dedicados a escrever novas cópias e embelezá-las.

No sistema monástico, as artes liberais ensinadas pelos gregos e romanos — como defendidas por Cícero e Sêneca, entre outros — sobreviveram, ainda que de forma espiritualizada: o próprio Agostinho, apesar de seu desapreço pelo paganismo, sugeriu que a educação das artes liberais fosse desviada para servir a Deus. Agostinho comparou essa apropriação cultural aos judeus tomando o ouro egípcio durante o Êxodo bíblico: "Estes são o ouro e a prata, que eles não produziram, mas extraíram de certos minérios, por assim dizer, de metais preciosos, onde quer que os tenham encontrado espalhados pela mão da providência divina. [...] Precisamos destes para nossa vida aqui abaixo, e devemos nos apropriar e transformá-los para um melhor uso."[13] Essas artes liberais foram enquadradas pelo filósofo Boécio (481–525) no famoso *quadrívio* (música, aritmética, geometria e astronomia) e no *trívio* (gramática, retórica, lógica).

Enquanto isso, a Idade Média viu a revolução tecnológica na agricultura, a ascensão do comércio e a instituição de novas formas de arte, desde a música polifônica à arquitetura gótica; também viu novos desenvolvimentos na arte da guerra, com avanços tecnológicos que permitiriam ao Ocidente derrotar seus inimigos ao longo dos séculos vindouros.[14] Embora muitos historiadores decantem o poder da civilização islâmica durante o período — e ela prosperou particularmente com a Arábia —, quando se deparou com a ocidental, na Batalha de Tours, suas forças foram cabalmente derrotadas.

No século VIII, os líderes cristãos lutavam contra a escravidão (exceto, obviamente, a escravização dos prisioneiros de guerra muçulmanos); os mosteiros também estavam envolvendo-se no protocapitalismo.[15] Além disso, a Igreja Católica era responsável por aprender e ensinar. Praticamente toda a alfabetização surgiu nos mosteiros.

Ainda assim, essas circunstâncias eram insuficientes para criar o mundo moderno. A fé concedeu um propósito moral individual; a fé concedeu um propósito moral coletivo. Mas, enquanto a predisposição individual foi endossada pela crença doutrinária no livre-arbítrio e no valor do trabalho, a razão se submeteu à fé; enquanto a predisposição coletiva foi endossada pela presença de um tecido social forte, o poder abrangente da Igreja Católica e o governo dos monarcas representavam uma circunscrição da escolha individual. Até a educação foi radicalmente reorientada para a Igreja; todo o conhecimento verdadeiro estava na Bíblia, e as artes liberais só eram úteis na medida em que reforçavam a história bíblica. Para que a ciência e a democracia se estabelecessem no Ocidente, a razão teria que ser reerguida.

Esse processo começou com a reintegração da razão grega no Ocidente, no século XI. O cristianismo, agora confortável em seu domínio, podia permitir um pensamento mais exploratório quando se tratava do aprendizado secular. Isso gerou um novo movimento, a escolástica — que incentivou os cristãos a estenderem a proveniência do domínio de Deus a todas as áreas do conhecimento humano. A escolástica abriria as portas para uma investigação renovada sobre a unidade entre Deus e o Universo que criou, e entre a fé e a razão. O líder escolástico Hugo de São Vitor (1096–1141) declarou: "Aprenda tudo; depois, você verá que nada é supérfluo"; ele seguiu a própria injunção tentando escrever um livro que abrangesse toda a gama de conhecimentos humanos, conhecido como suma.[16]

A escolástica tornou-se uma filosofia dominante da Igreja. A Igreja lançou um programa de apoio às universidades: a Universidade de Paris, também conhecida como Sorbonne; a Universidade de Bolonha; e a Universidade de Oxford. Como Thomas E. Woods Jr. escreveu: "A Igreja promoveu uma proteção especial aos universitários, oferecendo-lhes o que era conhecido como benefício do clero. [...] Os papas intervieram em nome da universidade em inúmeras ocasiões."[17]

Contudo, as maiores tentativas de reunir Atenas e Jerusalém vieram nos séculos XII e XIII. Durante o século XII, as obras de Aristóteles, há muito tempo esquecidas, foram redescobertas no Ocidente. Elas foram mantidas no mundo de língua árabe por gerações, mas foram retransmitidas na Europa ao longo do século, estagnando-se de novo e voltando com força total no século XIII.[18]

Atenas estava de volta.

Houve vários líderes que encabeçaram essa emergente tentativa de unificar Atenas e Jerusalém: Maimônides (1135–1204), que discutiremos mais tarde, foi o pensador mais complexo dos judeus. Entre os cristãos, nesse aspecto, o líder foi Tomás de Aquino (1225–1274), que se tornou pai de uma filosofia com seu nome: o tomismo. A ideia básica era uma fusão do aristotelismo e do cristianismo — um compromisso com a razão e a lógica, bem como com a revelação. Tomás de Aquino declarou: "Eles têm uma opinião claramente falaciosa, que diz que, em relação à verdade da religião, não importa o que uma pessoa pense sobre a criação, desde que tenha a opinião correta a respeito de Deus. Um erro relativo à criação termina como um falso pensamento a respeito de Deus."[19] Como Deus é o mestre do Céu e da Terra, Sua criação é evidência de Sua existência, e o conhecimento dessa criação nos aproxima de Deus. Mas conhecer a Deus significa obrigatoriamente crer. Deus fez o homem conhecer a Deus.

Aquino, como Maimônides, e filósofos muçulmanos como Al-Farabi (872–950), preocuparam-se, portanto, com provas da existência de Deus. Isso foi, em si e por si mesmo, um pouco revolucionário no mundo cristão. O judaísmo não apresentava nenhuma prova de Deus além da revelação; Deus era simplesmente o Criador. E ponto final. E o cristianismo não apresentou provas lógicas para a existência de Deus; Jesus andou na Terra e ressuscitou dos mortos. E ponto final.

Entretanto, Aquino procurou usar a razão para reforçar a fé. Ele concedeu várias provas da existência de Deus, a mais convincente foi uma elaboração do argumento cosmológico promovido por Aristóteles. Basicamente, Tomás de Aquino argumentava que todas as coisas da vida são uma combinação do real e da potência — que uma vela, por exemplo, é uma vela agora e tem a potência de se transformar em uma piscina de cera quando é acionada pelo fogo. A vela está atualmente em seu estado por causa de *algo* que age sobre ela. Esse algo, por sua vez, depende de outra coisa.

Porém, Aquino argumenta, essa cadeia não pode continuar para sempre; em algum momento, deve haver uma causa final, um Motor Imóvel fundamentando as coisas como são. Esse Motor Imóvel não é uma combinação do real e da potência — é a realidade pura; pois, se tivesse potência, ela só poderia ser atualizada por outra força, o que continuaria o processo. Esse último Motor Imóvel, diz Aquino, é o que chamamos de Deus. E esse Motor Imóvel deve existir, de forma imaterial, além do tempo e do espaço, e ser perfeito — do contrário, o Motor Imóvel não seria a realidade pura.[20]

Aquino foi ainda mais longe. Se a razão respalda a noção de um Deus inteligente que cria a natureza e está por trás de sua onipresente glória, afirmou Aquino, então os seres humanos podem examinar o mundo natural como um caminho para compreendê-lo. Deus fez a natureza; desvendá-la é investigar as obras de Deus. Na verdade, Deus queria que o homem fizesse isso — Ele queria que o homem O buscasse em todos os lugares. E Deus concedeu aos seres humanos o poder do livre-arbítrio e a razão para fazê-lo — como Aquino celebra: "O homem, porém, age com julgamento, porque, por sua potência cognoscitiva julga que se deve fugir de alguma coisa ou procurá-la. [...] Por conseguinte, é necessário que o homem seja dotado de livre-arbítrio, pelo fato mesmo de ser racional."[21]

No pensamento de Aquino, Jerusalém e Atenas são reunificadas. Deus nos ordena a usar nossa razão, e a razão nos impele a descobrir a lei natural — as leis projetadas por Deus.

Aquino está completamente confortável com a noção de descoberta e progresso científico; ele declara abertamente que, se os astrônomos de sua época estivessem errados, isso não refutaria nenhuma de suas metafísicas, já que "talvez os fenômenos das estrelas sejam explicáveis em algum outro plano ainda não descoberto pelo homem".[22] Se a razão é suficiente para nos trazer até aqui, de acordo com Aquino, então por que a revelação é necessária? Aquino pega emprestado de Agostinho: se fôssemos seres racionais perfeitos, a revelação seria desnecessária. Mas não somos. A revelação, portanto, preenche essa lacuna. Como o professor de teologia Ernest Fortin sugere, Aquino acredita que "entre as verdades do Apocalipse e o conhecimento adquirido pelo uso exclusivo da razão e da experiência há uma distinção, mas não pode haver discordância fundamental".[23]

A fé de Aquino na razão humana — e sua fé em que a razão humana não seria capaz de destruir a revelação de Deus — levou a uma consonância que floresceria na revolução científica. O desenvolvimento da ciência ocidental estava enraizado na noção de que a tarefa do homem era celebrar Deus por meio do conhecimento de

Sua criação. Ao contrário da propaganda de um movimento ateísta pós-moderno, quase todos os grandes cientistas até a era do adventismo eram religiosos. O movimento escolástico produziu as primeiras raízes do método científico, até a descoberta por Nicolau Copérnico (1473–1543) de um sistema solar heliocêntrico.[24]

Talvez o maior expoente do método escolástico tenha sido Roger Bacon (1219–1292), um frade franciscano que se dedicou a compreender o mundo natural. Como Aquino, Bacon era um aristotélico dedicado que sugeriu reunir fatos antes de chegar a conclusões. Ele escreveu de forma fulcral sobre ótica, alquimia e astronomia; sugeriu revisar o calendário juliano, que achava obtuso; ele até desenvolveu a primeira fórmula europeia para a pólvora. A era do progresso científico não começou no Iluminismo. Começou nos mosteiros da Europa.

FALHAS NA UNIÃO

Essa consonância não duraria muito, e foi o que aconteceu.

Para entender o motivo, devemos examinar em que o legado de Agostinho e Aquino ficou aquém e como essas deficiências se concretizaram na ascensão do Iluminismo. Vamos, então, retornar ao nosso quadro básico para a felicidade e examiná-lo à luz do domínio do pensamento católico europeu: propósito individual e coletivo, e predisposição individual e coletiva.

A ascensão da escolástica deu uma resposta contundente à questão do propósito: os seres humanos são colocados aqui por um Deus amoroso, que deseja que façamos o bem e evitemos o mal. Essa é a mesma resposta do judaísmo, modificada apenas pela simplificação do legalismo judaico em leis naturais universais de aspecto ateniense, descobertas por meio da razão. Segundo Aquino, os seres humanos têm inclinações naturais, dadas por Deus; quando governamos essas inclinações naturais por meio da razão, descobrimos o bem.[25] Agostinho teria pregado que a crença em Jesus era a única janela para conhecer a Deus; Aquino, embora não rejeitasse as orientações do Novo Testamento, encontrou outra janela por meio do uso da razão.

Aquino também promoveu uma forte crença na capacidade humana. Tanto Agostinho quanto Aquino acreditavam no livre-arbítrio, mas a fé de Aquino na razão se estendia além da de Agostinho. Essa fé lhe permitia abrir espaço para a exploração do mundo material, sem medo de que tal exploração diminuísse a missão religiosa de conhecer a Deus. O foco aristotélico no imanente substituiu a especulação platônica sobre o transcendente.

O que é o propósito coletivo? O cristianismo conferiu um senso de propósito coletivo na luta pelo bem. Mas o cristianismo, como todas as religiões, concentra-se no espiritual, excluindo o físico. E essa desconsideração da busca pelas vantagens do mundo físico seria usada de forma institucional contra o próprio cristianismo em pouco tempo.

Quando se trata da predisposição coletiva, no entanto, o domínio da Igreja Católica era um obstáculo. Nem Agostinho, nem Aquino contemplaram uma separação entre Igreja e Estado em qualquer sentido tangível. Agostinho procurou defender a religião contra as predações de um Estado secundário, mas teria preferido um monarca cristão a um secular; Aquino, como Aristóteles, acreditava que a promoção do bem comum por meio do Estado valeria a pena, mesmo que a rebaixasse para um status secundário, por trás da promoção da salvação espiritual.

Mesmo que o fim da Idade Média tenha colocado mais uma pedra crucial na fundação da civilização ocidental, no entanto, essas fundações ainda não estavam completas. Elas não estariam completas sem aprender duas lições mais críticas: os perigos do poder coletivo e a capacidade humana de realizar melhorias de ordem material.

CAPÍTULO 5

DOTADOS PELO CRIADOR

Se tem uma atitude que caracterize a política moderna é a de completa e absoluta certeza moral. Os que estão na esquerda política têm certeza de que aqueles que se opõem a eles são monstros nazistas, determinados a dominar vidas individuais; aqueles na direita política estão certos de que o oposto é verdadeiro. Mais importante, os dois lados do corredor político parecem determinados, às vezes, a usar o poder disponível na cultura e no governo para enfraquecer sua visão de mundo sobre seus oponentes — estabelecer um reino celestial de governo hegemônico e de partido único.

Essa demanda por certezas derruba as fundações da nossa própria civilização.

A história do Ocidente ensina que, embora devamos compartilhar uma perspectiva sobre nossa civilização, os meios pelos quais procuramos essa visão comum não precisam ser compartilhados. Essa lição foi aprendida ao longo dos séculos, à custa de quantidades arrasadoras de sangue e lágrimas. Os tijolos do Ocidente são misturas de Atenas e de Jerusalém, sim — mas o fator catalisador foi uma grande dose de humildade.

No final do século XIII, a civilização ocidental estava completamente dominada pelo catolicismo. Esse domínio alastrou-se por toda a Europa, conferindo nova liberdade a pensadores como Aquino — mas também mascarou tensões religiosas expressivas entre várias ordens, bem como tensões ainda mais profundas com governantes seculares que se sentiam ameaçados pela arrogação do poder à Igreja. Além disso, o reinado do catolicismo mascarou grandes conflitos dentro da própria Igreja. Vez ou outra, a maioria se tornava conflito aberto; em 1303, por exemplo, o papa Bonifácio VIII viu-se preso pelas forças enviadas pelo rei Filipe IV, da França, o que resultou no exílio temporário do papado da própria Roma.

A partir dessa era de desafios, emergiram duas ideias fortes: primeiro, os seres humanos são capazes de explorar o mundo e de melhorar sua condição material; segundo, todo ser humano é livre e dotado de direitos naturais. O ceticismo do poder político centralizado cresceu a partir de séculos de conflito político e religioso; o otimismo quanto ao poder da ciência cresceu a partir de descobertas feitas à luz da mente individual emancipada. O Renascimento e o Iluminismo completaram as fundações do Ocidente que ergueram nosso mundo.

O PODER DA CIÊNCIA

A irrupção da ciência no Ocidente talvez seja seu legado mais conhecido e celebrado. O apelo do desenvolvimento tecnológico não muda — os seres humanos querem viver com mais conforto. Mas o apelo da

Dotados pelo Criador

ciência mudou radicalmente, começando com Tomás de Aquino e o frade franciscano Guilherme de Ockham e continuando com seus sucessores: os seres humanos investigavam o cosmos por meio da ciência e usaram esse novo conhecimento para desenvolver tecnologias que mais tarde seriam aplicadas para destituir o próprio Deus. O mito secularista sustenta que a religião deteve a ciência por milênios. Na verdade, é o oposto. Sem os fundamentos judaico-cristãos, a ciência simplesmente não existiria do jeito que é no Ocidente.

Diferentemente da opinião popular, as descobertas não eram vistas como heréticas ou perigosas para o domínio da Igreja; inclusive, a Igreja costumava apoiar a investigação científica. Nicole Oresme (1320–1382), quem descobriu a rotação da Terra em torno de seu eixo, era bispo de Lisieux e graduado pela Universidade de Paris. Nicolau de Cusa (1401–1464), cardeal de Brixen, teorizou que a Terra se movia pelo espaço.[1] Nicolau Copérnico estudou na escola paroquial e prestou consultoria médica à igreja de Vármia; sua publicação de *De revolutionibus*, em março de 1543, com a teoria de que a Terra se movia em torno do Sol, não o contrário, incluía uma carta ao papa Paulo III.[2]

Por fim, a reação à inclusão do conhecimento secular na cosmovisão cristã — liderada por pensadores como Martinho Lutero (1483–1546) e João Calvino (1509–1564) — levou à famosa perseguição da Igreja a Galileu. Galileu Galilei (1564–1642) postulou que a Terra se move ao redor do Sol, e foi forçado pela Igreja a se retratar por não ter conseguido afirmar que sua teoria era um fato. Copérnico até foi tratado de forma digna pela Igreja de sua época — mas, em 1616, em resposta à nova onda religiosa fundamentalista, suas ideias foram proibidas. A proibição duraria até o início do século XIX, e o perdão oficial de Galileu só foi emitido pelo Vaticano no final do século XX.[3]

Ainda assim, a lealdade tomista à razão e à fé não poderia ser anulada. Apesar de suas diferenças com a Igreja, Galileu nunca abandonou a certeza de que a ciência era um caminho para Deus. Ele escreveu: "Afirmo que a verdade do conhecimento que é dado por provas matemáticas é o mesmo que a sabedoria Divina reconhece, [embora] nosso entendimento [...] seja infinitamente superado pelo Divino. [Ainda] quando considero que coisas maravilhosas e quantas delas os homens entenderam, investigaram e inventaram, reconheço e compreendo claramente que a mente humana é uma obra de Deus, e uma das mais excelentes."[4]

Galileu não foi exceção. Na verdade, era a regra: os religiosos entendiam a investigação do Universo como um dever, e o fizeram com a melhor metodologia possível. Essa filosofia permeou a sabedoria dos maiores cientistas do Iluminismo. Johannes Kepler (1571–1630), o descobridor das leis do movimento planetário, explicou: "O principal objetivo de todas as investigações do mundo externo deve ser descobrir a ordem racional e a harmonia que lhes foi imposta por Deus e que Ele nos revelou na linguagem da matemática."[5]

Kepler costumava descrever a própria física como discípula da metafísica aristotélica e explicou que as leis da natureza "estão ao alcance da mente humana. Deus queria que o reconhecêssemos, criando-nos a partir de sua própria imagem, para que pudéssemos compartilhar de seus pensamentos".[6] A filosofia de Kepler também flertava com a de Isaac Newton (1642–1726): "Oposto a [Deus] é o ateísmo, na cabeça, e a idolatria, na prática. O ateísmo é tão insensato e odioso para a humanidade que nunca teve muitos mestres."[7]

PROGRESSO CIENTÍFICO CONTINUADO

O progresso da ciência foi impulsionado pela determinação de se conhecer o Universo de Deus, mas ficou cada vez mais claro que um subproduto significativo dessa busca pelo conhecimento era a vantagem do status material do homem. Como Ockham, Francis Bacon (1561–1626) dispensou a noção aristotélica de causas finais na ciência — ele entendia que os seres humanos podem facilmente substituir as próprias razões conclusivas por dados concretos. "Ir além de Aristóteles, à luz de Aristóteles, é pensar que uma luz emprestada amplifica a original, da qual é tirada", escreveu Bacon.[8]

A rejeição de Bacon à ciência aristotélica também o levou a renegar a teleologia aristotélica, de modo mais amplo. O propósito do homem não era, na visão de Bacon, agir de acordo com sua natureza de ser racional. Bacon, ao contrário, objetivava "estender os limites do poder e grandeza do homem". Bacon direcionou a busca pelo conhecimento ao "benefício e uso dos homens para a glória do Criador e a assistência ao legado do homem".[9] Com um estilo que lembra o dos cientistas sociais de hoje, Bacon também propôs que a ciência deveria ser aplicada para determinar o melhor modo de governar e a ética.[10]

Diferentemente dos modernos cientistas sociais, no entanto, a sugestão de Bacon para a governança e a ética era emprestada da tradição judaico-cristã. Embora Bacon defendesse a importância do método científico e acreditasse no valor puro da inovação para melhorar a vida material dos seres humanos, não era ateu. Ele ridicularizava agressivamente a ideia de um Universo sem Deus, sugerindo que, enquanto "a filosofia limitada inclina a mente do homem para o ateísmo, a profundidade na filosofia a leva para a religião".[11] Bacon escreveu essa oração em *Novum Organum*: "Ninguém se alarme com a deturpação das artes e das ciências para propósitos malévolos ou luxuosos e coisas semelhantes, pois o mesmo pode ser dito de todo bem mundano: talento, coragem, força, beleza, riquezas, luz em si e o resto. Somente permita que a humanidade recupere seus direitos sobre a natureza, atribuídos a eles pelo dom de Deus, e obtenha esse poder, cujo exercício será governado por razões corretas e religião verdadeira."[12] Esta última declaração é uma tentativa de trazer o pensamento antigo e o cristianismo de volta à ciência, sobre as próprias objeções.

A confiança de Bacon na mente humana para transformar o mundo — de acordo, é claro, com a "razão correta e a religião verdadeira" — foi mais bem desenvolvida por René Descartes (1596–1650), que também desprezou "especulações" em nome do "conhecimento prático". Ele entendia que o sentido estava na ciência, não na teologia — o conhecimento pleno do que seguramente levaria a humanidade em direção à "ciência moral perfeita". Tal como acontece com Bacon, o bem do homem não está na busca por Deus ou por um virtuoso télos, mas na busca pela melhoria do estado material do próprio homem. A moralidade, certamente, seguiria na esteira do progresso tecnológico do homem e do aumento do conhecimento científico.[13]

Tal conhecimento, acreditava Descartes, não poderia ser buscado sem o ceticismo radical da sabedoria recebida: "Pensei que era necessário [...] rejeitar como absolutamente falso tudo aquilo em que pudesse imaginar a menor dúvida, a fim de ver se, após isso, não restaria algo em meu crédito, que fosse inteiramente indubitável." Isso levou Descartes a duvidar de todos os seus sentidos — exceto de seu conhecimento do próprio pensamento. Assim, afirmou: *"Cogito ergo sum"* — Penso, logo existo. A partir dessa premissa, ele restituiu um bom Deus, que não criaria sentidos que mentem para nós.[14]

Tanto Bacon quanto Descartes, ao renegar a teleologia antiga, mantiveram a fé na Bíblia e em Deus. Mas também lançaram as bases para a ascensão do deísmo — e, com o tempo, até para a queda da religião. Ao extirpar as causas finais da ciência, separando Deus do mundo natural, o projeto científico moderno removeria a religião e o propósito do domínio da razão — algo que ambos teriam abominado.

A ASCENSÃO DO LIBERALISMO CLÁSSICO

A ascensão da ciência coincidiu com a ascensão da liberdade humana. O domínio da Igreja Católica ao longo da Idade Média e do Renascimento levou alguns a se rebelarem contra a noção de autoridade centralizada. Um dos primeiros a fazê-lo foi Marsílio de Pádua (1275–1342), que lutou contra a noção de plenitude do poder papal — a noção de que a Igreja deveria governar a Cidade do Homem e a Cidade de Deus. Marsílio percebeu que o poder da Igreja Católica ameaçava as autoridades seculares — e que essas autoridades poderiam, então, voltar-se contra a Igreja. Em vez de teocracia, Marsílio propôs a soberania dos cidadãos. Sua filosofia, na verdade, beirava a democracia — ele alegou que a liberdade em si de adorar a Deus proibia a teocracia. Não surpreende o papa Clemente VI ter comentado que nunca lera um herege pior do que Marsílio.[15]

O ceticismo de Marsílio em relação à Igreja foi levado ao próximo nível por Nicolau Maquiavel (1469–1527). Como Marsílio, Maquiavel julgava a Igreja Católica um disfarce para a opressão: em *O Príncipe*, ele zomba abertamente da instituição.[16] Maquiavel acreditava que aqueles que proclamavam que o Estado poderia ser governado com base na virtude não faziam mais do que mentir por conveniência. Sua sugestão cínica: que os Estados fossem governados de acordo com a *virtù*, uma mistura de crueldade e bondade, que promova tanto medo quanto amor. O objetivo: evitar esquemas utópicos destinados a instilar a virtude nos cidadãos por meio do poder da espada.

Em *O Príncipe*, Maquiavel propõe que os seres humanos não são movidos pela razão — rejeitando tacitamente a antiga noção de virtude aristotélica —, mas pela paixão. Em seu *Discursos Sobre a Primeira Década de Tito Lívio*, Maquiavel sugere que devemos pressupor que "todos os homens são maus e que usarão sua malignidade mental toda vez que tiverem oportunidade". A melhor maneira de garantir a liberdade dos seres humanos, portanto, é tratando a paixão com paixão: "Os desejos dos povos livres raramente são prejudiciais à liberdade, porque surgem da opressão ou da suspeita de que serão oprimidos. [...] As pessoas, embora ignorantes, compreendem a verdade, e elas prontamente cedem quando ouvem a verdade de um homem de confiança."[17] Maquiavel descartou, assim, a antiga procura por uma república utópica e desdenhou da alegação de que um Estado tornaria os homens virtuosos. Naturalmente, como aconteceu com Marsílio, a Igreja Católica o baniu, proibindo *O Príncipe* em 1559.

Contudo, os problemas da Igreja Católica estavam apenas começando. A ascensão do luteranismo desafiou o poder espiritual e temporal da Igreja. Lutero, em sua tentativa ferrenha de recuperar a Bíblia do que considerava a completa corrupção do papado, lutou para extirpar a hierarquia dos fiéis, tornando todos meros indivíduos diante de Deus, capazes de compreender diretamente Sua palavra: "Um sapateiro, um ferreiro, um fazendeiro, cada um tem sua ocupação manual e trabalho; e, ao mesmo tempo, todos são elegíveis para atuar como padres e bispos." Em busca dessa igualdade, Lutero descartou a noção de santuário da lei secular: "É intolerável que, no direito canônico, a liberdade, a pessoa e os bens do clero recebam essa isenção, como se os leigos não fossem tão espiritualizados e tão bons cristãos quanto eles, ou como se não pertencessem igualmente à igreja." A tradução de Lutero da Bíblia para o alemão também colocou em prática a comunhão direta dos indivíduos com Deus, que ele pregava. Como escreve o professor de história Joseph Loconte, do King's College: "Lutero ofereceu mais do que uma teoria do empoderamento individual. Ele entregou uma declaração espiritual de direitos."[18]

Na esfera governamental, Lutero não era nenhum democrata. Ele acreditava que a autoridade do Estado não derivava da autoridade do povo, mas do próprio Deus: "Devemos decretar a lei secular e a espada; ninguém pode duvidar que elas existem pela vontade e ordem de Deus." Ao rebaixar a razão como secundária à fé, Lutero menosprezou a soberania popular, embora fosse favorável a restrições a monarcas absolutistas — os cristãos não deveriam obedecer a comandos anticristãos, por exemplo. Da mesma forma, Calvino acreditava em uma aristocracia governada por freios e contrapesos, mas, como Lutero, achava que um governo era sinal da vontade de Deus em ação.[19]

Não obstante, foi a fragmentação religiosa promovida por Lutero e Calvino e a devolução da autoridade individual decorrente que levaram a um verdadeiro movimento transnacional de afastamento do autoritarismo do governo. Os horrores do conflito religioso de meados do século XVI culminaram na Guerra dos Trinta Anos (1618–1648) — cujo saldo foi cerca de 8 milhões de mortes — e forçaram a escolha entre a tolerância religiosa ou a carnificina em massa. Dessa escolha, nasceu a noção de direitos humanos.

O precursor desse conceito foi Hugo Grócio (1583–1645). Diferentemente de Maquiavel, Lutero e Calvino, Grócio entendia a razão humana como primordial e a sociedade como um meio para o homem desenvolver suas capacidades em harmonia com os outros; suas ideias refletem muito mais o pensamento antigo. Grócio, como Platão e Aristóteles, via o direito natural como uma extensão da lei natural: você tinha o direito de fazer aquilo que estivesse de acordo com seu télos. Como disse Grócio, a lei natural é o "ditame da razão correta, que indica que um ato, em conformidade ou não com a natureza racional, tem nele uma qualidade de base ou necessidade moral; e que, em consequência, tal ato é proibido ou permitido pelo autor da natureza, Deus".[20] Tal razão correta poderia ser descoberta olhando-se para a lei das nações — incluindo as Leis de Noé, da Bíblia.[21]

Grócio ampliou o conceito de direitos humanos: afirmou que os seres humanos também tinham direitos de agir — por exemplo, em busca de justiça, capturando criminosos. Após Grócio combinar a noção de direito de ação com a ideia de que os soberanos estão sujeitos aos ditames da lei natural, a cama de Thomas Hobbes (1588–1679) estava feita.

A ASCENSÃO DO INDIVÍDUO

Hobbes é considerado o primeiro filósofo político racionalista. Ele mapeou o comportamento humano a partir da regularidade da matemática. Ao fazê-lo, rejeitou a filosofia de Aristóteles, que considerava irrealista, e, seguindo Maquiavel, postulou que as paixões humanas eram o principal motivador da nossa conduta. E a principal paixão, acreditava Hobbes, era aquela por salvar a própria pele. Esqueça a

Dotados pelo Criador

polis; esqueça a comunidade. O objetivo da vida humana não é cumprir os fins da razão — é impedir a própria morte, como mostra o chamado estado de natureza, no qual os homens prejudicam uns aos outros em prol de seus interesses. "Vejo uma inclinação geral de toda a humanidade, um desejo perpétuo e inquieto de poder indefinidamente, apenas para frear a morte", declarou Hobbes.[22]

O primeiro direito dos homens, então, é o direito à autopreservação. As hierarquias desaparecem sob esse regime — grandes, pequenos, inteligentes, estúpidos, somos todos iguais em nosso direito de sobreviver. Mas, em um estado natural, sem ninguém para garantir nossa segurança, como sobrevivemos? Não confiamos no cultivo da virtude. Em vez disso, concedemos poder ao Estado. Nós exigimos um leviatã — um soberano que lidera um Estado poderoso — para libertar os seres humanos da guerra de todos contra todos. E esse soberano deve ser visto como representante da vontade coletiva do povo. Seu poder é absoluto e incontestável, concedido por meio de um contrato social firmado pelos indivíduos no estado de natureza.[23]

Hobbes, no entanto, abriu uma porta que nem ele conseguiu fechar: se os seres humanos tivessem *direitos individuais*, esses direitos não acabariam com a sobrevivência? Ou, em um estado de natureza, os seres humanos gozariam de direitos inalienáveis além de simplesmente respirar, comer e não ser assassinados?

O filósofo que levantou essa questão foi John Locke (1632–1704). Seguindo os passos de Hobbes, Locke acreditava que a soberania residia no indivíduo. Locke — profundamente religioso — acreditava tanto na lei natural que pode ser descoberta pela razão quanto no direito natural hobbesiano inerente à existência humana. A lei natural, como os antigos supunham, poderia ser descoberta na natureza: uma lei que dita, por meio da razão correta, tanto o comportamento ideal quanto o propósito da vida. Locke baseou suas crenças na razão, soberania e igualdade humanas, não apenas na filosofia antiga, e também no livro de Gênesis, na proposição de Deus de que o homem é feito à Sua imagem.[24]

Os direitos naturais, segundo Locke, são os que decorrem do exercício da lei natural: o direito à propriedade, já que temos o dever correspondente de não roubar; o direito à vida, referente ao dever de não matar; o direito à liberdade, contraparte do dever de não oprimir. Esses direitos também acarretam compromissos: o direito de propriedade implica cultivá-la, por exemplo, já que Deus concedeu a terra a todas as pessoas, mas a ideia de propriedade, que exclui algumas, transforma a terra por meio de nosso trabalho.

Locke discordou radicalmente de Hobbes sobre o estado de natureza. Para Hobbes, ele tornava a vida desagradável, brutal e curta; para Locke, o estado de natureza era um lugar de "homens vivendo segundo a razão, sem um superior comum na Terra, para julgar entre eles". Repare que Locke, crente nos direitos naturais individuais, não descartou a comunidade, como Hobbes. O estado de natureza não seria uma espécie de Éden na Terra, mas o status do homem em uma sociedade pré-política — em uma família ou em uma comunidade de livre associação. Com o tempo, essas comunidades cresceriam, e a soberania teria que ser entregue a um governo mais amplo, a fim de garantir o exercício dos direitos fundamentais.

Segundo Locke, então, a formação de um governo requer o exercício do *consenso* — ou, como alternativa, o comportamento do governo de acordo com a lei natural, por exemplo, sua disposição em proteger os direitos naturais. O objetivo da lei é *preservar* a liberdade, não a negociar em troca da segurança, como Hobbes sugeriu: "O fim da lei não é abolir ou restringir, mas preservar e ampliar a liberdade:

pois em todos os estados de seres criados, sujeitos à lei, onde não há lei, não há liberdade."[25]

Locke sugeriu uma república de freios e contrapesos como a base de tal governo. O governo, afirmou, exigia dois poderes separados: o legislativo e o executivo. Montesquieu (1689–1755) estabeleceria mais tarde o que se tornou o conhecido equilíbrio de poderes consagrado em muitas constituições: legislativo, executivo e judiciário.

Mais importante para a história, Locke reconheceu abertamente o direito de se rebelar contra um governo que violasse os direitos de seus cidadãos. Qualquer governo que o fizesse permitiria aos cidadãos voltar a um estado de natureza, a partir do qual os cidadãos estabeleceriam um novo governo: "Sempre que os legisladores se esforçam para tirar e destruir a propriedade do povo, ou para reduzi-los à escravidão sob poder arbitrário, colocam-se em um estado de guerra contra o povo, que são então absolvidos de qualquer obediência mais distante, e são deixados para o refúgio comum, que Deus proveu para todos os homens, contra a força e a violência… [O poder] recai sobre o povo, que tem o direito de retomar sua liberdade original."[26]

A filosofia de Locke não só influenciou os Pais Fundadores dos Estados Unidos, como veremos — mas estabeleceu as bases do empreendimento de livre mercado. A visão de Adam Smith (1723–1790) da liberdade natural se alinha à de Locke sobre o direito natural:

O sistema óbvio e simples da liberdade natural estabelece-se por si mesmo. Todo homem, desde que não viole as leis da justiça, fica perfeitamente livre para buscar o próprio interesse do próprio jeito e para colocar tanto o setor como o capital em competição com os interesses de qualquer outro homem ou ordem dos homens.

Smith postulou que o governo tinha apenas três deveres fundamentais: a preservação da vida; a preservação da liberdade por meio da gestão da justiça; e o financiamento de bens públicos. Seu ponto de vista influenciou fortemente a formação da maior economia da história da humanidade.[27]

O TRIUNFO DOS ESTADOS UNIDOS

Essa jornada filosófica se concretizou no primeiro país na história a ser erguido com base na filosofia: os Estados Unidos da América. Os Pais Fundadores eram devotos de Cícero e Locke, da Bíblia e de Aristóteles. Eles leram suas obras. E basearam sua nova filosofia nacional nas lições que extraíram delas: a lei natural, enraizada na razão e consagrada pela religião; os direitos naturais individuais, equilibrados pelos deveres correspondentes; um governo limitado de freios e contrapesos projetado para proteger esses direitos de acordo com a lei natural; e a inserção da virtude, a ser buscada por indivíduos e comunidades, novamente de acordo com os ditames da lei natural. Os fundadores não eram narcisistas descuidados, não estavam preocupados com os perigos do individualismo radical — temiam uma sociedade formada por sujeitos agnósticos. Tampouco eram coletivistas tirânicos — eles temiam que uma quadrilha ou muitos excessos assumissem o governo e roubassem as vozes dos indivíduos, redefinindo as noções subjetivas de "virtude".

Tudo isso fica nítido na Declaração de Independência. Thomas Jefferson buscou conservar o brilho de seus antepassados filosóficos no documento fundador dos EUA; em 1825, explicou: "Pretendia ser uma expressão da mente norte-americana. [...] Toda a sua autoridade repousa então nos sentimentos harmonizadores do dia, quer sejam expressos em conversas, cartas, ensaios impressos, ou nos livros elementares de direito público, como Aristóteles, Cícero, Locke, Sidney etc."[28] John Adams, o principal patrocinador do congresso da Declaração, replicou a ideia de Jefferson: "Os princípios de Aristóteles e Platão, de Lívio e Cícero e Sidney, Harrington e Locke; os princípios da natureza e da razão eterna; os princípios sobre os quais todo o governo sobre nós está agora."[29]

A Declaração começa com uma afirmação de autoridade: a das "Leis da Natureza e do Deus da Natureza". Essa não é a passividade de Hobbes, Agostinho ou Lutero no que diz respeito ao valor do regime atual. É a unificação da antiga lei natural com a força do impulso bíblico. É uma afirmação ativa de que os homens podem tomar o poder nas próprias mãos, desde que seja utilizado em prol da lei natural e de acordo com o direito humano à liberdade.

Jefferson logo deixou isso bem claro. "Consideramos essas verdades evidentes", escreve ele. Mas, claramente, *não são* — elas não foram evidentes na maior parte da história humana. Jefferson aqui faz referência à "razão correta" dos antigos: aqueles que pensam corretamente, que olham para os significados por trás da natureza, podem descobrir verdades fundamentais para sustentar a vida e a ação humanas.

E quais, precisamente, são essas verdades?

Primeiro, que "todos os homens são criados iguais". Obviamente, Jefferson não quer dizer que todos os seres humanos são criados com a mesma capacidade. Ele teria discordado radicalmente dessa ideia, já que não era tolo. Jefferson originalmente trabalhou a partir de um rascunho da Declaração dos Direitos da Virgínia, de George Mason, que era muito mais específico: "Todos os homens nascem igualmente livres e independentes."[30] Jefferson limitou-se a compactar essas ideias de forma mais impactante: "Todos os homens são criados iguais."

A noção de todos os homens terem liberdade e independência igualitárias originou-se da noção bíblica de que o homem é feito à imagem de Deus, misturada à tradição grega da razão individual e transmitida geração após geração, adaptada ao longo do tempo para o entendimento de que não apenas os seres humanos são feitos à imagem de Deus com vontade e razão, mas com a liberdade de exercer essa vontade e razão em consonância com a procura da virtude.

Jefferson continua a declaração, dizendo que os homens são "dotados pelo Criador de certos direitos inalienáveis, que entre estes estão a vida, a liberdade e a procura da felicidade". Em Locke, a frase era "vida, liberdade e propriedade". Por que Jefferson simplesmente não usou a palavra *propriedade*, em vez de *procura da felicidade*? É claro que ele não ignorou o direito de propriedade porque o rejeitou — Jefferson falava com frequência do direito aos frutos do seu trabalho.[31]

Jefferson usou o *direito à felicidade* porque, em sua opinião, a propriedade e sua posse não descreviam completamente os nossos direitos. Jefferson, como Locke, acreditava que o propósito da felicidade abrangia a propriedade do próprio trabalho, nossas mentes. O próprio Locke escreveu incansavelmente sobre a procura da felicidade — e ele não quis dizer a atual interpretação equivocada de sua frase, o que sugere que todos nós definimos a felicidade a nossa maneira. Em seu *Ensaio Acerca do Entendimento Humano*, Locke escreve: "A necessidade de procurar a verdadeira felicidade é o fundamento da nossa liberdade." Essa é a opinião de Locke a respeito da *virtude*, sugerindo que renunciemos ao nosso subjetivismo em busca de uma felicidade maior, discernível pela razão correta.[32] Como escreveu

Harry Jaffa, do Instituto Claremont: "É difícil imaginar um aristotelismo mais franco em Hooker ou Aquino."[33]

E os fundadores, apesar da percepção errônea comum de sua prática religiosa, estavam bem conscientes da necessidade de uma comunidade de fiéis em busca da virtude em sua nova república.[34] A vitalidade da religião era uma precondição para uma sociedade saudável. Não surpreende que os fundadores tenham colocado tanta ênfase na liberdade de culto.

Direitos e deveres, de acordo com os fundadores, eram simplesmente dois lados da mesma moeda. Embora alguns críticos dos fundadores tenham alegado que ignoraram os deveres em nome dos direitos, definindo, assim, o curso da desintegração social, esta é uma leitura errônea da filosofia fundadora; como George Washington declarou no discurso de posse:

> O fundamento de nossa política nacional será estabelecido nos princípios puros e imutáveis da moralidade privada. [...] Existe na economia e no curso da natureza uma união indissolúvel entre virtude e felicidade.[35]

O APOGEU

A ideologia fundadora foi a base para o maior experimento em termos de progresso humano e liberdade já criado pela mente humana. Mas, novamente, foi uma ideia desenvolvida a partir dos princípios judaico-cristãos e da racionalidade grega, reformulada ao longo do tempo pelas circunstâncias, purificada pela chama do conflito. Foi o melhor que os homens fizeram, e o melhor que os homens farão ao estabelecer uma estrutura filosófica para a felicidade humana.

Vamos examinar por que — mais uma vez, mediante nossa estrutura dos requisitos para a felicidade humana.

A filosofia fundadora reconhece o propósito individual. Esse propósito não deve ser oferecido por um governo nem moldar cidadãos a serviço da polis. Esse propósito é fornecido por uma tradição judaico-cristã de significado e valor, e por uma tradição grega pautada na razão. Os fundadores pensavam que a razão era primordial e que a virtude deveria ser buscada. Essa virtude assumiu a forma de coragem — disposição para sacrificar a vida, a fortuna e a honra sagrada em prol da defesa dos direitos necessários para se procurar a própria virtude. Ela assumiu a forma de temperança — jamais foi cunhado documento fundador mais supremo do que a Constituição dos Estados Unidos, o produto do compromisso. Essa virtude tomou a forma de prudência — a sabedoria prática de *O Federalista*, a série de documentos nos quais os estados corroboraram a Constituição, ainda não foi superada no pensamento político. E essa virtude tomou a forma de justiça — o Estado de direito, não dos homens, e a criação de um sistema no qual cada um recebe o que lhe é devido.

A filosofia fundadora exaltava o poder da predisposição individual. Os fundadores tinham plena consciência de que os seres humanos têm uma inclinação tanto para o mal quanto para o bem, tanto para a paixão quanto para a razão. Mas tinham uma fé incomensurável no poder da razão para os impelir a pensarem corretamente.

Jefferson afirmou no Projeto de Lei para o Estabelecimento da Liberdade Religiosa na Virgínia, em 1779, que "as opiniões e crenças dos homens não dependem de sua vontade, mas seguem involuntariamente as evidências propostas em suas mentes; que Deus Todo-

-Poderoso criou a mente livre e manifestou sua vontade suprema que a libertará, tornando-a totalmente insuscetível de restrição".[36] John Adams identificou a liberdade com o poder da razão: "Implica pensamento, escolha e poder; eleger entre objetos, indiferente em termos de moralidade, nem moralmente bom, nem moralmente mau." A única coisa que, segundo Adams, colocaria a razão em prol do bem, era uma manifestação societária do bem e uma procura genérica pelo próprio conhecimento: "Minha humilde opinião é que esse conhecimento, no todo, promove a virtude e a felicidade."[37]

E quanto ao propósito coletivo? O objetivo comum poderia ser buscado, segundo os fundadores, em valores comuns: nas tradições judaico-cristãs e na herança dos direitos ocidentais. A cultura e a filosofia se combinaram nos jovens Estados Unidos para formar um país unido. E o trabalho desse país seria o de espalhar a liberdade, tanto internamente quanto no exterior. "Devemos erguer um império pela liberdade para investigá-la como nunca ocorreu desde a criação", escreveu Jefferson a Madison, em 1809, "e estou convencido de que nenhuma constituição jamais foi tão bem articulada quanto a nossa, direcionada a um extenso império e ao autogoverno".[38]

Os fundadores também estavam bem conscientes da necessidade da predisposição coletiva. Por um lado, acreditavam na predisposição individual dos norte-americanos para buscar a virtude. Por outro, não acreditavam que os seres humanos tivessem instituições sociais suficientes para encorajar esse comportamento virtuoso. Mas os norte-americanos construíram, valorizaram e mantiveram essas instituições: em *A Democracia na América*, escrito na década de 1830, o francês Alexis de Tocqueville se perguntava: "Norte-americanos de todas as idades, todas as condições, todas as mentes constantemente reunidas [...] Assim, o país mais democrático da Terra é, acima de

92   O LADO CERTO DA HISTÓRIA

tudo, aquele em que os homens, em nossos dias, têm melhorado a arte de procurar o objetivo de seus desejos comuns e aplicado essa nova ciência à maioria dos objetos." Tocqueville advertiu sabiamente que a substituição dessas associações voluntárias pelo governo arriscaria a "moralidade e a inteligência de um povo democrático".[39]

Os fundadores concordaram e, por isso, procuraram limitar o poder do governo de forma tão drástica. A fim de proteger os direitos de cada ser humano — e para assegurar sua predisposição coletiva de ação social —, os fundadores se recusaram a conceder poderes centrais fortes ao governo. James Madison resumiu bem o sentimento em *O Federalista*, artigo 51:

> Se os homens fossem anjos nenhuma espécie de governo seria necessária. Se fossem os anjos a governar os homens, não seriam necessários controlos externos nem internos sobre o governo. Ao construir um governo em que a administração será feita por homens sobre outros homens, a maior dificuldade reside nisto: primeiro é preciso habilitar o governo a controlar os governados; e, seguidamente, obrigar o governo a controlar-se a si próprio.[40]

Nunca foram estabelecidos fundamentos mais fortes para a felicidade humana do que na filosofia fundadora. É claro que essa filosofia não foi suficientemente universalizada nem mesmo pelos fundadores: ela deveria ser estendida na prática para mulheres e negros norte-americanos, por exemplo. Os fundadores não escaparam aos males de sua época. A fundação estava repleta de contradições internas: aquele grande expoente da liberdade, Jefferson, um homem que chamava a escravidão de "guerra cruel contra a natureza humana", era proprietário de escravos e pai de seis filhos de uma escrava, Sally Hemings;

Madison, outro proprietário de escravos, disse que a escravidão baseada na "mera distinção de cor" era "o domínio mais opressivo já exercido pelo homem sobre o homem".[41]

No entanto, os princípios da fundação eram de fato universais — tanto quanto a natureza e o deus da natureza. Frederick Douglass, um ex-escravo que virou abolicionista, definiu melhor a ideia em um discurso que condenava o completamente abominável e inaceitável Caso Dred Scott, que sugeria que, sob a Constituição, os negros fossem destituídos da condição de homens:

> A Constituição, bem como a Declaração de Independência e os sentimentos dos fundadores da República, nos dão uma plataforma suficientemente ampla e forte para apoiar os planos mais abrangentes para a liberdade e elevação de todos os povos deste país, sem levar em conta a cor, a classe ou a região.[42]

A filosofia dos fundadores, materializada na criação dos Estados Unidos e na busca contínua pelo cumprimento de seus ideais, tem sido a maior bênção para a humanidade em toda a história. Os Estados Unidos libertaram bilhões de pessoas; enriqueceram bilhões de pessoas; abriram mentes e corações.

Entretanto, essa filosofia fundadora — a joia da coroa do Ocidente — não prevaleceu. Em vez disso, ela foi-se deteriorando gradualmente. Com essa decadência, os alicerces da felicidade humana foram erodidos. Nós, em nosso tempo, estamos observando eles se desmoronarem, talvez completamente.

Como se daria tal colapso? Aos poucos, lentamente... e, então, o baque.

CAPÍTULO 6

MORTE AO PROPÓSITO, MORTE À PREDISPOSIÇÃO

Quase todos os anos surge nos Estados Unidos um grande debate sobre a separação entre Igreja e Estado. As manchetes mudam, mas o conflito subjacente, não. Às vezes, é um caso judicial sobre a remoção de um monumento dos Dez Mandamentos de um espaço público; às vezes, a questão da oração em escolas públicas; às vezes, trata-se de forçar um confeiteiro religioso a fazer um bolo personalizado para um casamento entre pessoas do mesmo sexo. A raiz do conflito é sempre a mesma: os Estados Unidos foram erguidos sobre bases seculares, alicerces religiosos, ou ambos? O principal, será melhor reprimir a religião em nome do secularismo, ou vice-versa?

Argumentei que a filosofia fundadora era baseada na razão secular e na moralidade religiosa, que a modernidade foi construída sobre esses polos complementares, cultivada e aperfeiçoada através dos fogos da guerra religiosa e das ideias seculares. Erguemos uma civilização prática e cheia de propósito, religiosa e racional, virtuosa e determinada. A predisposição individual e a coletiva atingiram uma harmonia: os cidadãos se comprometeram com os valores judaico-cristãos e com os direitos individuais, trabalhando para se fortalecerem. O propósito individual e o coletivo foram alinhados: os indivíduos foram libertados para cultivar a virtude, e as comunidades, construídas para definir a estrutura para a procura da felicidade.

Contudo, os defensores do chamado Iluminismo propuseram uma teoria diferente. Eles sugerem que a filosofia do Ocidente moderno — dos direitos individuais, em particular — surgiu da rejeição da religião e da adoção da razão. Os proponentes da autoproclamada era da razão se vangloriam alegando que vivemos hoje de acordo com o pensamento de grandes pensadores do Iluminismo, ousadas mentes que surgiram ali do nada, totalmente formadas, prontas para batalhar e triunfar sobre as antigas. Na verdade, o próprio termo *Iluminismo* sugere uma era pré-iluminista, em que a religião inibia o desenvolvimento humano em vez de estimulá-lo — e, por extensão, sugere que a crença nos valores judaico-cristãos e no próprio Deus era, na melhor das hipóteses, um obstáculo à civilização ocidental moderna.

Além disso, os seguidores mais fervorosos do Iluminismo consideravam a busca grega por um télos equivocada, baseada no pressuposto de uma realidade por trás da materialidade; acreditavam que o pensamento iluminista só poderia progredir descartando a teleologia e substituindo o materialismo. Argumentavam que o Iluminismo só se tornou o Iluminismo matando Deus e descartando a ideia de um propósito que supostamente seria descoberto de forma objetiva. O Iluminismo, dizem, limou as rebarbas da religião e da teleologia gregas e deu novos ares à civilização.

Infelizmente, essas afirmações são manifestamente falsas.

Como vimos, a história é necessária. Se não fosse, o Iluminismo poderia ter surgido em qualquer lugar, a qualquer momento; talvez surgisse *mais cedo* em sociedades sem as barreiras do télos grego e da religião judaico-cristã. Mas não aconteceu.

Isso porque a filosofia dos direitos individuais, originária das crenças bíblicas de que cada ser humano é criado à imagem de Deus e que a virtude individual importa, era a centelha do Iluminismo. Assim foi a procura do conhecimento — enraizada na crença de que Deus tinha um plano de ação para o Universo, de que os seres humanos eram abençoados com o livre-arbítrio e com a razão para esmiuçar esse plano, e que tínhamos o dever moral de buscar a Deus e melhorar nossas condições, de forma material e espiritual, através dessa procura. A devoção ao progresso histórico também começou com o judaico-cristianismo. O principal, tanto o pensamento judaico-cristão quanto o grego tinham em comum a crença no propósito.

Porém os defensores do revisionismo histórico do Iluminismo argumentam: e se o sistema de crenças judaico-cristão e a devoção grega à razão tivessem sido necessários à *construção* da civilização ocidental, mas depois a impediram de realizar plenamente seu potencial? E se as ideias do judaico-cristianismo e as gregas não fossem fundamentais? E se fossem como um andaime, removíveis da estrutura após a consolidação do pensamento ocidental? E se escolhêssemos nossas ideias favoritas do cânone do Iluminismo e descartássemos as demais?

Como será mostrado, nós tentamos. Pois é, falhou.

Na realidade, assim como todos os outros desenvolvimentos filosóficos da história, o Iluminismo teve seu lado positivo — as glórias da filosofia fundadora norte-americana e do liberalismo clássico ocidental, ambos consequências diretas de Atenas e Jerusalém — e suas desvantagens. Quais foram elas? As desvantagens começaram com a destruição proposital dos valores judaico-cristãos e da teleologia grega. Acontece que os pensadores que preservaram a sabedoria daqueles fundamentos complementares construíram o poder e a glória do Ocidente moderno. Os que tentaram abafar essas fundações acabaram saindo vitoriosos — e sua vitória plantou as sementes para uma crise existencial de significado da qual o Ocidente sofre mais profundamente a cada dia. E até mesmo sua suposta devoção à razão foi consumida pelo instinto de renegar o antigo, não importando o quanto, em termos objetivos, fosse bom.

DA VIRTUDE AO RELATIVISMO MORAL

O impulso original para descartar Deus do pensamento ocidental cresceu a partir de três forças entrelaçadas. Primeiro, o impulso contra a religião surgiu da dissolução do domínio católico, o que criou cisões e vazios religiosos que, com demasiada frequência, convidavam à violência brutal. Os críticos da fé judaico-cristã viam na guerra religiosa a prova de que o fundamentalismo religioso inibia a liberdade humana em vez de aprofundá-la.

Segundo, o ateísmo e o agnosticismo se ampliaram catastroficamente entre os intelectuais graças ao aumento do fundamentalismo religioso: tanto o luteranismo quanto o calvinismo foram, pelo menos em parte, respostas à secularização da Igreja Católica. E a Igreja Católica agiu para mitigar essas insurgências religiosas reprimindo as próprias tendências ao aprendizado secular. Religião *de fato* se tornou mais um obstáculo ao aprendizado secular quando a homogeneidade católica se enfraqueceu. Por fim, a fragmentação do controle católico deu mais espaço para os dissidentes respirarem. A Paz de Vestfália foi expressamente formulada para conceder maior liberdade religiosa às religiões minoritárias — o que propiciou o surgimento de novas filosofias agnósticas.

Os primeiros indícios de um movimento filosófico de ruptura com a moralidade judaico-cristã e a virtude aristotélica vieram de Maquiavel. Há um debate ativo e criterioso dedicado a definir se Maquiavel era um homem religioso ou um ateu encoberto —, mas basta dizer que sua reverência pela Bíblia era questionável. Em *O Príncipe*, ele cita Moisés como exemplo de líder de guerra (mas, teoricamente brincando, chama-o de "mero executor das coisas que lhe foram ordenadas por Deus") e descaradamente explica: "Era, pois, necessário que Moisés tivesse encontrado o povo de Israel escravizado e oprimido pelos egípcios para que eles, a fim de escapar à servidão, se dispusessem a segui-lo."[1]

Quanto à lealdade grega à virtude, Maquiavel, tipicamente debochado, deturpa o termo em si. Os homens não devem mais ser governados pela virtude, afirma — mas pela *virtù*, uma combinação de mal e bem destinada a alcançar um certo fim e superar o caos do destino (*fortuna*). Como Harvey Mansfield escreve: "Maquiavel quer dar uma catadura hostil ao humanismo do Renascimento: esvaziar sua estima pela retórica clássica, atacar sua adesão à tradição filosófica, desestabilizar sua filiação ao cristianismo, refutar sua crença nas virtudes do cavalheirismo clássico e lembrar o movimento do valor e da glória dos militares."[2]

Quem primeiro comprou as ideias preliminares de Maquiavel de ruptura com o propósito tradicional foi Hobbes. Ele aplicou os padrões da lógica rigorosa à revelação religiosa — e descobriu suas falhas. "Dizer que Deus lhe falou em sonhos não é mais do que dizer que sonhou que Deus lhe falou, o que não é de força a conquistar a crença de ninguém que saiba que os sonhos em sua maioria são naturais, e podem ter origem nos pensamentos anteriores", escreveu. "Se um profeta foi capaz de enganar outro, que certeza pode haver de conhecer a vontade de Deus por um caminho que não seja o da razão?"[3]

Hobbes não só destituiu o caráter divino do sistema moral judaico-cristão. Também descartou o télos aristotélico: "Pois não existe o *finis ultimus* (fim último) nem o *summum bonum* (bem supremo) de que se fala nos livros dos antigos filósofos morais. [...] A felicidade é um contínuo progresso do desejo, de um objeto para outro, não sendo a obtenção do primeiro outra coisa senão o caminho para conseguir o segundo."[4] Ou seja, a procura do sentido não está na busca de causas finais; a natureza não contém essa informação. Em vez disso, a moralidade se resume à mera competição de interesses e ao desejo dos seres humanos de evitar o sofrimento e a morte prematura. Em um estado de natureza, "nada pode ser injusto. As noções de bem e de mal, de justiça e injustiça, não podem aí ter lugar. Onde não há poder comum não há lei, e onde não há lei não há injustiça".[5] Se o relativismo moral começou com alguém, foi com Hobbes.

O ceticismo de Hobbes sobre a moralidade judaico-cristã e a teleologia aristotélica se aliançou no filósofo mais improvável: o brilhante judeu Baruch de Spinoza (1632–1677). Spinoza cresceu na Holanda como judeu ortodoxo, mas foi excomungado por heresia em 1656. O crime envolvia suas declarações sobre a Bíblia não mencionar a imortalidade, que Deus poderia assumir a forma física no Universo e que a alma imortal poderia não ser realmente imortal, mas mera força vital.[6] Ele escreveu alguns dos tratados filosóficos mais versados da história — e seu pensamento antirreligioso ganhou os holofotes.

Enquanto Hobbes era vagamente brincalhão com suas opiniões sobre a Bíblia, Spinoza não se fez de rogado: criticou a mente fechada das autoridades religiosas. Ele encorajava os fiéis a buscar a mensagem bíblica nos próprios corações e detonou o apego dos fundamentalistas à Bíblia: "Em vez da Palavra de Deus, estão adorando imitações e imagens, isto é, papel e tinta."[7] Ele declarou que Moisés não escreveu a Torá; afirmou que fora escrita séculos depois por outra figura. Rejeitou os milagres, o texto bíblico e seus mandamentos.

Como prova da não divindade da Bíblia, Spinoza escreveu, em termos que deixariam Richard Dawkins orgulhoso: "A religião não se manifesta na caridade, mas na contenda disseminada entre os homens e na promoção do ódio mais amargo, sob o falso disfarce de zelo da causa de Deus e de um entusiasmo fervoroso."[8] Spinoza acreditava que a Bíblia fora escrita para os tolos e levada adiante por eles — mas também foi prudentemente sagaz para não depreciar o Novo Testamento, como fez com o Antigo Testamento.

Spinoza também desprezou a noção de lei natural. Ele concentrou seu intelecto fervilhante na ideia das causas finais, e também as desprezou. Os seres humanos, argumentou Spinoza, projetaram um Deus que criou o Universo especialmente para a humanidade, e, andando em círculos, julgaram que Deus criou um propósito humano.

Essas ideias levaram Spinoza a, como Hobbes, desacreditar a própria noção de "bem" e "mal".[9] E, novamente como Hobbes, levaram Spinoza a um tipo de egoísmo racional quanto à natureza do homem: os seres humanos querem evitar a dor e buscar o prazer. A melhor maneira de fazer isso, de acordo com Spinoza, é por meio de uma passividade estoica — buscando conhecer o Universo e reconhecendo que não estamos no centro dele.

Enquanto a moralidade de Hobbes o levou às portas de um Estado abrangente, Spinoza recomendou o oposto: um Estado mínimo, voltado à contenção da insurreição daqueles cujos direitos são violados. A liberdade de religião e expressão, assim, não é um direito como os relativos às esferas de privacidade que o Estado deve evitar se souber o que é melhor. Esse é um libertarismo baseado na praticidade, não no princípio *per se*: não sabemos o que é certo, bom ou virtuoso, portanto, o homem decente não impinge sua opinião sobre os outros. Mas, para que esse tipo de liberdade prevaleça, o Estado não se pode tornar uma ferramenta dos poderosos para invalidar desacordos.[10]

O último passo do monoteísmo ético judaico-cristão e da teleologia grega em direção ao ateísmo absoluto foi cortesia do divertido empirista britânico David Hume (1711–1776). Como Hobbes e Spinoza, antes dele, Hume descartou a possibilidade de milagres — dizia que as leis da natureza são mais relevantes do que qualquer testemunho humano, e, portanto, a evidência de qualquer milagre foi aniquilada. Ele chegou a argumentar que o politeísmo era tão racional quanto o monoteísmo. Também tentou destruir as provas clássicas da existência de Deus. Ele assumiu o argumento cosmológico afirmando que é bem possível que algo venha do nada, então, a noção de um Motor Imóvel era desnecessária; ele também atacou a ideia de que a ordem requer um projeto (uma bolota se transforma em um carvalho sem projeto, por exemplo). Acima de tudo, Hume rejeitou a ideia de um Deus justo, por causa da presença do mal no Universo.

Como Hobbes e Spinoza, Hume rejeitou categoricamente a noção de que os seres humanos podem discriminar o propósito ou a virtude dos fatos crus do mundo material. Hume resumiu essa questão no problema do "ser-dever": só porque o mundo natural *é* de determinada maneira não significa que *devemos* fazer certas coisas. O propósito latente desapareceu na filosofia de Hume.

BASEANDO-SE APENAS NA RAZÃO

Em sua época, o ateísmo de Hume permaneceu como uma voz minoritária; a maioria dos filósofos ainda acreditava em pelo menos uma concepção deísta do Universo, embora cada vez mais rejeitassem os dogmas do judaísmo e do cristianismo. A maioria dos filósofos também não estava disposta a admitir o positivismo hobbesiano — a ideia de que o bem e o mal são construções humanas dependentes das relações de poder. Em vez disso, concentravam-se na reconstrução da moralidade universal na ausência da Bíblia. Tendo destronado Deus como um árbitro moral ativo para o comportamento humano, e o redefinido como o Motor Imóvel aristotélico, o homem estava livre para procurar por um sistema moral usando apenas a razão. Mas esses mesmos filósofos não confiavam mais na teleologia aristotélica — eles não podiam olhar para a natureza do Universo e determinar fins morais.

Sistemas morais, portanto, precisavam ser construídos do zero. Os seres humanos, propuseram esses pensadores, poderiam construir sistemas para maximizar a felicidade humana. Agora, na prática, a maioria deles ainda se baseava nas suposições morais dos valores judaico-cristãos, bem como na teleologia aristotélica — seus mecanismos intelectuais operavam nos vapores de um tanque de gasolina que eles mesmos já tinham esvaziado. Era só uma questão de tempo até que esses gases se acabassem. Mas esse remanescente foi responsável por algumas das tentativas mais fascinantes e complexas da humanidade de criar uma moralidade objetiva, sem Deus.

Quem liderou a jornada foi Voltaire (1694–1778). Voltaire era deísta — fez a famosa declaração: "Está perfeitamente nítido em minha mente que existe um ser necessário, eterno, supremo e inteligente. Isso não é questão de fé, mas de razão."[11] Voltaire acreditava na procura da moralidade na razão; em seu *Dicionário Filosófico*, afirmou: "Não podemos repetir com frequência que os dogmas diferem, mas que a moralidade é a mesma entre todos os homens que fazem uso de sua razão. A moralidade procede de Deus, como a luz; nossas superstições são apenas trevas."[12] Mas ele considerava a tradição judaico-cristã supersticiosa; seus escritos estão cheios de apartes desagradáveis contra os judeus em particular. Como Bill Maher, no século XVIII, Voltaire adorava ridicularizar as declarações aparentemente mais esdrúxulas da Bíblia e declarar sua moralidade abominável.[13]

Como, então, a moralidade seria construída através da razão? Isso não poderia ser feito por meio da teleologia aristotélica. Voltaire depreciava a ideia de um télos descoberto na natureza, motivo que o fez ridicularizar o brilhante filósofo Gottfried Wilhelm Leibniz (1646–1716). Leibniz argumentava que, como Deus era bom e criara apenas um mundo, o mundo que Ele criara era necessariamente o melhor possível. Voltaire alfinetou essa perspectiva impiedosamente em *Cândido ou o Otimismo*:

> Pangloss ensinou metafísica-teologia-cosmo-nigologia. Ele era capaz de demonstrar de forma impressionante que não há efeito sem causa. [...] "É manifesto", dizia ele, "que as coisas não podem ser outras do que são: pois, como tudo é feito para servir a um fim, tudo necessariamente é para o melhor dos fins. Observe como os narizes foram formados para apoiar os óculos, portanto temos óculos. Pernas são claramente concebidas para o uso de culotes, por isso usamos calções... aqueles que argumentaram que tudo está bem falam coisas sem sentido; eles deveriam ter dito que tudo é para o melhor."[14]

Pangloss acaba contraindo sífilis, perde um olho e uma orelha, e é enforcado. Tudo para o melhor possível de todos os mundos, segundo Voltaire. E pela noção de que podemos olhar para a natureza das coisas e descobrir a moralidade. Voltaire debocha da ideia do "bem" aristotélico; narizes obviamente não foram feitos para óculos.

Então, como Voltaire encontrou propósito e moralidade? Como Francis Bacon, um de seus heróis intelectuais, ele os encontrou no interesse material da condição humana. E isso o levou a uma moralidade materialista e hedonista também. Para aqueles capazes de utilizar a razão adequadamente, a maximização do prazer e a minimização da dor eram os objetivos primordiais da vida. Sua poesia é repleta de ataques irrefutáveis à prudência religiosa e à negação dos prazeres do mundo: "Desfrutando a toda hora e estado o prazer,/Os mortais vêm de Deus o eterno poder [...] O estoico moderno tem do total controle carência,/ E vai a alma sequestrar a própria essência."[15]

Assim, a moralidade de Voltaire tende para o totalmente libertário — liberdade do controle, liberdade do comportamento. Mas tal sistema, ausente da virtude de uma cidadania, rapidamente entra em colapso. Voltaire sabia disso, razão pela qual desejava que os de menor capacidade racional adorassem um Deus onipotente e onisciente — Deus era necessário para os outros, não para ele. Infelizmente, ele seria provado em sua estimativa da natureza humana em pouco tempo. Ao remover os supostos grilhões da virtude, Voltaire também removeu as restrições que impediam o caos e a tirania. Quando a versão de liberdade de Voltaire foi misturada à paixão de Jean-Jacques Rousseau (1712–1778), o resultado foi a guilhotina.

Comparado ao presunçoso e ácido Voltaire, Immanuel Kant (1724–1804) parece um santo secular. Kant nunca saiu de Königsberg, na Prússia; e ele não era nada hedonista. Mas, como Voltaire e

Locke, Kant era devoto de uma razão soberana, mesmo que explorasse ao máximo seus limites. Em seu ensaio *O que é o Iluminismo?*, Kant expõe a filosofia central da época: *"Atreva-se a conhecer! (Sapere aude.)* 'Ter a coragem de usar o seu próprio entendimento', é, portanto, o lema do Iluminismo."[16]

E quanto à moralidade? Kant pensava que a procura da virtude não estava na aplicação da razão ao Universo, mas na investigação do instinto moral. Todos temos um instinto de moralidade, acreditava. A razão era limitada, pois a percepção humana é limitada; Kant permaneceu cético em relação à capacidade humana de conhecer o mundo. Ao olhar para nosso instinto moral, Kant acreditava que poderíamos alcançar uma moralidade universal:

> Duas coisas me enchem a alma de crescente admiração e respeito, quanto mais intensa e frequentemente o pensamento delas se ocupa: *o céu estrelado sobre mim e a lei moral dentro de mim.*[17]

Kant situou as novas ideias de sentido e propósito em um conhecimento *a priori* — aquilo que conhecemos sem experiência nem vivência. Kant acreditava que certas verdades não dependem da experiência humana — 2+2 é sempre igual a quatro, mesmo que os seres humanos não vivenciem um cálculo. Assim, Kant embarcou em uma procura quase platônica do conhecimento além da materialidade do mundo — mas, enquanto Platão se debruçou sobre o mundo das formas, Kant se ocupava do coração humano. O coração humano, argumentava, continha uma lógica moral, que, por sua vez, dependia de imperativos categóricos: verdades absolutas. Esses imperativos incluíam injunções sobre nunca usar outros seres humanos como meio, mas tratá-los como fim. As ações são boas em si mesmas, não por terem bons efeitos. E agir em busca do bem nos liberta. A religião em si é mensurável pela adesão a essa lei moral do coração.[18] Em suma: "Age como se a máxima de tua ação devesse tornar-se, através da tua vontade, uma lei universal."[19]

Para nossas mentes seculares, isso é maravilhoso — e a ideia mais próxima já criada pela filosofia de um senso contundente de sentido e propósito. Mas o idealismo de Kant não se sustentou — sua filosofia de moralidade logo se desfez. Seu imperativo categórico — a noção de que toda lei deve ser generalizável — é um bom indicativo para a atividade humana e parece uma repercussão da ética da reciprocidade. Mas esse imperativo categórico não dá conta de cálculos morais mais complexos. É realmente acertado dizer que mentir é sempre incontestavelmente errado, como Kant dá a entender? E se fosse para esconder um judeu quando um nazista bate à porta?

Além disso, o imperativo categórico de Kant não é *obrigatório* do ponto de vista objetivo. Por que não simplesmente supor que todos devem obedecer ao governo de Kant e violar todas as outras regras? E mesmo que você não deseje que suas prioridades egoístas governem, existem outras moralidades tão lógicas quanto as de Kant. Na verdade, seu imperativo categórico era apenas um sistema para organizar a moralidade humana guiando-se pela razão *a priori*. Jeremy Bentham (1748–1832) também buscou construir um sistema moral usando a razão — e seu sistema, diferentemente do de Kant, não se baseava em princípios morais universais, mas no utilitarismo. Bentham acreditava que a ação humana deveria ser formulada para "promover ou extirpar" a felicidade, que seria medida em termos de prazer e dor. Bentham acreditava, endossando Hobbes, que nenhum direito é preexistente ao Estado e chamava os direitos naturais de "uma estupidez com pernas de pau".[20]

O LADO CERTO DA HISTÓRIA

Voltaire, Kant, Bentham — todos assumiram que a razão poderia construir a moralidade a partir do zero. Mas suas moralidades não coincidiram. Em termos práticos, ainda que inconscientemente, elas levantaram elementos da tradição judaico-cristã e do télos grego, que eles sugeriram que haviam sido aniquilados.

Tudo isso deixou uma pergunta em aberto: Se a razão não pode construir sistemas objetivos de moralidade, o que o faria? E se a fé na razão estivesse deslocada — e algo mais sombrio fosse o que realmente motiva os seres humanos?

MORTE À PREDISPOSIÇÃO

A morte dos valores judaico-cristãos e do télos grego não representou a libertação da razão da superstição. Para alguns filósofos importantes, significava a destruição da própria razão. A ideia parece controversa — afinal, os filósofos descartaram a Bíblia fora e Aristóteles em nome da razão. Mas o Iluminismo não se limitou a utilizar a razão para questionar os valores judaico-cristãos e o télos. Envolvia transformar a razão em si mesma, examinando a mente humana. Significava obliterar a humanidade como a joia do cosmos, tirando-a do pedestal e devolvendo sua animalidade, em vez de permitir que aspirasse a se juntar ao divino. Ao expulsar Deus do reino dos homens, o Iluminismo também reduziu o homem a uma criatura de carne e osso, sem nenhuma razão transcendente que guiasse seu caminho.

Maquiavel e Bacon reconheceram o poder da paixão — mas também confirmaram o domínio da razão sobre ela. Maquiavel acreditava que a paixão poderia ser manipulada para fins úteis pelos líderes motivados pela razão, e que poderia ser usada para se entender a paixão; Bacon acreditava que a razão poderia ser bem aplicada ao Universo para desvendar seus segredos em prol do desenvolvimento da humanidade. Nem Maquiavel, nem Bacon solaparam significativamente a crença no livre-arbítrio humano. A devoção de Maquiavel à *virtù* surgiu de seu desejo de se opor à *fortuna* — aos caprichos do destino, capazes de frustrar até mesmo os planos mais bem elaborados. Maquiavel procurou superar a fortuna com a vontade, com o uso acertado de meios para alcançar objetivos.

Não foi assim com Hobbes.

Hobbes, engajado em derrubar a teleologia grega, não só atacou a ideia de que o Universo tem um propósito a ser descoberto, mas também que os seres humanos são capazes de exercer a razão, de forma mais ampla. "As paixões dos homens", escreve, "são geralmente mais potentes do que sua razão". A razão não traz felicidade, nem pode ser usada como meta de uma vida filosófica. A felicidade não existe. Há apenas esforço, segurança e paixão. A razão não nos salva da guerra de todos contra todos; somente o Leviatã, o poder do Estado.[21]

O ceticismo de Hobbes quanto à razão foi reiterado por Descartes, que sugeriu que os seres humanos são movidos pela paixão, não pela razão.[22] Mas Spinoza fez a ruptura mais radical com o passado quando descartou completamente a noção de livre-arbítrio. Ele comparou os seres humanos a pedras lançadas no espaço que acreditam controlar seu movimento: "Tal pedra, consciente apenas do próprio esforço e de maneira alguma indiferente, acreditaria ser completamente livre e pensaria que continuou em movimento unicamente por causa do próprio desejo. Assim é a liberdade humana, que todos se gabam de possuir e que consiste unicamente no fato de que os homens são conscientes dos próprios desejos, mas são ignorantes das causas determinantes desse desejo."[23] Por meio da razão, os seres humanos compreendem melhor sua condição, o que lhes confere alguma liberdade — mas sua liberdade de ação continua fortemente circunscrita.

Coube a Hume, mais uma vez, enquadrar completamente a razão. "A razão é, e deve ser apenas, a escrava das paixões", escreveu Hume, levando ao extremo lógico o pensamento de seus predecessores. "[A razão] não pode ser a fonte do bem moral nem do mal, que, entende-se, devem ter essa influência."[24]

Contemporâneo e amigo de Hume, Rousseau acatou sua ideia geral sobre a natureza humana — mas elevou as paixões de uma maneira que Hume nunca fez. As paixões, defendeu Rousseau, são *boas*. O homem é perfectível. E a moralidade é baseada na empatia. No início, o homem vivia em harmonia com a natureza, confortável e "ocioso", até formar laços sociais. Esses laços foram formados em uma tentativa de *aperfeiçoar* a natureza humana — desenvolvê-la.

Os seres humanos se reuniram e passaram a viver em comunidades "nas épocas mais felizes e estáveis" antes que a ganância assumisse a cena, forçando os homens a criarem excedentes em vez de sobreviverem em níveis de subsistência. A propriedade foi a morte do homem natural. "O primeiro homem que, tendo cercado um pedaço de terra, caiu em si e bradou *Isso é meu*, e encontrou pessoas humildes o suficiente para acreditar nele, foi o verdadeiro fundador da sociedade civil", escreveu Rousseau. Mas agora, com a sociedade criada, os seres humanos só podem encontrar a felicidade através de uma administração da "vontade geral" — como Mary Ann Glendon escreve: "Um acordo no qual todos dão a si e a todos seus bens à comunidade, formando um Estado cuja legislação é produzida pela vontade de cada pessoa pensando em nome de todos. E esse Estado

Morte ao Propósito, Morte à Predisposição

seria liderado por um líder transformador dedicado à 'transformação da natureza humana'."[25]

Esse distanciamento da razão e da paixão — a rejeição dos valores judaico-cristãos e da teleologia grega —, apesar de popular entre os filósofos, era uma perspectiva um tanto frágil. Tudo mudou, no entanto, com a ascensão do darwinismo. Charles Darwin, em *A Origem das Espécies* (1859) apresentou o primeiro fundamento científico de um mundo sem Deus e que estava além da mente do homem.

Com a biologia evolucionária de Darwin, uma teoria unificadora sobre a vida logo foi proposta: acidente. Deus não criou o homem à Sua imagem; o homem era apenas o próximo passo em uma cadeia evolutiva impulsionada pela seleção natural. Não havia télos para o Universo — apenas a natureza e o homem o integravam. O homem era um animal. Deus era desnecessário. A própria razão se diluiu na função cerebral superior projetada para uma melhor adaptação ambiental. A verdade objetiva em si tornou-se um artefato de fé, uma vez que a mente humana não foi programada para sua descoberta, mas para encontrar as distrações necessárias para afastar a morte e a dor. A moralidade também decorre de simples convenção e da inovação adaptativa: os animais podem adotar comportamentos "morais" rudimentares, sem nenhuma semelhança com a razão humana.

O darwinismo foi visto pela *intelligentsia* da época como a permissão final para romper com os costumes antigos. Finalmente, as superstições da religião foram postas de lado; finalmente, o legado dos gregos antigos fora descartado. A humanidade, ao equiparar-se aos animais, finalmente se libertou das amarras do divino. Essa empolgação com o darwinismo ainda ressoa na literatura de ateus como Daniel Dennett, que escreve: "A ideia de Darwin é um solvente universal, capaz de cortar diretamente o coração de tudo à vista. A questão é: do que ela se esquece?" Dennett afirma que "ficamos com versões mais fortes e mais sólidas de nossas principais ideias".[26]

Será?

Enquanto o mundo científico celebrava sua recém-descoberta superação dos valores judaico-cristãos e do télos grego, duas figuras surgiram para alertar o Ocidente do que estava por vir. Um era um romancista russo; o outro, um filósofo alemão.

O ALERTA

Fiódor Dostoiévski (1821—1881) ocupou-se amplamente de abordar uma humanidade desvinculada de obrigações morais. Ele viu na ascensão de um mundo ateu o rosto do Marquês de Sade (1740—1814), o famoso sádico francês, estuprador e pedófilo, que abraçou a paixão, renegou Deus, desprezou a responsabilidade humana e via o bem maior no próprio prazer. Sade afirmou: "Protestamos contra as paixões, mas nunca pensamos que é da sua chama que a filosofia ilumina sua tocha."[27] Dostoiévski entendia a perspectiva de Sade como o apogeu lógico de um sistema sem Deus, teorizando que, sem a imortalidade, todas as restrições ao comportamento humano desapareceriam. Ele anteviu que o homem materialista era muito mais ameaçador do que o religioso — que os seres humanos que se consideram meros aglomerados de matéria, sem a responsabilidade da escolha, deixam a decência de lado. Ele propôs que o homem acharia em sua procura de propósito algo muito mais sombrio do que a tradição judaico-cristã e a teleologia grega, que ergueram o mundo moderno.

Dostoiévski temia o materialismo que dominara o pensamento europeu. No famoso capítulo "O Grande Inquisidor", de *Os Irmãos Karamazov*, em que Ivan Karamazov narra a história de um inquisidor espanhol que interrogava Jesus, Dostoiévski sugeriu que chegaria o dia em que os seres humanos desistiriam do sentido em favor dos bens materiais: "Séculos passarão e a humanidade proclamará pela boca de seus sábios e de seus intelectuais que não há crimes e, por conseguinte, não há pecado; só há famintos." Dostoiévski sugeriu que a cura para a fome seria o ditador — o homem que sacia a fome seria adorado como uma divindade. Os seres humanos, suspeitava Dostoiévski, estavam amedrontados demais para usar a liberdade da vontade dada por Deus para buscar o próprio Deus; em vez disso, eles se refugiariam na infantilidade, felizes em seguir os líderes que os livraram da necessidade de pão e lhes proporcionaria o conforto da promessa, prometendo-lhes que seus pecados não significam nada: "Provar-lhes-emos que são débeis, que são crianças dignas de dó, mas que a felicidade infantil é a mais deleitável."[28]

O lado sombrio do Iluminismo não era segredo para Dostoiévski, que viu os rumores de um cataclismo pairando nas névoas do futuro. Ele sabia que apenas a razão, desprovida de Deus, não conteria a maré; na verdade, segundo ele, a própria razão forneceria o ímpeto para o mal.

Em *Notas do Subsolo*, Dostoiévski lamentou o otimismo científico dos materialistas, ridicularizando sua sugestão de que a fraqueza humana seria erradicada pelo "bom senso e a ciência [que] tiveram reeducado totalmente a natureza humana". Ele tripudiou a hipótese de que os homens poderiam se conscientizar de que lhes falta a capacidade de escolher, mas poderiam simplesmente ser guiados para a moralidade pela aplicação de regras científicas. Não, afirmava Dostoiévski, o homem se rebelaria contra essa lógica. O ser humano não foi feito para isso: "O que o homem precisa é somente de uma vontade independente, custe ela o que custar e não importa aonde possa conduzir. Bom, essa vontade, o diabo conhece bem."[29]

Os seres humanos são criaturas que buscam mais do que aquilo que a razão e a ciência lhes oferecem — e são mais do que os animais interessados em si mesmos que a razão e a ciência decretam. A procura do sentido, livre dos valores judaico-cristãos e do télos grego, liberta da responsabilidade moral imposta pelo determinismo científico, irromperia em uma conflagração que incendiaria o mundo inteiro, previu Dostoiévski. O resultado seriam sangue e sofrimento, um turbilhão de horror, seguido por uma época de vazio. A morte de Deus, postulou, é também a morte do homem.

O TRIUNFO DA VONTADE

A morte de Deus, bem sabia Friedrich Nietzsche (1844–1900), não deixou margem para a busca por um propósito por meio da razão. Como Hume, Nietzsche acreditava que a moralidade pautada apenas na razão era uma mentira, um disfarce que servia como uma luva ao instinto: "Teu juízo 'isto é correto' tem uma pré-história em teus instintos, em tuas inclinações, em tuas antipatias e em tuas inexperiências."[30] Nietzsche, em outras palavras, consolidou as lições dos séculos XVIII e XIX, e arrancou a máscara do Iluminismo.

Razão e paixão são aspectos de algo mais profundo, primordial, afirma Nietzsche: a vontade de poder. Nietzsche sugeriu que parássemos de pensar no "valor moral das nossas ações". Em vez disso, disse ele, "queremos nos tornar aqueles que realmente somos — os novos, os únicos, os incomparáveis, aqueles que produzem suas próprias leis, aqueles que se criam a si próprios!".[31] Nietzsche sabia que a única resposta para o materialismo científico era a subjetividade radical, e com ela viria a morte da moral. Ele celebrou esse fato e se deleitou com o poder da vontade.

Qual é exatamente a vontade de poder? É a vontade de autoaperfeiçoamento. Em *Assim Falava Zaratustra*, Nietzsche poetiza:

> Perante Deus! Mas agora esse Deus morreu! Homens superiores, esse Deus foi o vosso maior perigo. [...] Só agora vai dar à luz a montanha do futuro humano. Deus morreu: agora nós queremos que viva o Super-homem. Os mais preocupados perguntam hoje: "Como se conserva o homem?" Mas Zaratustra pergunta — e é o primeiro e único a fazê-lo: — "Como será o homem superado?" O Super-homem é que me preocupa; para mim é ele o primeiro e o único, e não o homem: não o próximo, o mais pobre, nem o mais aflito, nem o melhor.[32]

Nietzsche defendia a destruição dos valores judaico-cristãos. Ele compreendeu corretamente que todos os outros sistemas de moralismo, do utilitarismo aos imperativos categóricos kantianos, são baseados nas raízes das descobertas morais da tradição judaico-cristã — e disse que o homem só pode ser libertado destruindo aquela estrutura de vestígio moral. Essa estrutura, ele acreditava, detivera o homem; era a "escravidão moral", que sacrificava a força pela fraqueza, que celebrava a pobreza e a impotência.

Era necessária uma nova moralidade. O homem poderia criar a própria moralidade, mas apenas se ele se baseasse na força e na vontade. Essa moralidade não seria mais baseada na felicidade humana — algo como "se preservar por mais tempo, de forma mais agradável". Essas eram virtudes mesquinhas, afirmou Nietzsche. Em vez disso, Nietzsche valorizava honestidade e luta, força e coragem. Ele valorizava o homem livre, desvinculado do que quer que fosse.

O que Nietzsche observou, e o que valorizou, estava em curso há gerações. A filosofia passou dois séculos matando os valores judaico-cristãos e a teleologia grega — ou pelo menos descartando-os em favor de novas e corajosas utopias cheias de seres humanos perfeitos, palácios de cristal governados por homens cheios de razão ou mundos de determinismo evitando a dor e maximizando o prazer.

O homem deteria a governança suprema ou destruiria tudo em seu caminho. Qual seria a opção? O mundo logo descobriria a resposta.

CAPÍTULO 7

A REFORMULAÇÃO DO MUNDO

Por que não podemos, apenas, ser racionais?

Esse é o chamado típico de nossa era. Esqueça os valores; esqueça o julgamento. Vamos apenas ser racionais em nossa interação. A tolerância pode suplantar as ideias judaico-cristãs. Todos sabemos o que é certo, no fundo. Se seguirmos nossa estrela, a civilização não só sobreviverá — ela prosperará e florescerá.

Essa ideia é um vestígio da mentalidade iluminista. Mas ignora o lado sombrio da esperança do Iluminismo. Ignora a história dos séculos XIX e XX. Ignora o fato de que o Iluminismo tinha duas tensões — uma baseada em Atenas e em Jerusalém, a outra desprovida delas. A história foi a melhor juíza sobre qual delas funcionou melhor — e os resultados foram claros e convincentes.

O Iluminismo conciliou os dois lados de uma linha tênue. De um lado, estava o Iluminismo norte-americano, baseado na consumação de uma longa história de pensamento que remontava a Atenas e

Jerusalém, passando pela Grã-Bretanha e pela Revolução Gloriosa, até o Novo Mundo; do outro, o Iluminismo europeu, que rejeitou Atenas e Jerusalém para construir mundos pautados em ideias alheias à procura do propósito e à revelação divina.

Comparar a Guerra da Independência dos Estados Unidos e a Revolução Francesa demonstra o contraste entre as tensões do pensamento iluminista. A Guerra da Independência, baseada nos princípios lockeanos referentes aos direitos dos indivíduos dados por Deus, o valor da virtude social e um sistema estatal criado para preservar direitos individuais inalienáveis, rompeu abruptamente com a Revolução Francesa, baseada na "vontade geral", de Rousseau, na generalização da virtude tradicional, de Voltaire, e no otimismo quanto à perfectibilidade da humanidade, alcançável por meio do uso da razão, independentemente da virtude.

A Revolução Francesa nasceu com um senso de propósito utópico: o homem seria finalmente libertado das antigas restrições. Essas restrições não eram apenas políticas. Eram restrições da alma, correntes da liberdade humana. As prisões mais óbvias eram as impostas pela religião, que os filósofos franceses viam não como o baluarte da moralidade e da racionalidade ocidentais, mas como o principal obstáculo para elas. Foi Denis Diderot, o editor da famosa *Encyclopédie*, que disse que queria estrangular o último rei com as entranhas do último padre.[1] Uma vez que o último sacerdote estivesse morto, a humanidade supostamente alcançaria a natureza interior e encontraria dentro de si a capacidade da sabedoria e do poder divinos. Nicolas de Condorcet, filósofo francês e primeiro revolucionário, afirmou que a ciência resgataria o homem de suas falhas, "preveria o progresso da humanidade, para direcioná-lo e acelerá-lo".[2]

A razão sem fronteiras, combinada com a paixão natural, logo resultaria em uma mistura tóxica.

Enquanto os Estados Unidos se envolviam com um Iluminismo baseado em Locke, Blackstone, Montesquieu e na Bíblia — a primeira reunião do Senado dos Estados Unidos ocorreu em 4 de março de 1789 —, a Revolução Francesa se voltava para a reconstrução utópica. Em 14 de julho de 1789, cidadãos franceses invadiram a Bastilha. E rapidamente destronaram os reis e os sacerdotes. O Culto da Razão tornou-se a primeira religião oficial da nova França: ela adorava "um só Deus, *Le Peuple*", segundo o revolucionário Anacharsis Cloots.[3] O próprio Deus foi despojado de Sua graça, e a razão tomou Seu lugar.

Os franceses celebraram o Festival da Razão, no qual igrejas de toda a França se transformaram em Templos da Razão, sendo a catedral de Notre-Dame o templo principal. Lá, os músicos da Guarda Nacional e da Ópera entoaram hinos à liberdade, glorificando a liberdade como uma divindade; o hino de abertura foi "Descend, O Liberty, Daughter of Nature" [Venha, ó liberdade, filha da natureza, em tradução livre]. Uma inscrição "à Filosofia" foi colocada na entrada, e a chama da deusa da Razão foi acesa no altar grego.[4] Maximilien de Robespierre, que desdenhou dos excessos dos festivais do Culto da Razão, fundou o Culto ao Ser Supremo, mais sóbrio, mas igualmente ateísta e respaldado em princípios semelhantes; os festivais foram tão bem encenados que Jacques-Louis David, o artista revolucionário, roteirizou "o momento em que as mães devem sorrir para seus filhos; os velhos, para os jovens e seus netos".[5]

Em março de 1794, Robespierre executou os líderes do Culto da Razão. Em julho do mesmo ano, o próprio Robespierre foi executado. Quando Napoleão assumiu o poder, logo reagiu aos cultos, proibindo-os imediatamente. O fim da rejeição das igrejas judaico-cristãs, em favor das seculares, foi a guilhotina.

A Revolução Francesa também substituiu a virtude dos antigos — buscando um código objetivo para viver, investigando o Universo usando a razão justa — pela virtude do coletivo, pelo subjetivismo radical, ou ambos. Robespierre definiu a virtude em um discurso exaltando a nova república francesa: "Nada mais é do que o amor pela *patrie* e por suas leis." Defender essa virtude exigia tudo, até, e inclusive, a violência política: "Se a mola do governo popular na paz é a virtude, a mola do governo popular na revolução é, ao mesmo tempo, *a virtude e o terror*: a virtude, sem a qual o terror é funesto; o terror, sem o qual a virtude é impotente."[6] Diderot, um materialista que desprezava até mesmo o deísmo, definiu a virtude em termos puros do relativismo moral: "Existe apenas uma virtude, a justiça; um dever, ser feliz; um corolário, não superestimar a vida nem temer a morte."[7] O historiador francês Robert Mauzi escreve que Diderot acreditava que "ser feliz é ser você mesmo; isto é, preservar a verdade que é peculiar ao nosso ser, e que pode escolher expressar por meio de uma paixão incompatível com a virtude".[8]

A rejeição dos valores judaico-cristãos e das antigas virtudes em nome da vontade geral foi expressa em termos inflamados na Declaração dos Direitos do Homem e do Cidadão, aprovada pela Assembleia Nacional em 26 de agosto de 1789. Diferentemente da Declaração de Independência — um documento expressando um desejo coletivo por direitos individuais —, a Declaração dos Direitos do Homem expressa a crença de que o lugar do homem no universo gira em torno de seu papel como parte de uma coletividade. Todo direito individual expresso na Declaração Francesa é refreado pelo direito do coletivo de o anular. Assim, por exemplo, a Declaração Francesa declara: "Os homens nascem e são livres e iguais em direitos. As distinções sociais só podem ter como fundamento a utilidade comum." Mas a segunda cláusula destitui o sentido da primeira — se os homens são iguais em direitos, como esses direitos se submetem às opiniões da maioria?

A resposta é clara. Na Declaração Francesa, os direitos não brotam de Deus nem de um governo já consolidado: "O princípio de toda a soberania reside, essencialmente, na nação. Nenhuma operação, nenhum indivíduo pode exercer autoridade que dela não emane expressamente." Todos os direitos emanam do Estado. Todos os direitos, portanto, pertencem ao Estado. Este é o Leviatã hobbesiano ganhando vida. Embora a Declaração Francesa preze pelo princípio da não agressão, declara que "a liberdade consiste em poder fazer tudo o que não prejudique o próximo. [...] Estes limites só podem ser determinados pela lei" — a sutileza desaparece assim que o documento declara que "a lei é a expressão da vontade geral". Os direitos religiosos são secundários à "ordem pública estabelecida pela lei". A liberdade de expressão é garantida… exceto como será "estabelecida pela lei".[9] O coletivo governa o indivíduo, e a vontade geral triunfa sobre a individual.

Os principais pensamentos que conduziram a Revolução foram as ideias filosóficas complementares de Voltaire e Rousseau — embora ambos os escritores (particularmente Voltaire) tenham desdenhado de seu legado. Treze anos após a morte de Voltaire, o famoso artista Jacques-Louis David organizou uma procissão de cem mil homens para levar o corpo desenterrado de Voltaire ao Panteão — a igreja rebatizada de Sainte-Geneviève, secularizada pela revolução. Como escreve o historiador Raymond Jonas: "A procissão de Voltaire imitava nitidamente os rituais católicos do Corpus Christi — as paradas na Bastilha e no Louvre remontam às paragens processionais em *reposoirs* — e até lembravam a procissão triunfante de Genevieve que resultou na cura da *maladie des ardents.*"[10]

Rousseau foi uma influência particularmente importante para Robespierre — que escreveu sobre ele: "Homem divino, você me ensinou a me conhecer."[11]

Foi só depois da execução de Robespierre que Rousseau recebeu o mesmo tratamento que Voltaire — mas foi realmente glorioso. Seu corpo foi exumado e transferido de Ermenonville para Paris, seu caixão, posto em público nas Tulherias e depois guardado no Panteão, perto do de Voltaire. Uma estátua de Rousseau foi para o passeio, e uma cópia de *O Contrato Social* foi exposta em uma almofada de veludo. Por toda Paris, suas peças foram revividas, e por toda a França ocorreram procissões semelhantes.[12]

A Revolução Francesa foi sangrenta, cruel e terrível. Milhares de pessoas foram assassinadas pelo regime entre 1793 e 1794, com outro quarto de milhão de mortos em uma guerra civil por causa de um projeto destinado a combater a invasão estrangeira. E o que se seguiu à Revolução Francesa — a ascensão de Napoleão Bonaparte — lançaria o continente em uma era de agitação.

Em que momento, exatamente, a Revolução Francesa — nascida com sonhos de liberdade, igualdade e fraternidade — deu tão errado? Foi porque o Iluminismo da Revolução Francesa rejeitou as lições do passado; viu na história do Ocidente mera repressão e brutalidade, e ansiava por um amanhã repleto de visões e sonhos baseados em vagas noções de bondade humana.

A Reformulação do Mundo **123**

O homem que melhor criticou a Revolução Francesa vivia do outro lado do Canal da Mancha. Seu nome era Edmund Burke (1729–1797), um membro do Parlamento entusiasta dos colonos norte-americanos, mas contrário à Revolução Francesa. Burke defendia que a Revolução Francesa falhara porque havia ignorado as lições da natureza humana, a moralidade do cristianismo e as tradições do passado.

Escrito no início da revolução em 1789, *Reflexões sobre a Revolução na França* tornou-se um texto seminal para os conservadores modernos, que viram nele um apelo ao radicalismo e à governança sensata. "O efeito de liberdade para indivíduos é que eles podem fazer o que querem: Nós deveríamos ver o que eles quererão fazer, antes de arriscar congratulações, que podem em breve tornar-se reclamações"[13], escreveu Burke. Ele temia que a revolução tivesse eliminado os dois fundamentos da civilização ocidental: "O espírito de um cavalheiro, e o espírito de religião." Ele advertiu que o triunfo da suposta racionalidade sobre a tradição e os valores judaico-cristãos tornaria a razão um mero mote a ser vulgarizado pelas forças políticas: "Sua liberdade não é liberal. Sua ciência é ignorância presunçosa. Sua humanidade é selvagem e brutal."[14] E ele advertiu também que tal brutalidade se estenderia à tomada da propriedade e da própria vida.

Como Burke previu a tragédia? Porque se manteve fiel aos preceitos da civilização ocidental — télos gregos e moralidade judaico-cristã. O filósofo Russell Kirk escreve sobre a cosmovisão de Burke:

Revelação, razão e segurança além dos sentidos dizem-nos que o Autor de nosso ser existe e que Ele é onisciente; e o homem e o estado são criações da beneficência de Deus. [...] Como vamos conhecer a mente e a vontade de Deus? Através dos preconceitos e tradições que milênios de experiência humana com meios e juízos divinos implantaram na mente da espécie. E qual é nosso propósito neste mundo? Não satisfazer nossos apetites, mas prestar obediência à ordenança divina.[15]

Burke estava certo — mas a Revolução Francesa já havia iniciado um ciclo de reação que continuaria pelos próximos 156 anos. Seu lema, "Liberdade, Igualdade, Fraternidade", já se mostrava quimérico apenas cinco anos depois da obra de Burke. No entanto, esse credo forneceria o ímpeto por um século e meio de utopia política e suas consequências desastrosas. A liberdade entraria em colapso no relativismo moral e depois na tirania; a fraternidade, no tribalismo nacionalista; a igualdade, em um novo sistema de castas, com governantes sábios no mais alto controle social.

A UTOPIA DO NACIONALISMO

A França revolucionária, que recrutou à força os próprios cidadãos e se transformou no primeiro Estado moderno militarizado, aclamava o Estado-nação como a apoteose da vontade geral. Ao fazer isso, os franceses estavam apenas levando adiante o legado de Rousseau.

Foi a Revolução Francesa que fez do nacionalismo romântico uma força motriz da história. Até a definição de cidadania mudou na França Revolucionária, de sujeitos à disposição de agentes poderosos para cidadãos com participação igualitária na formação da vontade geral. Mas essa definição rapidamente se transformou em uma nova forma de status de sujeito: na França, os cidadãos deviam seus direitos *ao* Estado. Como o professor William Rogers Brubaker, da Universidade de Harvard, escreve: "A Revolução, em suma, inventou

A Reformulação do Mundo

não apenas o Estado-nação, mas a instituição moderna e a ideologia da cidadania nacional." Karl Marx (1818–1883) postulou: "A gigantesca vassoura da Revolução Francesa [...] varreu todas essas ruínas dos tempos passados, limpando, assim, simultaneamente, o solo social dos últimos obstáculos que se situavam no caminho da superestrutura do moderno edifício do Estado." Ao centralizar o poder, a Revolução descartou todas as fronteiras entre o homem e o Estado, e fez com que os indivíduos se sentissem parte de um todo maior.[16]

O novo Estado da França revolucionou a guerra. Em 1793, como resultado do levante civil e da decisão de fazer a guerra contra a Áustria, a Convenção Nacional instituiu o primeiro recrutamento em massa da história do mundo. Onde ingressar nas forças armadas tinha sido uma reserva de alguns poucos, e oficiais de alta patente eram escolhidos de famílias aristocráticas, os franceses agora substituíam pela guerra em massa e um certo nível de meritocracia. O *levée en masse* de 23 de agosto de 1793 afirmou:

> A partir deste momento, até que seus inimigos tenham sido expulsos do solo da República, todos os franceses estão em permanente requisição pelos serviços dos exércitos. Os jovens lutarão; os homens casados devem forjar armas e provisões de transporte; as mulheres farão tendas e roupas e servirão nos hospitais; as crianças devem transformar o fio velho em linho; os velhos se dirigirão às praças públicas a fim de despertar a coragem dos guerreiros e pregar o ódio aos reis e à unidade da República.[17]

Isso mudou radicalmente a natureza da guerra — e a percepção do Estado como uma ferramenta histórica e do papel do cidadão nesse contexto. O general prussiano Carl von Clausewitz, o historiador militar mais famoso de todos os tempos, disse que esse decreto abria passagem para as "paixões do povo" e, ao fazê-lo, mostrava ao mundo que uma cidadania unida pode resistir diante das esmagadoras probabilidades militares. "As pessoas, em princípio, esperavam ter que lidar apenas com um exército francês seriamente enfraquecido", escreveu Clausewitz, "mas, em 1793, apareceu uma força que superava toda imaginação. De repente, a guerra tornou-se novamente o negócio do povo [...] o peso total da pátria foi jogado na balança. [...] A guerra, livre de quaisquer restrições convencionais, soltara-se em toda a sua fúria elemental".[18] A Revolução Francesa, então, não só levou à ascensão do Estado-nação e do nacionalismo, de forma mais ampla, como também abriu as portas para a guerra total — o fim da distinção entre civis e militares, e a disposição de mobilizar uma população inteira para atender aos propósitos dos governos.

Apesar do colapso interno da Revolução Francesa, o poder dos militares nunca se abalou. O golpe de Napoleão foi um reflexo do que já era óbvio: o nacionalismo militar era a onda do futuro, e outros Estados teriam que lutar para responder na mesma moeda. O Estado-nação foi a ferramenta do progresso e da história. E outros Estados não tardariam a reagir à ascensão da França com entusiasmo semelhante pelo nacionalismo — e, mais perigosamente, pelo nacionalismo expansionista de base étnica.

Agora, o nacionalismo por si só tornou-se uma força poderosa para o bem. O filósofo Yoram Hazony defende os Estados-nação baseados em dois princípios: primeiro, o que chama de "mínimo moral exigido pelo governo legítimo", que incluiria "requisitos mínimos para uma vida de liberdade pessoal e dignidade para todos"; segundo, o "direito de autodeterminação nacional", que envolve as

A Reformulação do Mundo

nações "coesas e fortes o suficiente para garantir a independência política". Uma multiplicidade de Estados-nação protegeria contra a tirania universal e garantiria a diversidade filosófica, legal e política. Foi o respeito por tal diversidade que levou à Paz da Vestfália. O excepcionalismo norte-americano cumpre os critérios de Hazony: a Declaração de Independência e a Constituição unificam o credo, e uma história e cultura compartilhadas são a cola que une a nação.[19]

Contudo, o nacionalismo é também uma força para o mal. Ele se torna tóxico quando não alcança esse mínimo moral — quando anula os próprios cidadãos ou repele pessoas com base em características imutáveis. O nacionalismo torna-se venenoso quando se torna imperialismo — quando entende que representa um universalismo autorizado a anular os direitos legítimos de outros Estados, ou quando usa o interesse nacional como desculpa para a conquista em nome de um "volk" [povo]. A França revolucionária logo se transformou em imperialista. Isso não foi coincidência.

No entanto, a ascensão da França Revolucionária levou outras nações a abraçarem seu nacionalismo romântico. Na Prússia, Johann Fichte (1762–1814) cunhou a famosa frase: "De todos os povos modernos, é você quem encontra a semente da perfeição humana e a quem é dado o papel principal em seu desenvolvimento."[20] Talvez o principal filósofo defensor do poder do nacionalismo na história — e um dos mais influentes do século — tenha sido Georg Hegel (1770–1831). Segundo Hegel, os indivíduos eram definidos pela "vida do Estado"; o Estado pode ser criado por indivíduos, mas acaba por substituí-los. O Estado forma homens e civilizações, e aqueles que impõem sua vontade são os funcionários públicos, guiados pela razão — a classe de homens feitos pelo Estado, mas que trabalham para ele.

E os Estados, como materialização da razão de um povo, resolvem as questões entre si por meio do conflito.[21] A mente dos indivíduos é inundada pelo zeitgeist — o espírito de uma dada época.

Esse zeitgeist carrega consigo as sementes da história — e é a própria história que o traz à vida.

A história é o grande árbitro do certo e do errado, na visão de Hegel. Ele não via Deus na moralidade ou na razão, mas no progresso da história; a história avançou usando e descartando os homens à vontade, acarretando melhorias para o mundo através do embate entre a tese e a antítese, que, em algum momento, reúnem-se na síntese. A guerra é uma ferramenta fundamental desse processo. "Através da consciência (racional), o espírito intervém na ordem do mundo", escreveu Hegel. "Essa é a ferramenta infinita do espírito, e também baionetas, canhões e corpos."[22]

A adoção do novo conceito de nacionalismo romântico no século XIX oferecia um propósito sem valores judaico-cristãos ou télos grego: a nação, estimulando o progresso da história, unificada pela etnia e pelo passado, fazendo proselitismo com seu poder. O nacionalismo unificou a predisposição individual e a coletiva, sugerindo que eram a mesma: a identidade individual está inserida na identidade do coletivo. E o coletivo existe para lhe dar espírito, força e propósito.

É um truísmo óbvio que as nações encontrem uma identidade coletiva na língua e na cultura. Mas a questão é se essa cultura encaminha os direitos fundamentais de Deus ou se vira uma desculpa para tirar os direitos em nome da preservação coletiva. O nacionalismo romântico não é patriota, mas o apelo do nacionalismo imperialista romântico nunca morreu. E esse apelo ardente, desvinculado de qualquer valor transcendental, queimou milhões em sua chama.

A UTOPIA DA IGUALDADE

O assassinato do Deus judaico-cristão pela Revolução Francesa representou a substituição dos valores transcendentais por um materialismo supostamente realista. A Bíblia sustenta que o homem não pode viver só de pão; a Revolução Francesa, que, sem pão, nada mais importa. Thomas Paine, autor do mais importante material político da história moderna, *Senso Comum*, viu a Revolução Francesa como um movimento poderoso e necessário em favor do nivelamento social.

Ateísta ferrenho, Paine rejeitou o valor da moralidade judaico-cristã e promoveu o materialismo redistribuidor. Em particular, visava as distinções de classe, tão características da Europa. "A aristocracia", escreveu, "não são os agricultores que trabalham na terra [...] mas os que dependem do aluguel". E esses aristocratas viviam nas costas de uma "grande parte da humanidade... [que sofre] em estado de pobreza e miséria". Paine escreveu: "Um extremo produz o outro: para fazer um rico é necessário fazer muitos pobres; nem o sistema consegue se apoiar por outros meios." Paine também argumentaria que "a mão de obra perece na velhice, e o empregador é rico em afluência". Não admira que a França Revolucionária tenha tornado Paine cidadão honorário.

Paine logo se tornou devoto do protossocialista Gracchus Babeuf. "A propriedade", argumentam os seguidores de Babeuf, "é, portanto, o maior flagelo da sociedade; é um verdadeiro crime público". Paine rapidamente passou a concordar e defendeu um sistema de "aluguel de terra" para propriedade, cujos rendimentos seriam distribuídos entre os cidadãos. Paine argumentava que a propriedade privada era uma mera convenção e que toda propriedade privada era, na verdade, trabalho da sociedade como um todo: "A propriedade pessoal decorre da sociedade; e é tão impossível para um indivíduo adquirir uma propriedade sem a ajuda da sociedade, quanto seria produzir a terra." Assim, o Estado domina toda propriedade privada. E uma revolução seria necessária para concretizar essa realidade.[23]

A Revolução Francesa não terminou na utopia comunista. Mas, segundo Karl Marx, foi o primeiro passo na gradual evolução dos mercados rumo ao comunismo. Em *O 18 Brumário de Luís Bonaparte*, escrito em 1852 sobre o golpe de Estado francês, Marx defende que a Revolução Francesa definiu para si mesma "a tarefa de libertar e estabelecer a moderna sociedade *bourgeois*", mas que seu próprio compromisso com os ideais republicanos clássicos impediu a insurreição de classe que libertaria seus cidadãos dos grilhões da classe.[24] Essa revolução, pensava Marx, quase foi alcançada por meio dos movimentos comunistas que se espalharam pelo continente europeu como um incêndio. E logo essa utopia comunista seria alcançada. Como Marx e Friedrich Engels escreveram em *O Manifesto Comunista*, em 1848, "um espectro ronda a Europa — o espectro do comunismo".

Mas o que era esse espectro?

Hoje, os credos mais aforísticos de Marx tornaram-se lendários — "De cada qual, segundo sua capacidade; a cada qual, segundo suas necessidades", "Trabalhadores do mundo, uni-vos!" e análogos. Mas sua filosofia representou uma tentativa radical de encontrar sentido em um mundo sem Deus. Como Paine, antes dele, Marx via o livre mercado como um sistema de exploração. Segundo ele, o valor de um produto é medido pelo "tempo de trabalho socialmente necessário" — o número médio de horas necessárias para fazê-lo. Os fabricantes só lucram reduzindo de forma fictícia o tempo de trabalho socialmen-

A Reformulação do Mundo   **131**

te necessário ou forçando os trabalhadores a trabalharem mais horas. O capitalista só consegue enriquecer explorando trabalhadores; os trabalhadores nunca veem os frutos de seu trabalho graças aos capitalistas, que levam esse "excedente" de trabalho para o próprio bolso.[25]

Esse sistema, acreditava Marx, humilha os seres humanos. Os seres humanos são preparados para produzir "segundo as leis da beleza", não meramente para a sobrevivência; o trabalho torna os homens livres, afirmou Marx. Mas "quando arranca [*entreisst*] do homem o objeto de sua produção, o trabalho alienado arranca-lhe sua vida genérica, sua efetiva objetividade genérica [...] na desvantagem de lhe ser tirado seu corpo inorgânico, a natureza".[26] Que tipo de seres humanos seria formado por um sistema de trabalho mais verdadeiro? O homem libertado para ser um indivíduo do coletivo. Marx postulou que "somente em comunidade" um indivíduo tem "os meios necessários para desenvolver as suas faculdades em todos os sentidos; a liberdade pessoal só é, portanto, possível na comunidade. [...] Na comunidade real, os indivíduos adquirem a sua liberdade simultaneamente com a sua associação, graças a esta associação e dentro dela".[27]

Por fim, a natureza humana seria restaurada pelo colapso do capitalismo, que impulsionaria a criação do novo homem, um ser humano melhor. A promessa de Marx era transcendental, não meramente material. Como Rousseau, Marx acreditava no poder do coletivo.

E, como Rousseau, Marx viu um retorno à natureza humana como um bem a ser comprado à custa da civilização. A comunhão com o coletivo, na visão de Marx, só aconteceria por meio de uma mudança da história. Como Hegel, Marx queria descobrir o fio da meada da história, que, pensava, levaria a um futuro melhor. Mas, diferentemente de Hegel, acreditava que os seres humanos tinham que participar ativamente de sua história para se transformarem. Os seres humanos, postulou Marx, são animais e, portanto, parte de seu ambiente — porém capazes de transformá-lo, o que, no processo, também os transforma.

Tudo o que seria necessário era a vontade de derrubar sistemas antigos. A humanidade poderia ser aperfeiçoada através de um programa de revolução rigoroso e continuado. Abolir a propriedade privada acabaria com a alienação; abolir a família acabaria com a exploração das crianças pelos pais e das esposas pelos maridos. "Será preciso uma inteligência profunda para compreender que com as relações de vida dos homens, com as suas ligações sociais, com a sua existência social, mudam também as suas representações, intuições e conceitos, numa palavra, [muda] também a sua consciência?" Marx e Engels escrevem em seu *O Manifesto Comunista*. É claro que a velha moralidade seria abolida — mas, mais importante, seria completamente obsoleta pela criação de novos seres humanos, já que toda a moralidade anterior dependia da "exploração de uma parte da sociedade pela outra".[28]

O Deus judaico-cristão teria que ser enterrado. "A verdadeira felicidade do povo implica que a religião seja suprimida, enquanto felicidade ilusória do povo", afirmou Marx.[29] A busca grega por propósito teria que ser direcionada para a revisão da própria sociedade. Uma nova era nasceria. E um novo ser humano se levantaria para ocupá-la.

Marx já tinha essa transformação que mudaria o mundo programada. Primeiro, o proletariado "usaria sua supremacia política para retirar, aos poucos, todo o capital das mãos da burguesia, a fim de centralizar todos os instrumentos de produção nas mãos do Estado" — e, naturalmente, isso implicaria "violações despóticas do direito de propriedade", que parecem economicamente insustentáveis, mas logo se rearranjariam em um novo modo de produção. Isso envolveria a abolição da propriedade de terra, um pesado imposto progressivo, o confisco de todas as propriedades de emigrantes e rebeldes, a centralização do crédito e de todos os meios de comunicação e transporte pelo Estado, a extensão desses meios de produção pelo Estado, trabalho forçado ("responsabilidade igualitária de todos com o trabalho"), reassentamento forçado de populações e educação gratuita.

Então, magicamente, os males da sociedade moderna desapareceriam — as condições para a existência de antagonismos de classe desapareceriam, e a glória do coletivo seria estabelecida para todo o sempre: "Em lugar da antiga sociedade burguesa, com suas classes e antagonismos de classe, surge uma associação onde o livre desenvolvimento de cada um é a condição do livre desenvolvimento de todos." O indivíduo se definirá pela associação com o coletivo e o coletivo funcionará como um indivíduo unificado.[30]

Marx apresentou uma visão transformadora da humanidade, com um sistema de sentido e propósito. Ele reconheceu que as políticas que recomendava produziriam sofrimento, mas sugeriu que tal sofrimento resultaria, no final, em uma era messiânica do homem, na qual a razão coletiva se unificaria com o sentido particular. O espectro de Marx viria a dominar o mundo, pairando sobre a civilização como uma espécie de antidivindade vingativa. Sua filosofia condenaria milhões à escravidão — e assombraria a receptividade e a liberdade do mundo pós-Iluminista com o espectro do utopismo glorioso.

A UTOPIA DA BUROCRACIA

O surgimento do nacionalismo e a ascensão do coletivismo foram impulsionados, em sua origem, pelo culto rousseauniano da vontade geral. Mas qual seria a maneira de implementar, na prática, uma vontade geral? A ação individual, fora do domínio da vontade geral, só a prejudicaria; a ação individual, fora do domínio do Estado nacionalista, só reduziria seu poder; a excelência individual só minaria o processo de nivelamento necessário para transformar o homem.

A menos que a excelência individual fosse posta a serviço do Estado. Esse jugo seria denominado *burocracia*. O termo é uma mistura da palavra francesa *bureau*, o material usado para cobrir mesas de escritório, com o termo grego *kratos*, que significa poder. Então, literalmente, o termo em si significa "poder da mesa" ou "regra do escritório". A burocracia já era predominante na França antes da Revolução Francesa, mas a Revolução criou uma burocracia própria, apesar de sua insistência de que tal burocracia era um mal do antigo regime.[31]

Os defensores do poder estatal rapidamente começaram a elogiar a ascensão de uma burocracia especializada que faria a vontade do povo — sem, claro, consultar as pessoas, que, afinal de contas, eram um bando de ignorantes. Enquanto democratas como Alexis de Tocqueville consideravam a burocracia uma nova forma de oligarquia opressora, Hegel os chamava de "classe universal", já que seu objetivo era cumprir a vontade geral. Os burocratas deveriam ser treinados em ética e organização. E, se devidamente governada, as pessoas naturalmente adotariam o patriotismo: "A consciência de que meu interesse, tanto substantivo quanto particular, é contido e preservado no interesse e no fim de outro (isto é, no Estado)."[32] A reverência de Hegel pela burocracia seria mais tarde aprofundada e

A Reformulação do Mundo

135

ampliada pelo sociólogo alemão Max Weber (1864–1920), que declarou que a burocracia baseada no mérito criaria um mundo melhor, prevendo "o exercício do controle com base no conhecimento".[33]

Contudo, tal adoração oligárquica de controle centralizado não derrubou as supostas fundações do próprio Iluminismo? Os direitos individuais não entraram em conflito direto com um pequeno grupo de especialistas oniscientes, governando de forma hierárquica?

O homem que resolveu o enigma foi Auguste Comte (1798–1857). Comte é frequentemente desacreditado hoje com base em sua crença em tolices pseudocientíficas como a frenologia — o estudo das formas dos crânios para determinar diferenças entre os seres humanos. Mas ainda estamos vivendo no contexto de Comte.

Comte conferiu a base filosófica da oligarquia burocrática: a ciência ateia. Considerado pai da sociologia, Comte acreditava que o desenvolvimento humano começara com uma pseudoautoridade religiosa — seres humanos obedecendo a obscuros códigos morais que acreditavam terem vindo de Deus, graças à própria superstição. Mas, durante a Revolução Francesa, o poder passou dos sacerdotes e reis para a ciência. Depois disso, Comte reconheceu que a Revolução Francesa fora um fracasso, mas apenas porque os seres humanos não foram capazes de se governar diretamente por meio da ciência — os revolucionários cometeram o erro de buscar significado em valores universais como direitos humanos. Esses direitos individuais concorriam com a necessidade e o poder do Estado. Mas o fracasso da Revolução mostrou a realidade: as verdades só poderiam ser encontradas em fatos científicos concretos, no positivismo científico.[34]

Em 1822, Comte escreveu seu *Plano de Trabalhos Científico para Reorganizar a Sociedade* — sua sugestão, condizente com o decorrer de sua carreira, é de que o conhecimento humano levaria à imposição de leis racionais que reorganizariam toda a humanidade. A base da governança era a experiência. E todas as investigações sobre valores transcendentais eram inúteis, exceto na medida em que serviam ao homem. A ciência era a filosofia, que era a religião. Todas eram o mesmo. Fez total sentido, portanto, a fundação, por Comte, da religião da humanidade, destinada a preencher a lacuna deixada pela igreja. A igreja de Comte não deslanchou — banir a Deus e elevar altares a pseudociências não seduziu muitos membros —, mas preparou a base para a era do progressismo ocidental de mente elevada.

O progressismo continental — a filosofia de Hegel e Comte, entre outros — atravessou o Oceano Atlântico com John Dewey (1859–1952), um homem que o professor Robert Horwitz descreveu como "o mais importante filósofo norte-americano da democracia do século XX". Dewey acreditava que a ciência social poderia ser usada para projetar um novo mundo e uma nova humanidade. Dewey achava que o grande mal que atormentava os Estados Unidos era seu materialismo — como Marx, Dewey dizia que a produção e o consumo aprisionaram os seres humanos em um círculo vicioso de falta de sentido. Mas havia boas notícias: aquele ciclo poderia ser quebrado e sem a brutal luta de classes de Marx. Em vez disso, tudo do que precisavam era "inteligência". Se fôssemos simplesmente inteligentes o suficiente, resolveríamos todos os nossos problemas. Como escreveu Dewey: "A maneira mais direta e eficaz de evitar esses males é um esforço constante e sistemático para desenvolver uma inteligência eficaz chamada método científico aplicado às interações humanas."[35]

Dewey reconheceu outro problema, no entanto. A ciência, afirmou, é tipicamente voltada para um fim acordado: pesquisamos como curar o câncer, por exemplo, porque todos concordamos que o câncer é um mal que deve ser erradicado. Então, que fim comum nos uniria na política? Liberdade? Igualdade? Virtude? Certamente não — Dewey destituiu o posto de verdades universais de tais noções, ridicularizando os fundadores por sua bizarra lealdade a "verdades imutáveis boas em todos os momentos e lugares".[36] A resposta de Dewey foi simples: pergunte a Darwin.

O que, você imagina, Darwin tem a ver com isso? Bem, diz Dewey, Darwin mostrou que tudo mudou e se tornou mais complexo com o tempo — e isso foi bom. Nosso trabalho era facilitar o "crescimento" humano: físico, emocional, intelectual. Nosso "propósito é libertar e desenvolver as capacidades dos indivíduos a despeito de raça, sexo, classe ou status econômico".

Contudo, isso levanta *outra* questão: e a democracia? E o consenso? E se eu não estiver interessado em crescer da maneira como John Dewey achava que eu deveria? Bem, então, não sou "inteligente" o suficiente — o Estado deveria ser capaz de investigar cientificamente os vários agentes em qualquer sistema democrático e beneficiar, ainda que de forma injusta, aquelas associações mais valiosas para o crescimento. Além disso, o Estado deveria reeducar as crianças com base no tipo de crescimento que os burocratas inteligentes endossaram; as crianças são, na verdade, propriedade do Estado.

Mais uma vez, perguntamos, quem decidirá a direção do estado? A resposta de Dewey, no final, é simples: não sabemos. O governo deve mudar e se adaptar pensando no desenvolvimento de seu povo. *Pragmatismo* é a palavra de ordem. Tudo o que funciona é moral. O governo deve usar seus meios para promover os direitos de capacitação — coisas de que os cidadãos precisam para "crescer". O Estado moldaria o cidadão, e o cidadão moldaria o Estado até que, como no pensamento de Hegel, os dois se fundissem: "O Estado é então o espírito objetivo completo, a razão exteriorizada do homem; concilia o princípio da lei e da liberdade, sem permitir trégua ou harmonia externa entre eles, mas fazendo da lei o conjunto do interesse e do controle dominantes do indivíduo."[37]

A filosofia da experiência cientificamente fundamentada proposta por Hegel e Comte, e defendida por Dewey, deu frutos na administração de Woodrow Wilson. Wilson estudou Hegel; ele era devoto de Hebert Spencer, o próprio era um fã de Comte e o filósofo que cunhou a expressão *sobrevivência do mais forte*.[38] Ele achava que os Pais Fundadores estavam errados — que a teoria do contrato social e os direitos inalienáveis de John Locke e Thomas Jefferson eram um monte de besteiras.

A liberdade era flexível, mutável, assim como Dewey dizia: "Sem dúvida, estamos destinados a ter liberdade; mas cada geração deve formar a própria concepção do que é a liberdade." E a função do governo era atuar em prol do progresso, não de proteger verdades eternas: "Tudo o que os progressistas pedem ou desejam é permissão — em uma época em que 'desenvolvimento', 'evolução' são termos científicos — para interpretar a Constituição de acordo com o princípio darwinista; tudo o que pedem é o reconhecimento do fato de que uma nação é uma coisa viva, e não uma máquina."[39] Na visão de Wilson, a comunidade sempre teve precedência sobre o indivíduo; especialistas dotados de uma mentalidade científica poderiam dirigir melhor o país; e o presidente — você sabe, alguém como Woodrow Wilson — poderia atuar como repositório da vontade geral de Rousseau. "O presidente", afirmou Wilson, "tem liberdade, tanto na lei quanto na consciência, para ser o maior homem que puder. Sua capacidade determinará seus limites".[40]

A partir de então, o governo norte-americano não se basearia mais na Declaração de Independência nem na Constituição dos Estados Unidos. Mas no progressismo pragmático de Dewey e Wilson — uma burocracia em crescimento, segura e confiante da própria experiência científica, e consciente da própria autoridade para condicionar a formação do povo norte-americano de forma hierárquica.

O CATACLISMO

Na ausência da moralidade judaico-cristã e da teleologia grega, cada uma dessas visões oferecia à humanidade um novo propósito reluzente e empolgante. A filosofia da fundação norte-americana representava o ápice de uma filosofia que disponibilizava todos os quatro elementos do sentido necessários à formação de uma civilização: propósito individual e coletivo, e predisposição individual e coletiva.

No entanto, o nacionalismo romântico, o redistribucionismo coletivista e o progressismo científico eliminaram a necessidade individual de sentido. Os quatro elementos do sentido desmoronaram-se em dois: propósito e predisposição coletivos. O indivíduo praticamente desapareceu em cada um desses domínios, já que só tinha valor como membro do coletivo: como fonte da vontade geral, para ser incorporado à cultura unificada do Estado; como membros de classes econômicas, que poderiam se unir para derrubar a natureza da própria humanidade; como cidadãos a serem cultivados pelo Estado, sua experiência os colocaria a serviço do bem maior.

E as pessoas, *de fato*, encontraram sentido nos novos sistemas.

140 O LADO CERTO DA HISTÓRIA

Entretanto, os novos sistemas de pensamento, não controlados pela antiga moralidade, sem indivíduos dispostos a enfrentar o coletivo, só poderiam terminar de um jeito: em sangue. Os piores pecados dos séculos XIX e XX surgiram das várias combinações de nacionalismo romântico, redistribucionismo coletivista e da governança supostamente científica.

O exemplo mais óbvio, claro, veio da Alemanha. O regime de Otto von Bismarck caracterizou-se por abraçar o nacionalismo romântico, que culminou na unificação da Alemanha — e no subsequente foco de Bismarck na *Kulturkampf*, a "luta cultural" pela solidariedade alemã. Essa luta levou Bismarck a reprimir de maneira fascista os católicos alemães, que via como uma ameaça a seu governo autocrático. O deputado liberal nacional Georg Jung resumiu bem o princípio da Kulturkampf na Landtag prussiana, em maio de 1875:

> Senhores, qualquer um que, em nossos dias, acredite que deve carregar sua religião com ele, qualquer um que se sinta obrigado a usar uma vestimenta em particular, que jure votos grotescos, que se junte em bandos e que quando tudo estiver dito e feito jure lealdade incondicional a Roma, o mais amargo inimigo de nossa jovem glória alemã e prussiana — não pode ter lugar em nosso Estado. É por isso que digo: afaste-o o mais rápido possível.[41]

Esse foi um indicativo precoce do mal que viria na Alemanha. E foi combinado com o redistribuicionismo coletivista e a ascensão de um regime regulatório oligárquico. Essa combinação, no entanto, foi vista como um modelo para um novo tipo de Estado: Woodrow Wilson elogiou o sistema de Bismarck em 1887 como o "mais estudado

A Reformulação do Mundo **141**

e mais aperfeiçoado", e observou com aprovação: "Quase todo o admirável sistema foi desenvolvido por iniciativa real."[42]

O nacionalismo romântico continuou a motivar a experiência nacional alemã. Seu principal expositor, ironicamente, foi o britânico Stewart Chamberlain, que se entusiasmou com a Alemanha depois de ouvir a romântica música nacionalista de Richard Wagner, o fervoroso antissemita e virulento crítico do "judaísmo na música" — o trecho antissemita mais famoso de Wagner. Nele, Wagner colocou a suposta retidão e profundidade da germanidade diretamente contra o mal do judeu nefasto, afirmando: "A emancipação do jugo do judaísmo nos parece a maior das necessidades." Judeus, dizia Wagner, eram "alienígenas", seu discurso era um "rangido, guincho, zumbido", sua música, artificial e plástica; nem a conversão do judaísmo os livraria de tais características (o alvo de Wagner era Felix Mendelssohn).[43]

Chamberlain não só comprou totalmente a *volkisch* de Wagner — um nacionalismo romântico populista —, como se tornou amigo da detestável viúva de Richard, Cosima, e expandiu a dicotomia de Wagner entre o judaísmo e o germanismo em uma cosmovisão. Essa visão de mundo entrou em vigor em seu best-seller, *Os Fundamentos do Século XIX*. Nele, Chamberlain caracterizou a história do mundo como uma luta titânica entre as raças arianas e a raça judaica. O livro aproximou Chamberlain do Kaiser Wilhelm II, que o adorou. Wilhelm foi relembrado com a noção de Chamberlain de que "a raça germânica era a mais vital, e que o presente e o futuro pertenciam ao Reich alemão, que era seu organismo político mais forte".[44]

Essa filosofia incorporou-se à psique alemã. Quando a Alemanha se rendeu, após a Primeira Guerra Mundial, e o Kaiser foi derrubado por meio de um golpe, o nacionalismo romântico não se dissipou: foi

enterrado levemente sob o solo, onde se infeccionou. No período pós-
-Primeira Guerra Mundial, o mito nacional alemão dos forasteiros
"que lhes atacaram" e que tiraram sua vitória na batalha se espalhou
por toda parte. A Alemanha foi traída, essa era a lógica, e somente
uma Alemanha unida, para além de valores de democracia e liberalismo, poderia erguer-se novamente para derrotar seus inimigos.

E esse sentimento culminou no nazismo.

O regime nazista promulgou o mais extremo nacionalismo romântico da história mundial — milhares de alemães se uniram em greve,
aplaudindo freneticamente a visão de um ditador, cumprimentando-
-se mutuamente saudando Hitler, pendurando retratos do Führer sobre seus mantos. Tudo isso foi uma tentativa óbvia de criar um culto
à personalidade, mas se baseou em um nacionalismo romântico arraigado, incorporado à mentalidade alemã desde muito antes de Wagner.

O próprio Hitler ficou fascinado por esse nacionalismo quando,
na adolescência, ouviu Wagner em Viena. Como escreve o biógrafo
de Hitler, Ian Kershaw: "Ele queria tornar-se o novo Wagner — o
rei filósofo, o gênio, o artista supremo." E também absorveu profundamente Chamberlain, encontrando inspiração no movimento
de *volkisch*: "Nacionalismo extremo, antissemitismo racial e noções
místicas de uma ordem social exclusivamente alemã, com raízes no
passado teutônico, assentadas em ordem, harmonia e hierarquia."[45]

Com o colapso da República de Weimar e com a ameaça de agitação comunista transnacional acontecendo na Alemanha, o nacionalismo romântico tornou-se primordial. O filósofo Martin Heidegger
incorporou os sentimentos de milhões quando instou seus alunos em
1933: "Que você cresça incessantemente em coragem para se sacrificar pela salvação do ser essencial da pátria e pelo aumento de sua

força interior em sua política. [...] O próprio Führer e ele sozinho são a realidade alemã, presente e futura, e sua lei. [...] Heil Hitler!" Hitler limitou-se a canalizar a crença generalizada de que o alemão Sturm und Drang só poderia ser recuperado por meio da ênfase na essência da "germanidade"; Heidegger escreveu em 1929: "Ou restauramos forças genuínas e educadores que emanam do solo nativo para nossa vida espiritual alemã, ou nos abandonamos definitivamente à crescente judaização." Em linguagem pseudocientífica, acrescentou que os alemães tinham que perceber "as possibilidades fundamentais da essência da raça originalmente germânica".[46]

O apelo de tais ideais pode ser confuso, mas George Orwell resumiu-os brilhantemente em um ensaio de 1940 sobre a obra de Hitler, *Mein Kampf* : "Hitler, porque na própria mente sem alegria sente isso com uma força excepcional, sabe que os seres humanos não querem apenas conforto, segurança, horas de trabalho curtas, higiene, controle de natalidade e, em geral, senso comum; eles também, pelo menos de forma intermitente, querem luta e autossacrifício, para não mencionar tambores, bandeiras e desfiles de fidelidade."[47]

A paixão pela tribo, como veremos, não terminou com a queda do nazismo.

Enquanto isso, em paralelo à ascensão do nacionalismo romântico na Alemanha, os ideais do redistribucionismo coletivista tiveram precedência no Oriente. O fim da Primeira Guerra Mundial marcou o último suspiro do regime czarista na Rússia — e, com isso, a ascensão do marxismo. Vladimir Lenin (1870–1924) passou toda a sua vida em busca da revolução socialista; foi preso e exilado por isso. Ele passou a maior parte da Primeira Guerra Mundial sonhando com a inevitável revolução marxista que uniria a classe proletária contra a nação e derrubaria a ordem existente. Mas, quando surgiu a oportunidade em sua terra natal, Lenin logo transferiu o foco para a formação de uma vanguarda revolucionária na Rússia, abraçando e defendendo a violência apaixonada de Marx que o fabianismo adotara.

O próprio Marx não se opôs à possibilidade de revolução violenta. Em 1848, escrevendo sobre as revoluções que ocorriam no Império Austríaco, afirmou: "Existe apenas uma maneira de reduzir, atenuar e exaurir as agonias do assassinato da antiga sociedade e as dores sangrentas da nova, e é com o terror revolucionário."[48] E, claro, Marx concluiu seu *O Manifesto Comunista* com um chamado às armas: "Seus objetivos só podem ser alcançados pela derrubada violenta de toda a ordem social existente. Que as classes dominantes tremam à ideia de uma revolução comunista! Os proletários nada têm a perder nela a não ser suas cadeias. Têm um mundo a ganhar. TRABALHADORES DE TODO O MUNDO, UNI-VOS!"[49]

Baseando-se nos escritos de Marx sobre a revolução armada, Lenin sugeriu um terror revolucionário, a ser seguido pela "verdadeira democracia" — a ditadura do proletariado. Aproximando-se de Bernie Sanders, Lenin escreveu em 1917: "A democracia para uma ínfima minoria, a democracia para os ricos — tal é a democracia da sociedade capitalista." Em vez disso, Lenin buscou, por um lado, "uma democracia para o povo, para a maioria, esmagando ao mesmo tempo, impiedosamente, a atividade da minoria, dos exploradores" e, por outro lado, "uma série de restrições à liberdade dos opressores, dos exploradores, dos capitalistas. Devemos reprimir-lhes a atividade para libertar a humanidade da escravidão assalariada, devemos quebrar a sua resistência pela força; ora, é claro que onde há esmagamento, onde há violência, não há liberdade, não há democracia". A liberdade exigia a tirania; a tirania era a liberdade.[50]

A Reformulação do Mundo **145**

O terror do stalinismo começou com o do leninismo; o historiador Richard Pipes afirma: "É difícil transmitir a veemência com que os líderes comunistas decretaram o derramamento de sangue." Grigory Zinoviev, membro original do Politburo, mais tarde executado por Stalin após um julgamento espetacular, gabou-se do lançamento do chamado Terror Vermelho: "Devemos levar 90 milhões dos 100 milhões de habitantes da Rússia soviética. Quanto ao resto, não temos nada a lhes dizer. Devem ser aniquilados." Como Pipes aponta, isso foi a "sentença de morte para 10 milhões de seres humanos".[51]

Stalin estenderia o legado sangrento de Lenin, é claro — até o final de sua vida, Stalin foi responsável pelo assassinato de milhões de pessoas sob seu governo, incluindo 5 milhões de pessoas somente durante a fome forçada da Ucrânia pela coletivização agrícola, de 1931 a 1934.[52] E, na China, Mao Tse-tung levaria o stalinismo a um novo público, assassinando cerca de 65 milhões de seres humanos no processo, a maioria durante o "Grande Salto Adiante", de Mao — uma tentativa de redefinir os seres humanos coletivizando suas propriedades e os devolvendo ao solo.

Ele fez isso, mas apenas com cadáveres — entre 30 e 40 milhões de pessoas morreram de fome. Mao gabou-se abertamente de "enterrar vivos 46 mil estudiosos". Durante a Revolução Cultural, as forças de Mao cometeram atrocidades com os intelectuais — replicando os gulags, da URSS, Mao construiu um sistema de campos de concentração, os laogai, que abrigou milhões de dissidentes ao longo das décadas.[53] Hoje, o Estado norte-coreano do gulag revive a herança gloriosa de seus antecessores comunistas.

Embora hoje seja fácil difamar os feitos dos comunistas russos, é importante notar a estima de que desfrutavam na época. Walter Duranty, do *New York Times*, ganhou um Prêmio Pulitzer por encobrir os crimes dos comunistas e difundindo sua propaganda, mesmo sabendo que massacravam seus oponentes políticos. Cerca de sete décadas depois, o editor-executivo do *Times* finalmente admitiu que "o trabalho que Duranty fez, pelo menos tanto quanto li, foi papaguear de forma crédula e acrítica a propaganda".[54] Não foi só a imprensa. Como Jonah Goldberg observa, em *Fascismo de Esquerda*: "Quase toda a elite liberal, incluindo grande parte do Brain Trust de FDR, fez a peregrinação a Moscou para observar e admirar o experimento soviético."

Os especialistas estavam à frente de Moscou, acreditavam os oficiais; como Stuart Chase, o pai do New Deal, afirmou, os comunistas não se preocupavam com dinheiro sujo. Em vez disso, foram motivados pelo "zelo ardente de criar um novo Céu e uma nova Terra que inflama o peito de todo bom comunista". John Dewey achava a URSS maravilhosa, assim como a maioria dos altos funcionários do movimento trabalhista norte-americano. W. E. B. Du Bois disse: "Posso estar parcialmente enganado e mal informado. Mas se o que tenho visto com meus olhos e ouvido com meus ouvidos na Rússia é bolchevique, sou bolchevique."[55] Até a queda da URSS, muitos na esquerda dominante acreditavam que ela representava uma ideologia viável.

Apesar da queda da URSS, o desejo de encontrar um novo sentido no coletivo permanece, tanto nos Estados Unidos quanto no exterior. O romantismo sobre o comunismo nunca morreu verdadeiramente na esquerda norte-americana — em 2017, o *New York Times* publicou matérias sobre "por que em regimes socialistas o sexo para as mulheres é melhor", "como o comunismo inspira os norte-americanos" e por que "o futuro do socialismo pode ser seu passado".[56] Hoje, ouvimos sobre as maravilhas do planejamento central chinês

A Reformulação do Mundo

— a grande força encontrada nas economias organizadas, o poder crescente do Oriente.

Thomas Friedman, do *New York Times*, presenteou os leitores, em 2009, com os contos sobre o domínio da China: "Há apenas uma coisa pior do que a autocracia de partido único, é a democracia de partido único, que é o que temos hoje nos Estados Unidos. Uma autocracia partidária certamente tem suas desvantagens. Mas, quando é liderada por um grupo de pessoas razoavelmente esclarecidas, como a China é hoje, também tem grandes vantagens."[57] Nada disso é verdade em época nenhuma, mas o desejo por um propósito coletivo e por uma predisposição coletiva continua forte.

Na verdade, é tão forte que Stalin continua sendo uma figura incrivelmente popular na Rússia, décadas depois de sua morte e meio século depois que seus monstruosos crimes contra a humanidade foram totalmente revelados. Em 2017, uma pesquisa do Levada Center mostrou que uma pluralidade de russos considera Stalin a pessoa mais "notável" de todos os tempos; o moderno ditador russo Vladimir Putin, ex-oficial da KGB, diz que Stalin era uma "figura complexa", acrescentando que "a excessiva demonização de Stalin é uma das maneiras de os inimigos da Rússia a atacarem".[58]

Nem mesmo as vítimas dos crimes de Stalin ficaram fora do cerco do poder e da glória decorrentes da coletivização do propósito. Em sua história oral *O Fim do Homem Soviético*, ganhadora do Prêmio Nobel, Svetlana Alexiévitch cita um ex-operário comunista preso e espancado até a morte pelo regime. Um ano depois, foi libertado. Então, durante a Segunda Guerra Mundial, ele encontrou seu interrogador, que lhe disse: "Nós compartilhamos uma pátria." Já idoso, esse homem cruelmente injustiçado disse: "O ser humano sempre quer acreditar numa coisa diferente. Em Deus ou no progresso tecnológico. [...] Agora é no mercado [...] Eu entro no quarto dos meus netos, lá é tudo esquisito: as camisas, os jeans, os livros, a música, nem a pasta de dente é nossa. Nas prateleiras tem latas vazias de Pepsi, de Coca-Cola. São uns selvagens! [...] Quero morrer como comunista. É meu último desejo."[59]

A profunda necessidade de propósito e de predisposição coletivos encontrou sua saída na burocracia dos Estados Unidos, o afastamento de um governo responsável perante a população em direção a um governo dirigido pelos ditos especialistas. Mas esses especialistas não eram especialistas em natureza humana; em vez disso, usaram a ciência como slogan para prioridades políticas que maximizaram a centralização. No campo da economia, isso significava a ascensão de um governo federal dedicado à proposição de que a injustiça na vida poderia ser retificada por meio do planejamento central.

Durante a administração de FDR, a política econômica foi elaborada de forma hierárquica, ignorando-se a opinião dos pensadores adeptos do *laissez-faire* econômico, segundo o qual nenhum grupo de indivíduos pode saber mais do que todo o mercado. FDR e seu quadro de gênios prolongaram a Grande Depressão por quase uma década manipulando a moeda, estabelecendo salários e preços, e intimidando aqueles que se opunham por meio do silêncio. Como Harold L. Cole e Lee E. Ohanian, da UCLA, concluíram: "A economia estava pronta para passar por uma bela recuperação, mas foi paralisada por políticas equivocadas."[60]

Essas políticas equivocadas incluíam FDR determinando o preço do ouro com base em seu número da sorte. O então secretário do Tesouro, Henry Morgenthau, escreveu em seu diário: "Se alguém soubesse que realmente definimos o preço do ouro por meio de uma combinação de números da sorte etc., acho que ficaria com medo."[61]

Ironicamente, como Cole ressalta, "o fato de a Depressão se arrastar por anos convenceu gerações de economistas e legisladores de que não se podia confiar no capitalismo para se recuperar de depressões e que era necessária uma intervenção significativa do governo para alcançar bons resultados".[62]

O entusiasmo pelo planejamento central levou a resultados particularmente sombrios quanto à raça e sexo. Muitos dos defensores mais proeminentes do movimento das ciências sociais eram devotos da chamada ciência racial, a pseudociência que sugeria que todas as disparidades se deviam a traços inatos — e que o futuro de uma sociedade reside em sua disposição de encontrar uma "solução" para o problema das populações "indesejáveis". Essa pseudociência levou muitos desses mesmos pensadores "humanistas" a propor a eugenia como solução para os males da sociedade. Como o historiador Thomas Leonard escreve: "O rol de progressistas que defendia a exclusão de inferiores hereditários é como uma lista negra da reforma econômica norte-americana. [...] Eles se juntaram aos fundadores da sociologia norte-americana."[63] Entre esses números estavam Teddy Roosevelt, Woodrow Wilson e Oliver Wendell Holmes.

Teddy Roosevelt escreveu uma carta em 1913 afirmando: "A sociedade não tem por que permitir que os degenerados reproduzam sua espécie. [...] Algum dia perceberemos que o dever primordial, o inescapável dever do bom cidadão do tipo certo é deixar seu sangue para trás no mundo; e que não temos o direito de permitir a perpetuação de cidadãos do tipo errado."[64] Wilson insistiu na esterilização compulsória daqueles com síndrome de Down em 1907 e assinou uma lei de esterilização compulsória como governador de Nova Jersey em 1911.[65]

150   O LADO CERTO DA HISTÓRIA

Holmes, um juiz da Suprema Corte, era pragmático filosófico e devoto de Dewey. Sua decisão de 1927, em *Buck versus Bell*, estende--se ao longo dos séculos pela cruel adoção da esterilização de populações supostamente inaptas: "Já vimos mais de uma vez que o bem comum pode exigir de seus melhores cidadãos suas vidas. Seria estranho se ele não pudesse exigir daqueles que já consomem a força do Estado pequenos sacrifícios, que muitas vezes não são sentidos pelos envolvidos, a fim de evitar que sejamos inundados de incompetência."[66] No total, 16 estados adotaram a esterilização eugênica durante as décadas de 1920 e 1930; nas décadas seguintes, os estados esterilizariam 60 mil pessoas.[67]

Em 1922, o autor Harry Laughlin propôs a esterilização compulsória de milhões de norte-americanos; em troca de pedir a morte geracional de deficientes físicos e mentais, bem como alcoólatras, recebeu uma nomeação como especialista para o Comitê da Câmara sobre Imigração e Naturalização do Congresso. Ele também se posicionou a favor de uma restrição drástica da imigração. Em seu livro, criou uma "Lei Modelo de Esterilização Eugênica".[68] Duas décadas depois, Karl Brandt, diretor-médico nazista e médico pessoal de Adolf Hitler, citou Laughlin e o caso *Buck* em sua defesa em Nuremberg.[69]

E, é claro, a criadora de uma organização que permanece relevante até os nossos dias também favoreceu a eugenia: Margaret Sanger, fundadora da Planned Parenthood. Ela escreveu em 1921 que a questão de esterilizar os deficientes era "o problema mais urgente da época".[70] Em um de seus discursos, ela sugeriu a esterilização ou quarentena de uns "15 ou 20 milhões de nossa população", que — disse com bastante delicadeza — "seriam considerados soldados de defesa — para proteger os que ainda não nasceram das próprias deficiências".[71] Ela declarou que o controle da natalidade "nada mais é do que a facilitação do processo de eliminação do inapto [e] de impedir o nascimento de defeituosos".[72] Por seu trabalho, Sanger foi nomeada para o Prêmio Nobel da Paz 31 vezes, duas a mais que Gandhi.[73]

Construir um mundo melhor, nessa visão, significava viver para o coletivo — e, se necessário, adotar certa coerção para atender a seu interesse. A exposição do programa de eugenia nazista paralisou os eugenistas progressistas norte-americanos. Mas a busca por um programa centralizado de vida, como proposto pelos burocratas, nunca morreu.

AS CINZAS DO MUNDO

Na Segunda Guerra Mundial, todas essas três proeminentes visões coletivistas do mundo entraram em conflito direto — e entre 50 e 80 milhões de pessoas morreram. O nacionalismo romântico engolfou a Alemanha nazista, junto a uma adoração da burocracia centralizada e da governança "científica" — e 6 milhões de judeus foram ceifados por balas alemãs ou pelo gás nos campos de concentração. A União Soviética via a própria população como alimento para a preservação do Estado, enviando seus cidadãos para morrer nas linhas de frente de Stalingrado, sem armas nas mãos, mas com armas nas costas. Os Estados Unidos internaram 117 mil japoneses. No final da guerra, a grande esperança do Iluminismo sem Deus, livre de télos, havia sumido de vista — ou, mais precisamente, havia sido enterrado sob as montanhas de cadáveres da Primeira e da Segunda Guerra Mundial.

De súbito, o Ocidente estava em crise.

Apesar das enormes melhorias tecnológicas — e, em parte, devido a elas —, a raça humana quase se apagou do planeta. A ciência não resolveu a procura do propósito. Na verdade, com a descoberta do armamento atômico, parecia que o Ocidente chegara à beira da própria aniquilação. O grande sonho de redefinir os seres humanos, descobrir valores transcendentais desvinculados de Deus ou do propósito universal, parecia ter morrido. Enquanto alguns ainda mantinham a esperança no Ocidente para o eventual triunfo do experimento soviético, com a revelação dos crimes de Stalin, essa esperança também desapareceu.

O que a substituiria agora?

CAPÍTULO 8

DEPOIS DA TEMPESTADE

O mundo sobreviveu à Segunda Guerra Mundial, é claro. O Ocidente não só sobreviveu — ficou mais livre, mais rico e mais próspero do que nunca. A riqueza humana se expandiu exponencialmente. A expectativa de vida aumentou.

Porém ainda havia um vazio no âmago da civilização ocidental: um vazio que só seria preenchido pelo sentido. Esse vazio cresceu nas décadas seguintes — como um câncer, corroendo nosso coração. Tentamos preenchê-lo com o ímpeto de agir; tentamos preenchê-lo com a ciência; tentamos preenchê-lo com um ativismo político engajado em mudar o mundo. Nada sacia o sentido que procuramos.

No final da Segunda Guerra Mundial, o otimismo europeu estava morto e enterrado sob sete palmos de cinzas humanas. As filosofias europeias — ideais iluministas sobre o valor dos seres humanos e a necessidade de ir além de Deus ou da teleologia grega — terminaram em tragédia. Hitler reivindicou antepassados ideológicos em Kant, Hegel e Nietzsche;[1] Stalin seguiu as sugestões de Marx; os eugenistas se inspiraram em Darwin e Comte. O projeto pós-Iluminismo pós-Locke tinha sido uma Torre de Babel, com o objetivo comum de suplantar a religião com a razão, em vez de buscar uma consonância. Quando a torre começou a desafiar a Deus, seus construtores entraram em guerra, cada um falando uma língua diferente.

Então a torre caiu, e a terra ficou estéril.

A Europa enterrou milhões de seus filhos e filhas; o Ocidente apostou suas fichas na humanidade e colheu tempestade.

E Deus não retornou. A Magna Carta, o primeiro grande documento sobre as liberdades ocidentais, foi assinada pelo rei João em 1215 e limitou os poderes monárquicos baseados no "respeito a Deus e pela salvação de nossa alma, e de todos os nossos antepassados e herdeiros, até a honra de Deus e o avanço de sua santa Igreja". A prática religiosa permaneceu a norma na Europa até a metade do século XX. Então, quando as crianças nascidas em torno da Segunda Guerra Mundial atingiram a adolescência, a prática religiosa despencou.[2]

A fé na razão humana também diminuiu. Depois da insanidade catastrófica de não uma, mas duas Grandes Guerras, a advertência bíblica sobre não depositar a fé em ídolos tinha-se mostrado presciente. A crença do Iluminismo de que a humanidade usaria suas capacidades coletivas para se desenvolver entrou em colapso.

Sem Deus e sem o coletivo, só restavam os indivíduos. Sozinhos.

Assim, veio à tona a filosofia do existencialismo.

O existencialismo começou, de fato, no século XIX, com Søren Kierkegaard (1813–1855), um filósofo dinamarquês incomodado com a razão iluminista, que considerava soberba — a ideia de que os seres humanos são capazes de descobrir um sistema ético universal era tola; a ideia de que a história era um desdobramento infalível da dialética hegeliana, simplista demais. O Universo é frio e caótico — a busca do homem por sentido não pode começar olhando-se para fora. O universalismo kantiano era muito promissor; o cientificismo comtiano, muito autoconfiante.

Em vez disso, Kierkegaard postulou que os seres humanos tinham que encontrar o sentido olhando para dentro. O sistema em que alguém escolhe viver é um tiro no escuro — mas é assim que o homem encontra seu sentido pessoal. "A subjetividade é a verdade", escreveu Kierkegaard. "Objetivamente, não há decisão ou compromisso infinito, e por isso é objetivamente correto anular a diferença entre o bem e o mal, bem como a lei da não contradição e a diferença entre a verdade e a mentira." A verdade é encontrada em nós mesmos.[3] Para Kierkegaard, isso significava acreditar cegamente em um Deus além da ética criada pelo homem — sua famosa "suspensão teleológica do ético". Kierkegaard enfocou a paixão, em oposição à razão — ele considerou a paixão a força motriz mais importante da vida e concluiu: "As conclusões da paixão são as únicas confiáveis."[4] Ele esperava, claro, que o salto apaixonado fosse para o Deus cristão. Mas seu sistema de lealdade não levou a Deus, mas ao culto da subjetividade.

Se a verdade está no eu, então toda verdade moral automaticamente se torna uma questão de interpretação subjetiva. Essa era a visão de Nietzsche, que afirmava que o maior homem seria aquele que sabe "ser o mais solitário, o mais misterioso, o mais diferente entre os homens. Aquele que será colocado além dos limites do bem e do mal, que será o dominador da própria virtude, que será transbordante de vontade, isto se chamará *grandeza*, o ser múltiplo e ao mesmo tempo uno, o conjugar a máxima extensão ao conteúdo máximo".[5]

No entanto, segundo os existencialistas, *toda* verdade era subjetiva, não apenas a verdade moral. Essa era a opinião de Karl Jaspers (1883–1969), um filósofo alemão que escreveu: "Todo conhecimento é *interpretação*."[6] Foi também a opinião de Martin Heidegger (1889–1976), que propôs que a essência do ser humano era ser — não a razão ou a paixão, mas a existência. Embora Descartes tenha sugerido que a prova e o significado da existência humana poderiam se basear no pensamento — "Penso, logo existo" —, Heidegger afirmou que nossa identidade estava envolvida puramente na existência em si.

O que isso significa em termos práticos? Principalmente, desconstruir antigas noções de verdades eternas e razão humana desde Platão e Aristóteles. O que preencheria a lacuna? Autenticidade — o verdadeiro eu, contemplando a própria morte e a falta de sentido do Universo, "tomando conta de si mesmo".[7] Heidegger profetizou um tempo "em que a força espiritual do Ocidente falha e suas articulações se rompem, quando essa aparência moribunda de uma cultura se desmorona e arrasta todas as forças para a confusão e as deixa sufocar na loucura". Ele pregou abertamente o poder da vontade e viu uma escolha entre "a vontade de grandeza e a aceitação do declínio".[8] A expansão dessa ideia de Heidegger — ocupar-se de nós mesmos e de nosso lugar no mundo — levou a sua associação com os nazistas.[9]

O maior ícone do existencialismo, no entanto, foi Jean-Paul Sartre (1905–1980). Na esfera política, Sartre era marxista engajado; passou a vida alternando entre o apoio ao comunismo soviético e ao maoísmo. Mas suas contribuições filosóficas estão mais precisamente no reino do indivíduo. Segundo Sartre, diferentemente dos antigos e dos filósofos iluministas, a existência precede a essência: em outras palavras, nascemos e nos refizemos constantemente diante do mundo,

Depois da Tempestade

em vez de ficarmos sujeitos aos ditames da natureza humana. Não há bem nem mal definidos; existe apenas o mundo que nos é concedido, e é nosso trabalho fazer e refazer a nós mesmos, utilizando nossa liberdade para tal. Então Sartre escreve:

> Em nenhum lugar está escrito que o Bem existe, que devemos ser honestos, que não devemos mentir; porque o fato é que estamos num plano onde só há homens. [...] Se a existência precede a essência, não há como explicar o mundo com base em uma natureza humana fixa e dada. Em outras palavras, não há determinismo, o homem é livre, o homem é a liberdade. Por outro lado, se Deus não existe, não há valores ou comandos para os quais legitimemos nossa conduta. Então, no brilhante reino dos valores, não temos desculpa atrás de nós, nem justificativa adiante. Estamos sozinhos, sem desculpas. Essa é a ideia que tento transmitir quando digo que o homem está condenado a ser livre. Condenado, porque não se criou, no entanto, em outros aspectos, é livre; porque, uma vez jogado no mundo, é responsável por tudo que faz.[10]

Essa é uma ideia belamente expressa — repleta da tragédia existencial, mas esperançosa sobre a possibilidade de o homem alcançar dentro de si algo mais elevado. Mas também deixa os seres humanos sem um guia. Não promete nenhum propósito nem predisposição coletivos; concentra-se quase inteiramente no indivíduo, mas deixa os indivíduos sem nenhum outro guia além do guia interno. Além disso, a crença de Sartre em uma natureza humana fechada dá margem a esquemas utópicos de todos os tipos — se podemos simplesmente mudar o sistema, como Marx argumentou, talvez o Novo Homem chegue, encoberto pela glória.

A NOVA "LEI NATURAL"

Embora a devoção iluminista da razão tenha terminado em lágrimas durante a primeira metade do século XX, sua fé contínua na ciência foi amplamente recompensada. Não há dúvida de que o ritmo da descoberta científica tenha aumentado no período que se seguiu ao Iluminismo, com a expectativa de vida média na Europa, em 1850, sendo de 36 anos e, em 1950, tenha quase dobrado, chegando a 64,7.[11]

A ciência foi o futuro.

A filosofia do governo científico resultou nos horrores de duas Guerras Mundiais e no espectro do governo centralizado e étnico. Mas a ideia de que a ciência libertaria a humanidade ainda estava em vigor no pós-guerra. E por que não? Como John F. Kennedy apontou em um de seus últimos discursos, em 1963: "A ciência é o meio mais poderoso que temos para a unificação do conhecimento, e uma obrigação principal de seu futuro deve ser lidar com problemas que atravessam fronteiras, não importando se são fronteiras entre as ciências, entre as nações, ou entre as preocupações científicas e humanas."

O foco na ciência mudou radicalmente. A ciência começara, na filosofia de Francis Bacon, como um auxílio para o tratamento das condições materiais do homem; ela se transformou ao longo do tempo em um auxílio para a melhoria da condição moral do homem, embora não seja a fonte da própria moralidade. Mas com Deus fora do contexto e o coletivo implicando os piores crimes da história humana, a ciência recebeu a tarefa de criar uma nova moralidade, uma nova lei. Os existencialistas reduziram o propósito humano à criação da verdade subjetiva; a ciência era o último remanescente da verdade objetiva no pensamento ocidental.

A natureza, então, era a resposta; a investigação da natureza tornou-se o propósito.

O legado do pensamento ocidental dependia da lei natural — a ideia de propósitos universais passíveis de serem descobertos no Universo pelo uso da razão. A natureza era vista não como uma justificativa para o comportamento, mas como um indício de um padrão mais amplo na criação: as coisas foram projetadas com um propósito, e era tarefa dos seres humanos livres agirem de acordo com a razão correta para alcançar esse propósito. O que devemos fazer é inerente ao que é: um martelo foi feito para martelar; uma caneta, para escrever; e um ser humano, raciocinar. Os seres humanos podem raciocinar sobre o bem e depois moldar o mundo a seu redor para alcançá-lo.

No entanto, uma nova forma de lei natural se concretizou: a crença de que tudo o que ocorreu na natureza era "natural" e, portanto, verdadeiro. Isso estava muito longe da "lei natural" original; dizia que os seres humanos eram animais e que o objetivo era agir de acordo com seus instintos, não com a razão.

Contudo, a nova fé em que a ciência nos levaria além das estrelas estava prestes a entrar em colapso. Porque, enquanto os antigos contavam com a razão humana para viabilizar a busca pelas verdades morais, e enquanto os ensinamentos judaico-cristãos pediam ao homem que usasse a razão para encontrar Deus e o livre-arbítrio para segui-Lo, a ciência agora minava a razão e a vontade.

O primeiro defensor sério da opinião de que os seres humanos não são agentes racionais e livres foi Sigmund Freud (1856–1939). Freud era um impostor; um publicista fenomenal, mas um psicólogo clínico terrível. Ele era um charlatão que com frequência prescrevia medidas prejudiciais aos pacientes, depois escreveu artigos fictícios se gabando de seus resultados fenomenais. Em uma palestra em 1896, ele afirmou que, descobrindo traumas sexuais na infância, havia curado cerca de 18 pacientes; mais tarde, ponderou que não havia curado ninguém. Freud afirmou: "Na verdade, não sou de forma alguma um homem da ciência, não sou um observador, um experimentador, um pensador. Sou, por temperamento, nada além de um conquistador — um aventureiro, se quiser que traduza — com toda a curiosidade, ousadia e tenacidade, as características de um homem desse tipo."[12]

No entanto, as teorias freudianas sobre a natureza humana tornaram-se mundialmente famosas. Ele afirmou que a religião era apenas uma forma de "neurose infantil" da qual o mundo precisava se recuperar. Ele sugeriu que as raízes da religião estavam em um evento antigo, durante o qual um grupo de irmãos pré-históricos matara o pai. Os sonhos eram uma forma de realização de desejos, o comportamento, uma manifestação de desejos inconscientes; em geral, as pessoas eram governadas por forças além de seu controle. Inspirado em Platão, Freud postulou uma alma tripartida — Platão sugeriu razão, espírito e desejo, enquanto Freud sugeriu superego (razão moral), ego (experiência de vida, equilibrada entre desejo e razão) e id (desejo). Mas, enquanto Platão sugeriu que o homem deveria trabalhar para aliar o espírito à razão para superar o desejo, Freud sugeriu que descobrir as pulsões inconscientes que moldavam o id seria a melhor solução. Ou seja, Freud acreditava que somos governados por forças que não podemos entender sem a intervenção psicanalítica.

O principal foco de Freud era a neurose sexual. E enquanto Freud pensava que ela pudesse ser sublimada — direcionando a energia para atividades mais frutíferas —, foi apenas um pequeno passo para que se entendesse essa sublimação como libertinagem sexual. Assim, Alfred Kinsey (1894–1956) veio a público, entusiasmado com a promiscuidade e usando-a como desculpa. Kinsey era zoólogo da Universidade de Indiana, fascinado por uma suposta hipocrisia de norte-americanos reprimidos. Kinsey acreditava, diferentemente de Freud, que os seres humanos só poderiam ser libertados ao jogar fora os grilhões da moralidade judaico-cristã; desprezava as teorias freudianas e, segundo o biógrafo e colega de trabalho Wardell Pomeroy, "chocava-se com os juízos morais constantes de Freud".[13]

Em 1948, Kinsey lançou seu livro revolucionário *O Comportamento Sexual do Homem*; cinco anos depois, voltou com *O Comportamento Sexual da Mulher*. Esses estudos supostamente rigorosos constataram que 85% dos homens e 48% das mulheres fizeram sexo antes do casamento, e metade dos homens e quatro em cada dez mulheres haviam traído seus cônjuges. De acordo com Kinsey, quase sete em cada dez homens haviam dormido com prostitutas, 10% tiveram experiências homossexuais por um período prolongado de tempo e 17% dos homens que viviam em fazendas haviam praticado sexo com animais. Kinsey também afirmou que 95% das mulheres solteiras e 25% das casadas passaram por abortos. Os norte-americanos eram, argumentou Kinsey, um bando bastante imoral.

O primeiro livro desapareceu das prateleiras, vendeu 200 mil exemplares em apenas dois meses.

Mas a ciência que Kinsey buscou foi profundamente falha. Como a jornalista Sue Ellin Browder explica, as estatísticas de Kinsey não refletiam a realidade, porque sua amostra não refletia a realidade: de sua amostra original de 5.300 homens brancos, pelo menos 317 foram abusados sexualmente quando menores, "várias centenas" eram garotos de programa, e centenas, prováveis criminosos sexuais presos quando foram entrevistados. Os entrevistados também escolheram participar do estudo, o que indica que tendiam a ser mais depravados sexualmente. Kinsey usou uma metodologia similarmente terrível quando trabalhou com mulheres. Não admira que o presidente do comitê de estatística da Universidade de Chicago, W. Allen Wallis, tenha zombado do "método completo de coleta e apresentação das estatísticas" de Kinsey.[14]

Contudo, a realidade da metodologia de Kinsey importava menos do que sua promessa implícita: os seres humanos poderiam ser aprimorados se deixassem de lado os vestígios da velha moralidade. E a melhor notícia de todas era esta: tudo era *natural*. Não mais lutar para buscar a lei natural; não mais usar a razão para restringir impulsos biológicos. Ao nos tornarmos animais, seríamos livres. Se era bom, não só deveríamos fazê-lo, mas tínhamos o *imperativo* para tal. Esqueça a luta pelo sentido existencial — todos podemos encontrar a verdade *sendo nós mesmos*. Esse foi o argumento de Rousseau para o bom selvagem levado a seu extremo biológico.

E a base para esse argumento só se tornaria mais forte na comunidade científica. Os cientistas logo argumentariam que a capacidade de livre escolha em si não estava mais presente — que éramos autômatos, escravos de nossa biologia, robôs enganados pelo desenvolvimento sofisticado de nossos próprios neurocircuitos.

O professor de Harvard E. O. Wilson talvez tenha sido o maior defensor dessa posição: ele afirmou que os seres humanos tinham um planejamento capaz de fazer com que nos comportássemos de certas maneiras em resposta ao ambiente. Além disso, por meio da investigação da interação dessa natureza inata e do meio ambiente, poderíamos prever totalmente o comportamento humano. A cultura era meramente consequência dessa interação: a evolução darwinista era dominante. Wilson chamou sua teoria de tudo de sociobiologia. A sociobiologia, dizia ele, poderia fornecer a grande "consiliência" da ciência, fundindo a neurociência, a biologia evolutiva e a física — toda a ciência — em um todo coeso.

Assim, a predisposição do homem desapareceu. O propósito humano parecia seguir pelo mesmo caminho. Se os seres humanos não pudessem mudar nada, agentes submissos, e se a distinção de David Hume entre *ser* e *dever ser* permanecesse válida — se você não pudesse aprender a moral da natureza em si —, os seres humanos seriam deixados com nada além do hedonismo. Seríamos criaturas de prazer e dor, animais enraizados na biologia, respondendo a estímulos.

O NEOILUMINISMO

Muitos dos mesmos cientistas que promoveram a visão mecanicista e materialista dos seres humanos e do Universo não estavam desejosos — felizmente — de deixar os seres humanos completamente à deriva. Em vez disso, muitos ensaiaram o caminho de volta às raízes do Iluminismo. Assim como pensadores do Iluminismo confiaram no poder da razão, eles confiaram no da ciência. Supostamente, a mente humana reinaria, suprema, de novo, depois de analisar o mundo a seu redor. Essa busca concederia sentido aos seres humanos: investigando a natureza do Universo, finalmente entenderíamos sua unidade. O próprio Wilson declara que seu objetivo é retomar a busca iluminista: "Quando construído apenas a partir da realidade e da razão, livre da superstição, todo o conhecimento se reúne para formar o que em 1620 Francis Bacon, o maior precursor do Iluminismo, chamou de 'império' do homem'."[15]

É claro, como vimos, que a confiança do Iluminismo na razão desvencilhada da revelação — a suposição de seus maiores pensadores de que os seres humanos poderiam, de fato, derivar o *dever* do *ser* e então impor o *dever* — levou às ensanguentadas ruas de Paris da Revolução Francesa e ao retumbar das botas de Hitler. O otimismo de Wilson teria soado muito melhor em 1789 do que em 2018.

Não obstante, os pensadores neoiluministas continuam a proclamar um novo propósito para a humanidade, que caberia à ciência discernir. Como Wilson escreveu:

> Preferir uma busca pela realidade objetiva em detrimento da revelação é outra maneira de satisfazer a fome religiosa. [...] Seu objetivo é salvar o espírito, não pela rendição, mas pela libertação da mente humana. Seu princípio central, como Einstein sabia, é a unificação do conhecimento. Quando unificarmos certos conhecimentos, entenderemos quem somos e por que estamos aqui.[16]

Wilson rejeita Aquino e Kant; ele rejeita qualquer tentativa de criar propósito ou sentido por trás de valores transcendentes e eternos. Esses valores, reconhece, dependem em grande parte da noção de livre-arbítrio que a ciência moderna aparentemente rejeitou.

Em vez disso, Wilson propõe um novo tipo de fé: a fé na ciência.

Nesse ponto, podemos perguntar se a fé na ciência não é a fé que nos trouxe a eugenia e o planejamento central. Mas Wilson tem outra ideia em mente: não a manipulação científica dos seres humanos, mas a emergência gradual de valores viáveis em sintonia com a natureza que nos define. Wilson acredita que a ética é uma consequência da própria evolução, em combinação com o meio ambiente; a cultura é um efeito, não uma causa. Wilson explica como as coisas *são*.

Wilson argumentava que o empirista identifica o valor de um sistema ético em seu êxito: "A ética é uma conduta suficientemente coerente em toda a sociedade para ser expressa como um código de princípios." A adequação de um sistema ético se explica pela prevalência.

E quanto ao fato de que sistemas éticos pavorosos dominaram toda a história humana? E quanto ao fato de que bilhões vivem sob tirania, ou que o fanatismo religioso que originalmente alienou Wilson da igreja agora prospera em todo o mundo? E quanto ao fato de que, em vez de o mundo se render aos poucos às belezas do liberalismo transnacional, como sugeriu Francis Fukuyama, os choques entre as civilizações irromperam de novo, de acordo com as teorias de Samuel Huntington? O que dizer do fato de que certas constantes que Wilson rejeita totalmente têm marcado a experiência e a moralidade humanas — incluindo a uniformização da prática religiosa e seu uso como base para os sistemas morais?

É aí que Wilson dá um tiro no escuro: "O argumento empirista sustenta que, se explorarmos as raízes biológicas do comportamento moral e explicarmos suas origens e vieses materiais, seremos capazes de formar um consenso ético sábio e duradouro."

Porém Wilson passou a usar ferramentas que não estão mais à disposição. Quem decide qual é o consenso "sábio e duradouro"? A *vox populi* — cuja visão de mundo é "amplamente *entendida* como correta". Isso é bastante relativista — a popularidade não substitui nenhuma bússola moral confiável. Assim, Wilson retoma Hegel: o que é certo é iminente, ou mudará para se tornar *mais* certo. Wilson elimina o argumento de David Hume de que podemos aprender o que *devemos* fazer a partir do *ser* da natureza, porque *não há dever*. Existe apenas o que é. E isso é mutável. Segundo Wilson, a evolução da moralidade humana não se pauta nos que trabalham para melhorar o mundo, mas nos que agem para integrar a informação, que cospem a moralidade atualizada de tempos em tempos. A moralidade se torna um "conjunto de muitos algoritmos, cujas atividades interligadas guiam a mente por uma paisagem de nuances de humor e escolhas".[17]

Isso obviamente deixa algumas grandes perguntas sem resposta. Primeiro, como devemos viver? Não há *dever* — há apenas nosso *modo* de viver. Mas isso não nos confere um propósito. Os seres humanos não foram feitos para encontrar sentido em *ser*. Wilson não nos oferece ajuda com essa questão. Em segundo lugar, ele usa muitos verbos de ação para descrever a procura do sentido — "Estamos prestes a abandonar a seleção natural, o processo que nos criou, a fim de dirigir nossa própria evolução através da seleção voluntária", escreve ele em *O Sentido da Existência Humana*.[18] Mas "nós" somos um punhado de neurônios; "dirigir" é um verbo de ação, mas, na verdade, não temos um papel ativo na definição do que fazemos em seguida. Pode realmente haver sentido quando não podemos determinar o que fazemos a seguir — se somos pedras biológicas lançadas no espaço, destinadas a pousar em um lugar e tempo predeterminados?

No fim das contas, Wilson se refugia no existencialismo de Sartre, embora não tenha a mesma fé comovente na vontade do homem: "Parece que estamos sozinhos. E isso na minha opinião é muito bom. Significa que somos completamente livres. Colocamos diante de nós opções raramente sonhadas em eras anteriores." Mas, pelas lentes de Wilson, não é assim que funciona. Todas essas "opções" foram limitadas por seu cientificismo — elas não são "nossas", já que somos apenas animais vivendo sem a liberdade de ter opções pessoais, nem são exatamente "opções", já que a natureza ordena, não pede.

Essas "opções" são o caminho da natureza colocado diante de nós, que fatalmente trilharemos, independentemente de acreditarmos que queremos. Quando Wilson afirma: "Temos inteligência, boa vontade, generosidade e empreendimento suficientes para transformar a Terra em um paraíso tanto para nós quanto para a biosfera que nos originou", ele não nos oferece uma razão plausível sobre o que é o paraíso, como buscá-lo ou por que devemos fazê-lo, dado que nossas vidas importam tanto quanto a das formigas que ele estudara. Quando Wilson afirma: "Precisamos nos entender em termos tanto evolutivos quanto psicológicos para planejar um futuro mais racional e à prova de catástrofes", ele se desvia da própria genealogia naturalista e determinista da moral, e começa a pregar algo próximo aos valores transcendentais que ele mesmo renega.[19]

Outros pensadores parecem abraçar os valores transcendentais do Iluminismo de forma mais clara — e anticientífica. Se a nova ciência impedisse a possibilidade de livre escolha e vontade, os defensores do cientificismo estavam dispostos a ignorar esse inconveniente. Se ela questionasse a possibilidade das verdades humanas universais, eles também ignorariam esse fato. Em vez disso, esses pensadores neoiluministas retornaram às premissas do Iluminismo em nome da ciência: o mesmo Iluminismo que provocou o progresso científico, argumentaram, iniciaria uma era de moralidade universal.

Veja, por exemplo, o psicólogo de Harvard Steven Pinker. Seu livro *O Novo Iluminismo* é uma poderosa ode aos valores iluministas. Enquanto Wilson rebaixa Kant a anticientífico, Pinker abraça o chamado kantiano para "entender". E endossa em termos brilhantes o poder da razão: "O princípio iluminista de que podemos aplicar a razão e a solidariedade para aprimorar o desenvolvimento humano pode parecer óbvio, banal, antiquado. [...] Me dei conta de que não é o caso."[20] E Pinker está correto em celebrar ostensivamente os efeitos da razão humana — os ganhos materiais que são seus produtos.

Contudo, Pinker trapaceia um pouco. Ele parece endossar versões de vontade e verdade que a ciência não justifica, mas que nasceram da tradição judaico-cristã, que ele rejeita. Ao mesmo tempo, ele abraça e destitui ideias iluministas enraizadas no judaico-cristianismo. Pinker trata o Iluminismo como uma ruptura significativa com o pensamento que o precedeu. Isso não é verdade, como vimos. Ele se pega em uma falácia do escocês de verdade, um jogo retórico para reforçar uma generalização — rotula pensadores iluministas como Rousseau, Herder, Schelling e alguns outros como "contrailuministas", ignorando suas semelhanças com os outros pensadores e banindo-os para as trevas. Em um livro de cerca de 600 páginas sobre o Iluminismo, ele sequer menciona a Revolução Francesa — que, como vimos, adorava o Culto da Razão. Pinker quer colher os frutos do Iluminismo sem passar pelos espinhos. Mas esses espinhos se ligavam fortemente à adoração da razão, desvinculada de Deus, que Pinker abraça. Como Yoram Hazony observou: "Em suma, o princípio que os atuais entusiastas do Iluminismo querem reivindicar foi 'posto em prática' muito antes. E não está claro o quão útil o Iluminismo foi quando chegou."[21]

Mais importante, no entanto, Pinker nunca explicou por que a razão deve triunfar; assumiu como evidente a ideia de que o ganho material é prioritário. Ele escreveu que o progresso humano "demanda apenas as convicções de que a vida é melhor que a morte, a saúde é melhor que a doença, a abundância é melhor que a vontade, a liberdade é melhor que a coerção, a felicidade é melhor que o sofrimento e o conhecimento é melhor que a superstição e a ignorância".

Esse é um raciocínio circular: se você assumir que Pinker está certo, então ele está. Mas, pelo menos para a maioria dos seres humanos, ele *não está*. Tudo depende do significado da felicidade, que Pinker contrasta com o sofrimento — como se toda felicidade residisse em um corpo com temperatura estável, uma refeição saudável e uma oferta constante de sexo. Mas não é isso que a felicidade realmente é. Os seres humanos continuam mostrando que precisam de algo mais — o homem não vive apenas dos indicadores de qualidade de vida. Progresso humano material na ausência de realização espiritual *não é suficiente*. As pessoas precisam de sentido.

E assim, Pinker parece se perder da questão central do próprio livro. Ele reconhece que o "apelo das ideias regressivas é perene", mas não consegue descobrir por quê. Se todos somos seres materiais procurando bem-estar material, devemos abraçar o Iluminismo por seus propósitos utilitaristas — mas não o fazemos porque não somos. Ele inicia o livro contando a história de uma aluna que lhe fez esta exata pergunta: "Por que eu devo viver?", e sua resposta foi algo assim:

Como um ser senciente, você tem o potencial para se desenvolver. Pode refinar sua faculdade de raciocínio aprendendo e debatendo. Pode procurar explicações sobre o mundo natural na ciência e revelações sobre a natureza humana nas artes e humanidades. Pode explorar ao máximo a sua capacidade de prazer e satisfação, sendo isso o que permitiu aos seus ancestrais prosperar e, assim, possibilitar que você viesse a existir. Pode apreciar a beleza e a riqueza do mundo natural e cultural. Como herdeira de bilhões de anos em que a vida se perpetuou, você pode, por sua vez, perpetuar a vida. Você foi dotada do sentimento de solidariedade — definido aqui como a capacidade de gostar, amar, respeitar, ajudar e demonstrar bondade — e pode desfrutar o dom da benevolência mútua com amigos, parentes e colegas.[22]

Isso não é bem uma resposta. Ele apresenta uma abundância de escolhas e, em seguida, sugere que essa abundância concede sentido. Mas *essa não é a questão*. A questão é, antes de tudo, *por que escolher algo dessa abundância*. Pinker não responde a essa questão, porque ela requer confiança em verdades universais que estão além do reino da razão humana. E sua tímida tentativa de construir uma moralidade sobre a suposta ética da mutualidade kantiana logo se desfaz. Sua afirmação de que a razão lhe diz que todos os seres humanos são humanos, e, portanto, você tem a responsabilidade de tratá-los como gostaria de ser tratado é um *apelo religioso*, não um argumento racional. Por que não simplesmente fazer o que quer? Por que não declarar sua tribo ou classe superior? Por que não ponderar que sua descendência genética só sobreviverá se ganhar uma vantagem sobre os outros, de acordo com a sobrevivência do mais apto?

Antes de rirmos de tais sugestões, revise a história do século XX.

Pinker não está sozinho na busca por revitalizar as ideias do Iluminismo. E alguns de seus colegas também procuram verdades morais nos ditames da razão. Michael Shermer, historiador da ciência e editor da revista *Skeptic*, argumenta que existem valores morais reais "lá fora, para serem descobertos [...] na natureza social humana". Ele se considera um realista moral. Mas como podemos encontrar esses valores?

Shermer diz que eles são inerentes ao exercício da razão. Então, afirma, não precisamos que Deus nos diga que o Holocausto era errado — simplesmente era. Por quê? Porque sua moralidade coloca em seu centro a "sobrevivência e o desenvolvimento dos seres sensíveis. Todos queremos sobreviver e nos desenvolver. Está na nossa natureza. A evolução nos programou para desejar isso".[23] Sam Harris também assume essa visão — diz que o valor primário que torna a vida digna de ser vivida e nos dá sentido é "o bem-estar das criaturas conscientes".[24] Como Hobbes, que via o segredo dos sistemas humanos em nosso desejo de buscar o prazer e evitar a dor, os sistemas morais podem ser construídos com base em um cálculo utilitarista sobre as ideias de sobrevivência e desenvolvimento humanos.

No entanto, novamente, cada um de nós define o desenvolvimento humano de maneira diferente. Harris reconhece o capricho inerente ao termo: "O conceito de bem-estar é como o de saúde física: resiste à definição precisa e, no entanto, é imprescindível." Mas Harris assegura-nos de que "há toda razão para pensar que essa questão tem uma gama finita de respostas [...] a paisagem moral será cada vez mais iluminada pela ciência". E foi? Como Harris reconhece: "A maior parte do que constitui o bem-estar humano neste momento escapa de qualquer cálculo darwinista restrito."[25]

Eis a verdade: a maior parte do que constitui o bem-estar humano a *qualquer* momento escapará ao cálculo darwiniano restrito, porque a maioria dos seres humanos não é movida pelos ditames da procriação, da sobrevivência e da fuga da dor.

E concentrar-se na necessidade de sobrevivência também não produz uma moralidade viável. Tome, por exemplo, um simples experimento de pensamento: você é o líder de uma nação que é tecnologicamente mais avançada e intelectual e culturalmente mais adaptável que as vizinhas. Sua nação é pequena, e há grupos que consomem recursos de forma desproporcional e se recusam a integrar-se à cultura maior. Você está cercado por nações mais populosas e bárbaras. Você tem duas opções. Pode esperar o inevitável afundamento demográfico — o que, em longo prazo, resultará no colapso da sobrevivência da humanidade, já que as nações vizinhas são menos adaptáveis. Segundo, pode atacá-las e tomar as medidas necessárias para garantir a sobrevivência de seu povo em longo prazo.

Isso *aconteceu* com Hitler. Foi o Holocausto, aliás.

Quando a causa moral mais elevada é o sucesso material, assemelha-se muito a sua total ausência.

O NEOILUMINISMO SE SUSTENTA?

A visão neoiluminista defende que os ideais do Iluminismo se originariam de qualquer um que usasse a razão e que, por acaso, surgiram em um determinado espaço e tempo. Que estranho, então, que Pinker e Shermer, e Harris e *eu*, concordemos com quase todos os mesmos valores — que surgiram apenas no Ocidente judaico-cristão, que daqui se difundiram, e que se baseavam nas palavras da revelação e na aplicação da teleologia grega.

É claro que não é estranho. Todos crescemos em um Ocidente formulado com base em milhares de anos de história. A história não é mera casualidade; a existência não surgiu em um piscar de olhos. Para explicar nossas atuais noções de direitos individuais, devemos olhar para as ideias fundadoras.

O neoiluminismo tenta repudiar os valores judaico-cristãos, e a teleologia grega repousa na ignorância histórica. Os defensores do neoiluminismo tendem a atribuir todos os males dos séculos passados à superstição religiosa e antigas crendices, deixando de reconhecer que os valores que eles prezam repousam em fundações antigas.

Os filósofos neoiluministas gostam de relacionar a religião à escravidão, ignorando que o movimento abolicionista no Ocidente foi quase inteiramente liderado por cristãos — e que o movimento global contra a escravidão foi liderado pelo Ocidente (a escravidão só foi legalmente abolida na China em 1909 e, na Arábia Saudita, em 1962). Até mesmo os filósofos do Iluminismo que se opunham à escravidão o fizeram porque estavam mergulhados em uma tradição judaico-cristã que se originou da noção básica de *imago dei* e de direitos naturais. O filósofo francês Diderot, ateu declarado, escreveu sobre a escravidão em sua *Encyclopédie*: "Essa compra de negros para reduzi-los à escravidão é uma negociação que viola toda a religião, a moral, a lei natural e os direitos humanos."[26] Essa não era uma perspectiva científica. Era moral, impregnada de um ideal abolicionista nascido séculos antes na Europa católica.

E quanto ao sufrágio universal? Mais uma vez, não foi a ciência que o apoiou — foi a crença no indivíduo, nascida da tradição judaico-cristã e da razão grega. Sim, Elizabeth Cady Stanton escreveu *The Woman's Bible* para desafiar o sexismo que via na Bíblia — mas, ao fazê-lo, isolou-se da influência do movimento sufragista, que alcançou o sucesso deixando-a para trás e apelando para os melhores anjos da natureza cristã (A Woman's Christian Temperance Union, de Frances Willard, foi muito mais útil para estender o voto às mulheres do que Stanton). E, naturalmente, até mesmo Stanton cresceu em uma sociedade cristã, inculcada com valores cristãos. O mesmo vale para o movimento contra Jim Crow.

Martin Luther King Jr. citou a Bíblia muito mais do que citou David Hume — com bons motivos. Foi o sonho do profeta Amós que o inspirou: "Sonho que um dia toda a terra será exaltada, e todo monte e montanha se abaixarão, os lugares áridos serão claros, e os lugares tortuosos serão endireitados; 'e a glória do Senhor será revelada e toda carne a verá'."

Sim, pessoas religiosas estiveram de ambos os lados desses movimentos. *O que é óbvio*, já que vivemos em um mundo formado pela Bíblia. Mas este é precisamente o ponto: esses argumentos surgiram em um contexto comum, no qual os valores bíblicos são usados contra outros valores bíblicos, nos quais a razão teleológica grega se sustenta contra si mesma. As tradições da liberdade individual não surgiram no Ocidente por um milagre, do nada. Eles surgiram da tensão entre Jerusalém e Atenas. A civilização ocidental é uma ponte suspensa sobre as águas do caos. Remover essa tensão faz a ponte ruir rio abaixo.

Cavar as raízes da árvore ocidental, esperando que a integridade do tronco se sustente em meio a fortes ventos, é uma ilusão. Em dezembro de 2017, discuti essa exata questão com Harris, que argumentava que a Bíblia é um texto deteriorado cheio de lições terríveis. Eu lhe disse: "O sistema moral que embasa sua sugestão de que tal parte da Bíblia deveria ser removida foi construído sobre o sistema moral bíblico, desenvolvido ao longo de 2 mil anos." Quando Harris protestou, dizendo que sua visão de ética mais ponderada vinha de uma estrutura mais ampla de estudos, respondi: "Não estou falando sobre seu percurso na literatura mundial. Estou falando sobre os pressupostos morais fundamentais que você tomou para ser moral a partir do momento em que nasceu, surgidos de uma civilização ocidental baseada em noções judaico-cristãs de bem e mal."[27]

Os ideais iluministas não surgiram do vácuo, e tratá-los como se pudessem sobreviver e prosperar sem a água e o oxigênio que os alimentaram por milhares de anos — revelação e razão, télos e propósito, livre-arbítrio e responsabilidade — não é suficiente para susten-

Depois da Tempestade

tá-los além daqueles que leem os filósofos e cientistas neoiluministas. O neoiluminismo não é ensinável; tente transplantá-lo para o solo de outras culturas e ele murchará.

Não me entenda mal — acho que o que Harris, Pinker e Shermer fazem ao reviver os ideais do Iluminismo é espetacular. Eu mesmo *concordo* com muitos dos ideais do Iluminismo, particularmente com os que se relacionam à liberdade individual e aos direitos naturais, como discutimos. Mas os novos atenienses científicos precisarão chegar a um denominador comum com os devotos de Jerusalém, em vez de gerar embate. O inverso também é verdadeiro. Pois, como se vê, há maiores ameaças filosóficas à civilização ocidental, que exigem nossa atenção.

CAPÍTULO 9

O RETORNO AO PAGANISMO

Em 2015, fui convidado do programa *Dr. Drew Show*, da CNN HLN. O tópico era a decisão da ESPN de conceder a Caitlyn Jenner o Arthur Ashe Courage Award por sua decisão de anunciar sua transgeneridade. Caitlyn Jenner é homem do ponto de vista biológico. Várias pessoas compuseram a bancada do programa do Dr. Drew; uma delas era Zoey Tur, uma mulher transgênero, homem biológico. A conversa começou com votação unânime para a aprovação da decisão da ESPN... até que me perguntaram sobre a situação. Expliquei que não entendia por que a sociedade deveria se engajar na ilusão coletiva de que Jenner era de fato uma mulher. Jenner pode se chamar de mulher trans; Jenner pode mudar seu nome. Mas Jenner não é, sob nenhum aspecto biológico, mulher. E uma sociedade que se recusa a reconhecer as diferenças biológicas entre homens e mulheres está empenhada em conviver com a falsidade.

Essa declaração bastante simples atraiu a ira de Tur. Tur seguiu repreendendo e menosprezando minha perspectiva, chamando-me de

178   O LADO CERTO DA HISTÓRIA

"garotinho" ignorante. Respondi reiterando que Jenner é um homem biológico e que acreditar que é membro do sexo oposto é um distúrbio mental — que os homens não podem magicamente se tornar mulheres, nem as mulheres, homens. Depois que Tur me dirigiu novos insultos, finalmente lhe perguntei: "Como é sua genética, senhor?"

Não foi uma provocação — a intenção era fazer um contraponto. Temas atinentes à biologia. Só os fatos contam. A razão é importante. Mas, nesse momento, o caos se instalou. Tur me agarrou pela nuca em rede nacional e ameaçou mandar-me para casa em uma ambulância (uma proposta peculiar, já que você não costuma ir para casa em uma ambulância). Outros membros da bancada reagiram com horror ao meu "insulto no vocativo".

Desnecessário dizer que a razão passou longe.

Infelizmente, a razão não está mais em voga. É por isso que quando fui a Berkeley palestrar, os manifestantes entoavam do lado de fora: "DISCURSO É VIOLÊNCIA!" Por essas e outras que eu — judeu ortodoxo e principal antagonista da racista direita alternativa — sou constantemente acusado de nazista. A subjetividade governa o dia.

A razão, na verdade, tornou-se um insulto. Ela implica que uma pessoa sabe mais do que outra, que a perspectiva de alguém é mais *correta*. A razão é intolerante. A razão exige padrões. É melhor destruir a razão do que obedecer a seus ditames.

Depois do vasto desenvolvimento humano propiciado pelo exercício da razão, tudo isso parece bizarro. Mas a morte da razão era previsível, considerando que ela, por si só, não nos forneceu o sentido. A filosofia existencialista de Jaspers, Heidegger e Sartre deixava o homem sozinho à beira do cosmos — um estranho aglomerado de poeira estelar, consciente, mas sem propósito, incapaz de dar sentido

O Retorno ao Paganismo

ao Universo caótico que o rodeia. Toda lógica poderia ser desconstruída na interação das forças sociais; todas as decisões individuais poderiam ser degradadas ao nível da biologia reacionária.

Nada disso era novo, claro. Foi apenas um retorno a um modo muito antigo de pensamento — um modo pagão. Enquanto os gregos insistiam em um télos que pudesse ser descoberto no Universo, investigando a natureza e, assim, desvendando o projeto do Motor Imóvel, o Ocidente pós-Segunda Guerra Mundial descartou totalmente o télos. Enquanto os valores judaico-cristãos insistiam em um plano mestre unificado, um padrão moral objetivo, uma progressão na história e a inevitável importância do livre-arbítrio, o Ocidente pós-Segunda Guerra Mundial os substituiu pelo caos e pelo subjetivismo.

Para os pensadores do Iluminismo, a ciência arrancara o homem de seu lugar, no centro do universo, mas a razão poderia restaurá-lo ao centro do sentido. No entanto, isso não era mais verdade, graças ao novo conhecimento da ciência. Deus foi morto pelas mãos do homem; então, o homem foi morto pelas próprias mãos. Não havia um grande projeto por trás da confusão cotidiana. A moralidade humana era apenas isto: um construto criado por alguns à custa dos outros. A história não era o progresso, mas a opressão e o sofrimento — como Voltaire escreveu em "Jeannot e Colin": "Todas as histórias antigas, como o dizia um de nossos talentos, são apenas fábulas admitidas; e, quanto às modernas, são um verdadeiro caos que não se pode destrinçar."[1] E os seres humanos não têm poder de escolha — são barquinhos flutuando na correnteza do tempo.

A história da humanidade acabara; os seres humanos eram animais outra vez.

A menos que...

A menos que os partidários de Atenas e Jerusalém estivessem errados o tempo todo.

E se aqueles partidários de Atenas e Jerusalém, os criadores da Constituição e da Magna Carta, aqueles pensadores por trás do método científico e do raciocínio dedutivo — e se tudo não passasse de ilusão? E se, como se viu, o homem nasceu livre, mas estava acorrentado *por causa desses sistemas de pensamento?* E se a verdade objetiva fosse uma armadilha? E se a razão fosse uma armadilha? E se o sistema de direitos promovidos pelo Iluminismo fosse *na realidade* um método habilmente disfarçado para consagrar o poder de poucos à custa de muitos?

E se o sistema em si pudesse ser destruído?

E, se *pudesse, como* isso seria feito?

A resposta, na verdade, foi bastante simples: pela rejeição de todas as normas sociais predominantes em favor do sentimento tribal e da paixão animalesca, que as precederam. A humanidade só poderia ser reconstruída voltando-se à estaca zero. Tudo tinha que ser demolido para ser construído de novo.

A ISCA DO PADRÃO

Este era um problema maior nos Estados Unidos do que na Europa. A Europa fora devastada pela guerra e já havia descartado a religião há muito tempo. Mas, nos Estados Unidos, a situação pós-Segunda Guerra Mundial parecia promissora. Diferentemente da Europa, a prática religiosa permaneceu forte. Em 1950, cerca de três quartos

O Retorno ao Paganismo

dos norte-americanos eram membros de igrejas, sinagogas ou mesquitas; em 1954, quase metade disse ter frequentado algum desses templos nos últimos sete dias. Mais de nove a cada dez norte-americanos se identificava como cristão.[2]

Isso não significa que os Estados Unidos estavam cheios de robôs apáticos louvando a Jesus e apregoando segregação e sexismo. As devastadoras leis de Jim Crow permaneceram com força total no sul; o sexismo permaneceu sendo um forte obstáculo para as mulheres. Mas a década de 1950 e o início da de 1960 viram o surgimento de uma emergente classe média negra — como Thomas Sowell aponta: "De 1954 a 1964... o número de negros em cargos de alto nível profissionais, técnicos e similares mais do que dobrou. Em outros tipos de ocupação, o avanço dos negros foi ainda maior durante a década de 1940 — quando havia pouca ou nenhuma política de direitos civis — do que durante a década de 1950, quando a revolução dos direitos civis estava no auge."[3] E o número de mulheres no mercado de trabalho aumentava constantemente há décadas: em 1950, uma em cada três mulheres o integrava, quatro em comparação aos apenas 19% das mulheres em idade ativa 50 anos antes.[5] Em todos os níveis, os padrões de vida norte-americanos mudavam radicalmente para melhor, à medida que os Estados Unidos assumiam a liderança global.

Além disso, o país não era um deserto cultural. A tentativa de pintar o Sonho Americano como um pesadelo encontrava voz na esquerda estadunidense; o *Babbitt* (1922), de Sinclair Lewis, retrata um homem de negócios como um sonhador não realizado, cunhando o termo *Babbitt* como uma metonímia satírica de todos os norte-americanos. Mas, no rescaldo da Segunda Guerra Mundial, o Sonho Americano ainda estava bem vivo. E esse sonho nunca foi uma casa no subúrbio com cerca branca, com um cachorro e um casal de filhos. É um sonho de enriquecimento cultural e propósito coletivo. Como relata Fred Siegel, entre 1940 e 1955, as orquestras sinfônicas locais aumentaram em 250%; em 1955, 35 milhões de pessoas pagavam para ir a sinfonias, contra os 15 milhões pelos jogos de beisebol. Até a televisão se tornou parte da educação cultural do público: a NBC apresentou *Ricardo III*, uma produção de três horas de Laurence Olivier; em 1951, havia 25 mil membros em grupos de discussão de livros clássicos, com "50 mil norte-americanos por ano... comprando coleções dos escritos de Platão, Aristóteles, Pais Fundadores e Hegel" a um custo pesado.[6]

Contudo, a esquerda estadunidense não aceitava que uma nação capitalista pudesse produzir uma sociedade mais culta — e mais tolerante. Assim, era o argumento, a crescente riqueza e cultura da classe média era um truque: no fundo de seus corações, os norte-americanos eram hipócritas sem ideal, mulheres perfeitas e Babbitts. Eram materialistas vagabundos que desviavam o sofrimento humano para debaixo do tapete em favor da vaidosa busca de riqueza a todo custo. Eram falsos moralistas que escondiam pornografia debaixo da cama e sentimentos mesquinhos no coração.

Por outro lado, a mudança do sistema poderia gerar uma nova humanidade: renovada quanto ao propósito individual e coletivo, e à predisposição individual e coletiva. Os seres humanos foram ludibriados a acreditar que tinham propósito e predisposição sob o sistema iluminista respaldado pelos judeus-cristãos. Mas essa ilusão poderia ser derrubada. Eles poderiam ser transformados para melhor — somente se o próprio sistema se reduzisse a ruínas.

O Retorno ao Paganismo   **183**

Esse argumento tinha raízes profundas na esquerda marxista. O socialista italiano Antonio Gramsci (1891–1937) propôs, em 1916, que o fracasso da Primeira Guerra Mundial em promover a revolução marxista a nível global resultava da cultura — afinal, muitas pessoas cresceram sob a ortodoxia repressiva do capitalismo. "O homem está acima de tudo, mente, consciência — isto é, ele é um produto da história, não da natureza. Não há outra maneira de explicar por que o socialismo já não existe", escreveu ele.[7]

Gramsci morreu em uma prisão italiana sob o regime de Mussolini, mas sua filosofia foi adotada pelos membros da Escola de Frankfurt, um grupo de acadêmicos alemães expulsos do país em meio à ascensão do Partido Nazista. Seu líder, Max Horkheimer (1895–1973), pregava a transformação social — e sugeriu que os sistemas precisavam ser desconstruídos para dar lugar a ela. Ele explicou que sua teoria crítica se pautava em "desconfiar das próprias categorias de melhor, útil, apropriado, produtivo e valioso, como são entendidas na presente ordem".[8] A ordem atual tinha que mudar, disse Horkheimer, porque "a miséria do nosso tempo está ligada à estrutura da sociedade".[9] E o jeito de mudar era derrubá-la. Não é coincidência que várias linhas de pesquisa acadêmica dedicadas a grupos de pretensas vítimas — estudos negros, judaicos, LGBT — encontrem abrigo sob a rubrica de "estudos críticos".

As teorias de Horkheimer e outros membros da Escola de Frankfurt foram extirpadas da Alemanha nazista, mas acabaram se entranhando nos Estados Unidos com a ajuda de Edward R. Murrow, entre outros. Nomes importantes, como Theodor Adorno (1903–1969), postularam que a cultura norte-americana estava abarrotada de materialismo antirrevolucionário; Erich Fromm (1900–1980) sugeriu que as raízes do totalitarismo estavam no materialismo estadunidense. Fromm afirmou que o fascismo aumentaria nos Estados Unidos graças a sua devoção ao capitalismo. Os indivíduos foram alienados da sociedade por seu consumismo, transformados em acessórios.

Na verdade, não somos livres — apenas *achamos*, graças às mentiras do Iluminismo e da civilização ocidental. "Nos orgulhamos de não estarmos sujeitos a nenhuma autoridade externa", escreve Fromm, "de sermos livres para expressar nossos pensamentos e sentimentos, e tomamos como certo que essa liberdade garante nossa individualidade. *O direito de expressar nossos pensamentos*, contudo, *só tem sentido se formos capazes de pensar por nós mesmos*". A impotência da sociedade ocidental só seria aliviada na "conformidade compulsiva com o processo que torna cada indivíduo um autômato" ou "no caráter autoritário". Sem a reforma propiciada pelo marxismo, os homens se tornam nazistas ou consumidores medíocres, como os dos Estados Unidos modernos — que, no final das contas, são protofascistas.[10]

Essa foi uma leitura equivocada da natureza do individualismo norte-americano, que se baseava nos valores judaico-cristãos e na razão grega. Fromm não estava errado em considerar a substituição do propósito individual e coletivo pelo materialismo um problema — mas a opção que propôs, destruir seu sistema de valores, em vez de restaurá-lo, não tinha o menor cabimento. O nazismo não surgiu do consumismo. Surgiu da anulação do propósito individual em prol do coletivo, e do abandono da predisposição individual em favor da adoração da predisposição coletiva do Estado. Nesse sentido, o nazismo estava muito mais próximo do marxismo do que do capitalismo.

O Retorno ao Paganismo

No entanto, Fromm e pensadores alinhados a ele sugeriram que a solução para tal fatídico deslizamento da conformidade consumista enfadonha para o terrível fascismo estava na completa rebelião. Somente atos de rebelião destruiriam o sistema interno. No sexo; na arte; no trabalho; rebelião em todos os setores.

O principal defensor dessa rebelião foi Herbert Marcuse (1898–1979). Marcuse, um dos progenitores da chamada nova esquerda, pregou que a ordem predominante tinha que ser arrancada pela raiz. Em 1955, coincidente com a ascensão do pensamento de Kinsey, Marcuse escreveu *Eros e Civilização*, em que argumentou que a repressão da sexualidade comprometeu a humanidade, e que somente a libertação da mentalidade vitoriana em relação ao sexo construiria um mundo melhor. Como Kinsey, Marcuse contestou Freud, propondo um mundo livre do *eros*, e apelou para "um conceito de civilização não repressiva, baseada numa experiência fundamentalmente diferente de ser, numa relação fundamentalmente diferente entre homem e natureza, e em fundamentalmente diferentes relações existenciais".[11]

O capitalismo estruturou adultos para atender a padrões de especialização do trabalho — e essa mesma lógica se aplicava ao sexo, segundo a qual certas partes do corpo ganharam funções determinadas. Agora não! Agora, "o corpo em sua totalidade se tornaria um objeto de catexia, algo a ser desfrutado — um instrumento de prazer".[12] Tudo se tornaria lindo e maravilhoso com os seres humanos finalmente se regozijando na plena autorrealização: "Deixando de ser empregadas [as relações não libidinais] como instrumentos para reter os homens em desempenhos alienados, as barreiras contra a gratificação absoluta converter-se-iam em elementos de liberdade humana. [...] Essa racionalidade sensual contém suas próprias leis morais."[13]

O paganismo dionisíaco irrefreado libertaria o mundo. Não surpreende que o slogan popular de Marcuse seja "Faça amor, não guerra." Os estudantes de Paris, durante a revolta de 1968, carregavam cartazes em que se liam Marx, Mao e Marcuse.

Porém a folia pagã de Marcuse não parou com o sexo revolucionário. A pedra angular se materializou na censura — o que chamou, de maneira orwelliana, de "tolerância repressiva". Marcuse sugeriu que certas formas de discurso tinham que ser barradas para que não emergissem vitoriosas, derrubando a própria teoria crítica. Segundo ele: "A realização do objetivo da tolerância requer intolerância perante as políticas predominantes, atitudes, opiniões, e a extensão da tolerância às políticas, atitudes e opiniões que são proscritas ou suprimidas." A tolerância, disse Marcuse, estava "servindo à causa da opressão"; a opressão, portanto, poderia servir à causa da tolerância. O discurso poderia ser rotulado como violência — Marcuse conclama, então, a "reexaminar o assunto da violência e da distinção tradicional entre ação violenta e não violenta" — e o discurso da violência.

Basicamente, a "tolerância libertária, então, significaria intolerância contra os movimentos da direita e tolerância aos movimentos da esquerda [...] estenderia ao estágio da ação como também da discussão e da propaganda, da ação como também da palavra". A "feira de ideias" tinha que morrer, uma vez que era "organizada e delimitada por aqueles que determinam o interesse nacional e o individual". Os grupos minoritários teriam que receber privilégios para acabar com a oposição: "A liberação dos Condenados da Terra pressupõe a supressão não só dos seus mestres velhos, mas também dos seus mestres novos."[14] As raízes da libertação sexual, da política do vitimismo e da correção política haviam sido estabelecidas.

A esquerda foi precisa em apontar os problemas generalizados de racismo e do sexismo na sociedade norte-americana da década de 1950 — mas sua solução era destruir o sistema. Essa solução era egoísta — desde Marx, a esquerda entendia a civilização ocidental como um problema, uma hierarquia de proprietários de imóveis buscando suprimir seus supostos subalternos. Agora, a esquerda afirmava que todos os males da sociedade eram responsabilidade do sistema que tanto desprezou. E os jovens norte-americanos, vivendo a turbulenta mudança social dos anos 1960, endossaram a essa mensagem. Nos anos 1960 e 1970, a contracultura, que entendeu os Estados Unidos como um lugar repleto de mal e sofrimento, tornou-se a cultura dominante na academia e na mídia.

"ESTOU NO CAMINHO CERTO, BABY"

Se o sistema fosse o culpado por todas as deficiências humanas, as respostas seriam encontradas na *sua* verdade. A virtude, ao que parecia, integrava a hierarquia à moda antiga que circunscrevera a humanidade por milênios. Não, as pessoas simplesmente tinham que "se encontrar". Essa nova vertente maquiada do romantismo rousseauniano encontrou seguidores eufóricos na nova esquerda. Onde antes a consciência reinara suprema, agora a autorrealização tornou-se o segredo do desenvolvimento pessoal.

A teoria psicológica de Abraham Maslow (1908–1970) foi usada para apoiar essa jornada interior. Maslow dizia que os seres humanos buscavam a autorrealização — não a virtude, agindo de acordo com um télos objetivo, mas a realização do que *você* legitimamente deseja.

188 O LADO CERTO DA HISTÓRIA

A repressão nos impede de perceber o que queremos e do que precisamos — e tal repressão começa na infância, "sobretudo como resposta às desaprovações parentais e culturais". Devemos buscar nossa natureza interior, que "não parece ser intrinsecamente má; é, antes, neutra ou positivamente 'boa'". Ao remover a repressão, liberamos o bem.[15]

O livro *Meu Filho Meu Tesouro* (1946), do Dr. Benjamin Spock (1903–1998), que vendeu 50 milhões de cópias entre a publicação e sua morte, em 1998, dava a mesma ênfase à autoestima. Spock, entusiasta da nova esquerda, dizia aos pais para deixar de lado a rigidez dos tempos antigos, pois ela causava insegurança e ansiedade. Em vez disso, os pais deveriam seguir seus instintos e abster-se de criticar os filhos. Spock admitiu que seus primeiros manuscritos levavam muitos pais a acreditar que deveriam submeter-se aos filhos. "Os pais começaram a ter medo de se impor aos filhos", disse ele. Na verdade, Spock alterou o livro para destacar os padrões parentais nas edições posteriores.[16]

Contudo, Spock acreditava na noção de que o homem tem uma essência inerentemente *boa*. "John Dewey e Freud disseram que as crianças não precisam ser disciplinadas na idade adulta, mas podem direcionar-se para a vida adulta seguindo a própria vontade", declarou Spock em 1972, quando concorria à presidência pelo Partido do Povo (sua plataforma incluía assistência médica gratuita, retirada total de todas as tropas norte-americanas de países estrangeiros e a garantia de uma renda mínima).[17]

Essas ideias eram a sensação das décadas de 1960 e 1970. Nathaniel Branden (1930–2014), famoso amante de Ayn Rand e um dos primeiros objetivistas, escreveu o best-seller *The Psychology of Self-Esteem*, em que afirmou que a busca humana central era pela autoestima — e

O Retorno ao Paganismo

que a autoestima só é alcançada por meio da ponderação racional. Ele atacou a doutrina do Pecado Original e argumentou que a vontade de entender concede um propósito.[18] Mais tarde, Branden escreveu que não havia "um único problema psicológico — de ansiedade e depressão, medo de intimidade ou do sucesso, abuso doméstico ou molestamento infantil — que não se relacionasse à baixa autoestima".[19]

Maslow, Spock e Branden podem ter argumentado que a autoestima tinha que ser conquistada — mas essa mensagem logo foi substituída pela simplificação de sua filosofia: a alta autoestima precisava ser buscada a qualquer preço. Se a satisfação residisse na autoestima, as crianças tinham que ser ensinadas que eram especiais. Além disso, se os valores e padrões se colocassem no caminho da autoestima, teriam que ser relegados em prol da verdadeira autorrealização.

Os políticos começaram a repetir a ideia de que as crianças *eram dignas* de uma cultura de autoestima; como Jesse Singal, de *The Cut*, escreve: "A febre da autoestima mudou a forma como inúmeras organizações são geridas, como toda uma geração — os millennials — foi educada, e como essa geração passou a se perceber (bem mimada)." Como Singal também aponta, a ciência social que sugere que o crime e o sofrimento seriam minimizados com a maximização da autoestima é besteira — não se verifica que a autoestima torna as pessoas mais bem-sucedidas, mas essas pessoas tendem a ter uma autoestima melhor *graças a suas conquistas.*[20]

Os efeitos reais dessa cultura não são gerações de pessoas plenas — mas obcecadas por si mesmas. A sociedade foi rápida em abraçar o movimento da autoestima, a noção de que os sentimentos de todos deveriam ser honrados a fim de evitar a perda crucial de autoestima.

Barney cantou para inúmeras crianças em idade escolar: "Você é muito especial, não existe outro igual." E, à medida que cresciam, Lady Gaga lhes dizia: "Just love yourself and you're set/I'm on the right track, baby/I was born this way." ["Ame a si mesmo, e tudo estará certo/Estou no caminho certo, baby/Eu sou assim", em tradução livre.] E enquanto *Pinóquio* ensinava: "Sempre deixe a consciência ser seu guia", agora *Frozen* diz: "A liberdade veio enfim/Pra mim/Livre estou, livre estou." Ou, mais grosseiramente, os norte-americanos podem acatar que não somos nada além de mamíferos, que deveríamos agir como mostra o Discovery Channel* — não exatamente a elevação transcendental de Salmos ou de Beethoven. A lei natural se tornou a natureza, e, revivendo sua natureza, em vez de canalizá-la, os seres humanos finalmente encontrariam a felicidade.

A ASCENSÃO DA INTERSECCIONALIDADE

Para os defensores da Escola de Frankfurt, o foco na autoestima era óbvio: se eles se concentrassem na disseminação da prosperidade material, teriam que abandonar o marxismo em favor do capitalismo, respaldado pelos valores judaico-cristãos. Concentrando-se na autoestima, no entanto, a nova esquerda mata dois coelhos com uma cajadada só: anula a dependência dos valores pautados na religião judaico-cristã e na teleologia grega, e desqualifica o capitalismo.

A religião, a teleologia grega e o capitalismo têm algo em comum: nenhum deles se importa particularmente com "sua felicidade".

---

* No original: *you and me baby ain't nothin' but mammals who ought to do it like they do on the Discovery Channel*, paráfrase de um trecho da música *Bad Touch*, do Bloodhound Gang. [N. da T.]

A religião sugere que sua autorrealização está em consonância com Deus, e que qualquer tentativa de aplacar seu ego por meio da busca da felicidade definida por questões pessoais está fadada ao fracasso. A religião sugere que "sua felicidade" não existe: somente a de Deus. A teleologia grega é totalmente alheia a sua definição pessoal de autorrealização; o único fator relevante é agir de forma virtuosa, de acordo com a razão correta. E o capitalismo se importa menos ainda com o que você sente, ele se preocupa com sua capacidade de criar produtos e serviços que outra pessoa deseja.

Ao chamar a autorrealização de bem maior, então, a nova esquerda expulsa o espectro das raízes da civilização ocidental e as substitui por uma chamada para ação. E o que é essa chamada? A formação de alianças voltadas à derrubada do sistema. A teoria é assim: a autoestima é o bem fundamental. Mas ela não pode ser alcançada enquanto houver impedimentos estruturais.

Esses impedimentos estruturais vieram sob a forma de sexismo, racismo e outras formas de fanatismo. Tal fanatismo não precisava ser expressado — as estruturas sociais eram institucionalmente tendenciosas em relação a esses grupos de vítimas. E os membros desses grupos não conseguiriam alcançar a autorrealização enquanto as instituições permanecessem de pé.

Feministas de segunda onda, como Betty Friedan (1921–2006) caracterizaram o papel das mulheres norte-americanas como "o confortável campo de concentração". Ela argumentou, como outros membros da nova esquerda, que as mulheres eram impedidas de alcançar a verdadeira felicidade pelas expectativas tácitas da sociedade; em *Mística Feminina* (1963) choraminga: "Uma estranha agitação, um sentimento de insatisfação, um anseio pelo qual as mulheres passaram em meados do século XX nos Estados Unidos." O que levou a esse sofrimento calado? Citando Maslow, entre outros, Friedan argumentou que as mulheres se venderam graças às pressões da sociedade, transformando-se em "cadáveres ambulantes".[21]

Simone de Beauvoir, autora feminista de *O Segundo Sexo* e parceira de Sartre, também existencialista, chegou a dizer que a sociedade deveria *impedir* as mulheres de se tornarem mães: "Nenhuma mulher deve ser autorizada a ficar em casa para criar seus filhos. A sociedade deveria ser totalmente diferente. As mulheres não deveriam ter essa escolha, precisamente porque, se houver, muitas mulheres a farão. É uma maneira de forçar as mulheres em uma certa direção."[22]

Enquanto isso, no rescaldo do movimento pelos direitos civis, que lutou justamente contra o verdadeiro racismo institucionalizado mediante estruturas legais, um novo argumento foi cunhado: que o Ocidente era irremediavelmente racista e que tal racismo nunca seria superado. Em 1963, Malcolm X argumentou que até a legislação dos direitos civis era imprudente: "Nunca resolveria nossos problemas."[23]

Em 1967, o primeiro-ministro honorário do Pantera Negra, Stokely Carmichael, e Charles Hamilton escreveram em *Black Power: The Politics of Liberation* que esse racismo institucional tinha ido tão longe que apenas uma reestruturação sistêmica o anularia. "O racismo é tanto evidente como dissimulado", escreveram. "Existem duas atitudes intimamente relacionadas: os brancos agindo contra os negros e a comunidade branca agindo contra a negra, como um todo. Chamamos a elas de racismo individual e de institucional." O racismo institucional é vago e difícil de definir — mas seus frutos o definem.

Onde quer que haja disparidade, obviamente existe discriminação. Quando os norte-americanos negros carecem de "comida adequada, abrigo e instalações médicas, e milhares são destruídos e mutilados física, emocional e intelectualmente por causa das condições de pobreza e discriminação na comunidade negra, o racismo institucional fica patente". Os brancos não estão mais bombardeando as igrejas nem apedrejando as famílias negras, mas ainda "apoiam políticos e instituições que perpetuariam políticas racistas institucionais". Nesse sentido, a assimetria política é um disfarce para acobertar o racismo.[24]

A única maneira de os membros desses grupos vitimizados recuperarem a autoestima viria da união para derrubar o sistema. A feminista Gloria Steinem escreveu que mulheres e outros grupos vitimados não alcançavam a autoestima no sistema atual; para isso, essas vítimas teriam que se unir "a outros que compartilhem experiências semelhantes (de grupos de pessoas variadamente capacitadas a conferências de nações indígenas) com poder compartilhado, tomando seu lugar em um círculo em que sua identidade seria legítima".[25]

A professora Kimberlé Crenshaw, da Universidade de Columbia, apresentou um termo para descrever essa coalizão de vítimas: *interseccionalidade*. De acordo com Crenshaw, os seres humanos integram vários grupos: raciais, de gênero, religiosos, de determinada orientação sexual. E podemos descrever suas "realidades vividas" com base na interseção entre esses grupos. Assim, uma muçulmana negra lésbica tem uma realidade vivida diferente da de um cristão branco heterossexual. Além disso, segundo ela, podemos identificar o nível de dificuldade que alguém teve na vida com base, simplesmente, nos vários grupos dos quais é membro. Quanto mais grupos minoritários são associados a uma pessoa, mais vítima ela é; quanto mais foi vitimizada, mais pode aderir ao fanatismo institucional inato do Ocidente.

O objetivo real, como Crenshaw reconhece, é intimidar aqueles que não são membros desses grupos interseccionais — para forçá-los a "verificar seu privilégio". Crenshaw explica: "Reconhecer o privilégio é difícil — particularmente para aqueles que também sofreram discriminação e exclusão." Mas reconheçam que devem o fazer, ou serão acusados de cúmplices do racismo institucional.[26]

Os cidadãos brancos devem reconhecer seu privilégio por ser branco ou ser banidos; os homens devem reconhecer sua "masculinidade tóxica"; a política de identidade seria o caminho para a verdadeira justiça. A tolerância repressiva deve ser exercida contra os que lutarem contra a noção tribal de interseccionalidade. Aqueles que se recusam a respeitar os ditames tribais da interseccionalidade — pessoas que não se dizem vítimas sociais em função da cor da pele — são vendidos, o Tio Tom*.

Seguindo esse raciocínio, Clarence Thomas não é legitimamente negro, porque não vota em democratas; Nikki Haley não é legitimamente mulher, porque é republicana pró-vida. De acordo com Ta-Nehisi Coates, quando os negros endossam o pensamento individualista que se desvia da ideologia democrática tradicional, acabam apoiando a "liberdade branca": "Uma liberdade inconsequente, acrítica; liberdade para ser orgulhoso e ignorante."[27]

---

* No original, *Uncle Tom*, apelido pejorativo para norte-americanos negros que se submetem a figuras de autoridade brancas, por comodismo. [N. da T.]

O Retorno ao Paganismo

O TRIUNFO DO VITIMISMO

A fim de promover discussões sobre a interseccionalidade, os sistemas opressores precisam ser contidos — inclusive a fala alheia. Os debates devem acabar. A razão deve ser atirada pela janela, uma vez que, devido a nossas diferentes experiências de vida, não podemos nos entender. A liberdade — supostamente uma ferramenta da estrutura do poder branco — deve ser redefinida de modo a proteger a autorrealização das pessoas intersecionais.

A ciência também deve ficar para trás. Ela mina o argumento interseccional, porque evidencia que nem todo sofrimento provém de discriminação institucional. Digamos que a ciência social mostre uma alta correlação entre mães solteiras e criminalidade — e que elas são predominantemente negras norte-americanas. Ou que há diferenças de QI entre grupos, e que são, pelo menos parcialmente, hereditárias. Ou que homens e mulheres são biologicamente diferentes, e que isso explicaria as diferenças salariais — já que as mulheres escolhem diferentes tipos de emprego e tomam diferentes decisões em relação ao número de horas trabalhadas, seu salário tenderia, em média, a ser menor do que o dos homens. Ou que o gênero está relacionado ao sexo, e que homens que acreditam ser mulheres não o são.

Esses fatos básicos tornam-se sujeitos a escrutínio a partir do momento em que *a própria ciência* se torna uma construção do sistema. Esse é o argumento de Donna Hughes, no *Women's Studies International Forum*, que explica: "O método científico é uma ferramenta para a construção e justificação do domínio no mundo... as novas técnicas metodológicas foram inventadas por homens que estavam interessados em explicar a herança de traços a fim de apoiar sua ideologia política de superioridade e inferioridade humanas naturais."[28]

Isso parece bizarro e ingênuo. Porque é. A ciência criou vacinas que salvaram milhões de pessoas; isso não é uma construção social, é um fato. Mas a ideia pós-moderna de que a ciência é um construto etnocêntrico logo virou um lugar-comum. Em 2018, uma ação judicial do antigo funcionário do Google, James Damore, por rescisão injusta alegava que a empresa distribuíra um comunicado oficial a todos os gerentes. Esse memorando, destinado a motivar a "inclusão", sugeria que "aspectos da cultura dominante branca" não poderiam ser recompensados. Esses aspectos incluíam pensar em termos de "realização individual", "meritocracia", "objetividade" e "daltonismo racial". Em vez disso, os gerentes deveriam procurar promover a "percepção da raça/cor e quaisquer padrões raciais no tratamento", bem como o conceito de que "tudo é subjetivo".[29]

Obviamente, os defensores da ciência verificável se viram atacados pelas supostas intenções que teriam ao discutir ciência. Em janeiro de 2018, Steven Pinker discutiu o problema da radicalização política e, em particular, a nova atração de alguns universitários pela direita alternativa. Ele defendeu que o aumento súbito da direita alternativa é resultado, entre outros fatores, de tentativas de silenciar a discussão sobre ciência. Mencionou que, se as pessoas racionais citassem fatos básicos — como "diferentes grupos étnicos cometem crimes violentos em ritmos diferentes" ou "homens e mulheres não são idênticos em suas prioridades de vida, em sua sexualidade, em seus gostos e interesses" — seriam, no ato, acusadas de racistas e sexistas.

Como a esquerda entende que tais fatos degradam a autoestima, concentra-se em anular sua discussão — acarretando maior probabilidade de inferências enganosas para os que os querem discutir. Como Pinker explicou: "Se você nunca ouviu esses fatos e se deparou com eles ou alguém os mencionou, é possível chegar a conclusões extremas... você está exposto a formas descontextualizadas desses fatos, que levam ao racismo e ao sexismo." Pinker acrescentou: "Se eles fossem expostos, a razão para colocá-los em um contexto político e moral apropriado também poderia ser articulada, e não acho que acarretariam uma reação contrária extrema."

Por expressar sua *oposição* a essa dedução de pontos de vista extremos dos fatos, e por seu apoio à discussão de fatos controversos, Pinker foi acusado de entusiasta do racismo e do sexismo — ele foi, na verdade, acusado de ser membro da direita alternativa por causa de uma palestra em que *a ridicularizava*. O professor Joshua Loftus, da Universidade de Nova York (membro autodeclarado dos socialistas democráticos) disse que as ideias de Pinker indicam um "problema pernicioso... o centrismo radical de pessoas como Pinker, Jon Haidt, Christina Hoff Sommers, Sam Harris e James Damore".[30] Jamelle Bouie, da revista *Slate*, alegou que Pinker fez declarações como: "negros são criminosos" e " judeus controlam o mundo".[31]

Sam Harris deparou-se com o mesmo tipo de ira, porque ousou apontar que há diferenças de QI entre alguns grupos. Ele não disse que eram inteiramente genéticas; não fez inferências políticas a partir desses estudos de QI (só para registrar, Harris era apoiador de Hillary Clinton). No entanto, Ezra Klein, em *Vox*, repreendeu-o por citar tais estudos, com os cientistas Eric Turkheimer, Kathryn Paige Harden e Richard Nisbett, sugerindo que Harris se envolvera com "especulações racistas e pseudocientíficas".[32]

Quando confrontado por Harris, Klein recuou para a política de identidade: "Essas hipóteses sobre diferenças raciais biológicas são, e sempre foram, usadas para promover interesses políticos claros."

198   O LADO CERTO DA HISTÓRIA

Assim, nunca devem ser discutidas, uma vez que conflitam com as considerações das políticas de identidade. E até engajar-se em discussões científicas tornou-se *uma forma de política de identidade*, de acordo com Klein — citar estudos e lutar contra as tentativas de censurá-los seria nada mais que um tribalismo de cientistas brancos.[33]

Essa alógica patética chegou ao domínio científico. A National Science Foundation (NSF), agência de financiamento federal de ciência, disse querer buscar uma "mão de obra em STEM [ciência, tecnologia, engenharia e matemática] diversificada" —, não os melhores cientistas de todas as raças, mas um grupo especificamente diverso. Para esse fim, a NSF gastou milhões em projetos de financiamento de pesquisas sobre preconceito implícito, uma das tentativas menos comprovadas e mais panfletárias para descobrir o racismo secreto, bem como 500 mil dólares em estudos sobre interseccionalidade.

Departamentos de ciência de todo o país não procuram os que têm as maiores notas ou as melhores credenciais, mas aqueles que "contribuem para a diversidade". Como Heather Mac Donald ressalta, a American Astronomical Society já pediu que os programas de PhD parassem de usar o Graduate Record Exam (GRE) em física para os candidatos, uma vez que poucas mulheres estavam se saindo bem. O mesmo acontece na medicina; as escolas foram incentivadas a parar de usar o Medical College Admission Test (MCAT) para minorias étnicas. O impacto: "De 2013 a 2016, as faculdades de medicina admitiram 57% de candidatos negros com um MCAT baixo, de 24 a 26, e apenas 8% brancos e 6% asiáticos com as mesmas pontuações, de acordo com o professor Frederick Lynch da Claremont McKenna." Como pode ser bom pacientes serem operados por cirurgiões menos qualificados, mas etnicamente diversificados, não tem explicação.[34]

O Retorno ao Paganismo

Vimos essa verborragia anticientífica dar as caras repetidas vezes. O ex-secretário do Tesouro, Lawrence Summers, perdeu o emprego de reitor da Universidade de Harvard quando professores votaram para derrubá-lo; Summers cometeu a temeridade de citar estudos sugerindo que há mais homens que se enquadram nas extremidades superior e inferior do espectro de distribuição de pontuação de teste, o que cria disparidade na distribuição de homens e mulheres em trabalhos específicos de ciências e matemática.[35]

Jordan Peterson, professor da Universidade de Toronto, recebeu uma carta da administração advertindo-o de que sua recusa em usar pronomes transgêneros era "contrária ao direito à igualdade de tratamento sem discriminação baseada em sua 'identidade de gênero' e em sua 'expressão de gênero'". A carta sugeria que a insistência de Peterson em usar os pronomes corretos, de acordo com a biologia, tinha sido "emocionalmente perturbadora e dolorosa" para alguns alunos.[36]

Lindsay Shepherd, pós-graduanda de Wilfrid Laurier, no Canadá, foi punida depois de mostrar um vídeo de Peterson discutindo o uso de "pronomes inventados" para apaziguar transgêneros.[37] No estado de Boise, o professor Scott Yenor foi repreendido pelo grande pecado de escrever uma peça sugerindo que a insistência do feminismo radical de que gênero era uma construção social pavimentou o caminho para o movimento pelos direitos dos transgêneros.[38]

Os alunos protestaram contra a professora Heather Heying, da Evergreen State College, quando mencionou que os homens são mais altos que as mulheres.[39] O marido de Heying, o professor Bret Weinstein, perdeu o emprego na Evergreen quando se recusou a deixar o campus depois que estudantes negros exigiram que professores brancos não ensinassem em um determinado dia; os estudantes o chamaram de racista e tomaram alguns prédios do campus.[40] Palestrantes de universidades, de Charles Murray a Heather Mac Donald e Christina Hoff Sommers, foram expulsos dos campi, em geral, após protestos violentos, pelo pecado de citar estatísticas.

Antes falsas estatísticas e estudar ciências sociais duvidosas do que violar o senso de autoestima de alguém.

Todo esse absurdo anticientífico e essa antirrazão são um retorno ao caos aleatório dos pagãos — uma crença na subjetividade acima da objetividade, na falta de controle sobre o destino, na ideia de que a razão é um mero reflexo da dinâmica do poder. O mesmo método científico, a confiança na razão e a crença no valor individual, que levou à maior onda de riqueza da história humana, está agora sob ataque — tudo em nome da busca pela autorrealização e pela autoestima.

Tudo isso é prejudicial às pessoas que deveriam ser libertadas por essas ideias. O pensamento interseccional promove uma mentalidade de vítima em desacordo com a busca da realização e sucesso. Se lhe disserem que sua autoestima está ameaçada pelo sistema e pela estrutura, e que nem a estatística e a ciência podem ofendê-lo — se lhe ensinam que sua felicidade é mais importante do que a verdade objetiva — você se torna fraco e frágil, incapaz de lidar com o mundo real.

O psicólogo social Jonathan Haidt, da Universidade de Nova York, aponta que o tipo mais eficaz de terapia para o pensamento distorcido é a comportamental cognitiva, na qual as pessoas quebram cadeias de pensamento com razão e análise — o oposto do que as universidades têm feito. "A atual tendência colegiada de descobrir microagressões supostamente racistas, sexistas, classistas ou de outra forma discriminatória *não por acaso* ensina os alunos a se concentrarem em pequenas e acidentais dificuldades", escreve ele. "O *propósito* é fazer com que

O Retorno ao Paganismo

os alunos se concentrem neles e, em seguida, renomeiem quem fez tais comentários como agressor." Isso, conclui Haidt, torna a sociedade mais censora e os estudantes psicologicamente mais instáveis: "A nova proteção ensina os alunos a pensarem de forma patológica."[41]

Ainda pior, as pessoas que se percebem como vítimas também são mais propensas a se tornar agressoras; como explica o psicólogo social Roy Baumeister: "Muitas pessoas violentas acreditam que suas ações são justificáveis pelos atos ofensivos de quem as tornou vítimas."[42] Precisamente o que vimos dos desordeiros do campus, dos descontentes das redes sociais e da iniciativa para usar a força do governo para encerrar determinados tipos de discursos de que discordam.

Porém, dizem-nos, pelo menos essa nova consciência de nossos problemas interseccionais produz um mundo mais *consciente* e, talvez, melhor. Nem tanto. Concentrar-se em erros passíveis de correção vale a pena; culpar a discriminação por todas as disparidades leva a mais polarização política e ao fracasso individual. Estudos mostram que a discriminação percebida está fortemente relacionada a "notas mais baixas, menos motivação acadêmica... e menos persistência ao se deparar com desafios acadêmicos".[43] Isso é, sem dúvida, motivo para combater a discriminação. E também para não exagerar sua extensão, nem silenciar conversas a fim de satisfazer sensibilidades.

O FIM DO PROGRESSO

Então, a visão da esquerda cultural proporcionou satisfação? Proporciona solipsismo, com certeza. Mas também polarização. Não se trata apenas da interseccionalidade segmentando indivíduos em grupos raciais e, em seguida, colocando-os uns contra os outros. A solidariedade racial entre os membros da coalizão interseccional também impulsiona a solidariedade racial reversa da chamada direita alternativa — um grupo de racistas que promovem o orgulho branco. Os líderes desse movimento incluem o execrável Richard Spencer, Jared Taylor e Vox Day — todos usam dados de QI para explicar disparidades raciais, enquanto afirmam que as raízes da civilização ocidental não estão nas ideias, mas na raça. A direita alternativa continua sendo um movimento marginal, mas seus argumentos penetraram em círculos mais visíveis graças a uma tendência reacionária de abraçar qualquer um que supostamente se opusesse ao politicamente correto.

A visão cultural da esquerda sobre a realidade levou à raiva e ao ódio — pesquisas mostram que o Ocidente está mais dividido do que nunca. Essa sensação de que o mundo gira fora de controle apenas alimenta o ataque da interseccionalidade à ação. A predisposição individual foi abandonada nessa visão de mundo — os indivíduos, afinal, são criações dos sistemas nos quais nasceram. O propósito coletivo também desapareceu — afinal, ele é o sistema repressor.

Mas a identidade tribal está bem viva.

A identidade tribal não proporciona desenvolvimento. Mas pode fornecer sentido.

O problema, é claro, é que a identidade tribal também destrói a civilização que nos concedeu nossa liberdade e nossos direitos, nossa prosperidade e nossa saúde. Mas talvez nada disso tenha sentido em longo prazo. Assim, argumenta Yuval Noah Harari, professor da Universidade Hebraica de Jerusalém e autor de *Sapiens: Uma Breve História da Humanidade*. Harari, diferentemente dos pensadores interseccionais da esquerda, é honesto o suficiente para admitir a verdade brutal e existencial de uma civilização desatrelada de valores

O Retorno ao Paganismo

judaico-cristãs e da razão: ele diz que podemos ter sido mais felizes na Idade da Pedra e que tentativas de obter sentido são maneiras de nossos cérebros se distraírem enquanto viajamos em direção à morte.

A história não progride; ela é como o filme *O Feitiço do Tempo*, embora tenha despertadores melhores para acordar todas as manhãs.[44] Talvez só possamos ser verdadeiramente felizes descartando a verdade e a realidade. "Queremos viver em um mundo em que bilhões de pessoas estão imersas em fantasias, perseguindo metas ilusórias e obedecendo a leis imaginárias? Bem, gostemos ou não, este é o mundo em que vivemos há milhares de anos", argumenta Harari.[45] Talvez, por meio da tecnologia a humanidade se transforme a ponto de ficar irreconhecível. Talvez não.

Harari está certo em um ponto: o capitalismo, no final das contas, não satisfaz o anseio humano por sentido, mesmo que melhore nossa condição material. E assim, a fantasia de uma nova humanidade, promulgada pela esquerda, continua a nos ludibriar. Alternamos entre a tentativa de realizar esse sonho, o sofrimento por causa dela, a desistência dela e a retomada do sonho. Nossa única alternativa seria retornar aos valores judaico-cristãos e à razão grega que sustentavam a fundação do Ocidente. Não basta justificar a utilidade do Iluminismo; ele é o andar térreo do prédio, apoiado em certas ideias fundamentais e premissas básicas. Devemos reforçá-las, se esperamos continuar construindo em direção ao Céu, em vez de acrescentar peso a uma superestrutura instável.

Em seguida, voltamos para essa tarefa.

CONCLUSÃO:
COMO CONSTRUIR

Hoje, o Ocidente luta de várias maneiras. Mas a maior luta é pela alma de nossa cultura. Nós *odiamos* uns aos outros. Essa raiva é notória. De onde surgiu? Ela vem da destruição de uma visão comum. Acreditávamos na visão da fundação, sustentada por uma estrutura de virtude pessoal extraída da moralidade judaico-cristã. Nós nos víamos como irmãos, não como "1% versus 99%" ou "privilegiados versus vítimas". Não éramos inimigos. Éramos uma comunidade, forjada a fogo e unida por valores que remontam ao Jardim do Éden — uma comunidade de indivíduos que buscavam entender o valor de cada um como imagem de Deus, que acreditavam na própria capacidade de transformar a si e ao mundo ao redor.

Nós podemos recuperar isso. Nós *devemos* recuperar isso. Nossa felicidade individual e coletiva depende de recuperarmos os valores que temos perdido de forma muito rápida.

Fazer isso demanda ousadia.

Fazer isso demanda sacrifício.

Talvez a história mais polarizada e enigmática da Bíblia seja a do sacrífico de Isaac por Abraão. É uma história enganosamente simples: Deus diz a Abraão para sacrificar seu filho, que concorda sem argumentar; ele leva Isaac ao topo de uma montanha para matá-lo, um anjo intervém e o impede, e Abraão substitui Isaac por um carneiro, para não matar o filho. Mas, obviamente, a história levanta questões importantes. Deus é bárbaro? Richard Dawkins diz que sim: "Pelos padrões da moralidade moderna, essa história vergonhosa é um exemplo simultâneo de abuso infantil, bullying em duas relações de poder assimétricas e o primeiro uso registrado da defesa de Nuremberg: 'Eu estava apenas obedecendo a ordens.'" Dawkins diz que essa narrativa não é alegoria de nada louvável. E não ensina a moral: "Que tipo de moral se pode tirar dessa história pavorosa?"[1]

E, de fato, os filósofos religiosos discutem o significado dessa história há séculos. Kierkegaard sugeriu que o sacrifício de Isaac representava o cúmulo da fé religiosa pessoal em detrimento da ética. Aquino via em Isaac um arquétipo de Jesus.

No entanto, em vez de questionar se Deus estava certo ou errado nesse cenário, ou se Abraão estava, concentremo-nos no pedido: o sacrifício de um filho. Por isso, sabemos que Abraão se dispôs de todas maneiras a se sacrificar pela honra de Deus: ele deixou sua casa em busca de uma terra desconhecida, que Deus se comprometeu a lhe mostrar; separou-se de uma de suas esposas, Hagar, e de um de seus filhos, Ismael, por ordem de Deus; lutou uma guerra com reis; ele se circuncidou. Tudo isso demonstra o compromisso de Abraão com seus ideais. Agora, Deus pede a Abraão que entregue os próprios

Conclusão: Como Construir

filhos a seus ideais — considerar colocar o próprio filho em perigo de morte em prol de um propósito maior.

Como pai de dois filhos, imagino o horror com que Abraão deve ter cumprido essa ordem. Não é trabalho de todos os pais proteger os filhos de perigos?

Na realidade, é isso que *todos somos* solicitados a fazer, todos os dias. Somos solicitados a treinar nossos filhos para defender o bem contra o mal, a luz contra as trevas. Todos os dias, somos solicitados a colocar nossos filhos em perigo por causa de um ideal mais elevado. Podemos pensar que somos participantes neutros do mundo — e, graças aos sacrifícios de nossos pais e avós, o custo de defender vidas com propósitos caiu drasticamente. Mas não se engane: ainda vivemos em um mundo fragmentado, cheio de pessoas que visam aqueles que amam a liberdade individual e a virtude ocidental.

Essa verdade chegou aos Estados Unidos no 11 de Setembro; uma verdade conveniente de esquecer. O que Deus pede de nós, o que nossos ancestrais e nossa civilização nos pede, não é apenas que defendamos verdades valiosas e eternas, mas que também treinemos nossos filhos para que se tornem defensores dessas verdades. Historicamente, isso *significa* expor nossos filhos a perigo direto. Minha própria história familiar está repleta de parentes assassinados na Europa por sua devoção ao judaísmo.

A maneira mais fácil de evitar a responsabilidade é evitar ensinar nossos valores a nossos filhos. Se simplesmente deixamos que escolham seu sistema de valores, pensamos, não os colocamos em perigo; se agimos como árbitros neutros, resguardando-os de potenciais danos através de princípios vagos de tolerância (embora nunca sejamos específicos sobre o que estamos dispostos a tolerar). Podemos deixar essa escolha para trás. Em *Um Violinista no Telhado*, Tevye reclama: "Eu sei, eu sei, somos Seu povo escolhido. Mas, de vez em quando, Você não pode escolher outra pessoa?"

A resposta é óbvia: podemos recusar. Tudo o que temos a fazer é parar de ensinar a nossos filhos.

Se desejamos que nossa civilização sobreviva, no entanto, devemos estar dispostos a ensinar a nossos filhos. A única maneira de *protegê-los* é torná-los guerreiros. Devemos fazer dos nossos filhos mensageiros das verdades *relevantes*. Isso é arriscado. E esse é um risco que devemos estar dispostos a aceitar. Como disse Ronald Reagan: "A liberdade nunca está mais do que a uma geração do precipício. Não a passamos para nossos filhos na corrente sanguínea. Deve-se lutar por ela, resguardar e a entregar a eles para que façam o mesmo, ou passaremos a velhice dizendo aos nossos filhos, e aos filhos deles, como os Estados Unidos eram quando os homens eram livres."[2]

Meu pai gosta de dizer que na vida não há seis direções (leste, oeste, norte, sul, cima e baixo). Há apenas duas: para frente e para trás. Estamos aproximando-nos ou afastando-nos? Estamos ensinando nossos filhos a marchar para frente, com a bandeira de sua civilização na mão, ou a afastar-se devagar, observando a cidade reluzente do alto dos morros, recuando?

O que ensinamos aos nossos filhos? Quando olho para minha filha, de quatro anos, e para meu filho, de dois, o que quero que eles saibam — o que *devem* saber para se tornarem defensores da única civilização pela qual vale a pena lutar?

Minha esposa e eu ensinamos a nossos filhos quatro lições simples.

1. Sua Vida Tem um Propósito. A vida não é uma desordem confusa e caótica. É uma luta, mas uma luta *guiada por um sentido maior*. Você foi feito para usar a razão e seus dons naturais — e cultivá-los para cumprir um objetivo maior. Esse objetivo é descoberto ao investigar a natureza do mundo e explorar a história de nossa civilização. Ele inclui defender os direitos do indivíduo e a preciosidade das vidas individuais; inclui agir movido por virtudes, como justiça e misericórdia. Significa restaurar as fundações de nossa civilização e construir novas e mais belas estruturas sobre elas. Nós nos importamos com o que você faz; seus antepassados há muito tempo mortos se importam com o que você faz; seus filhos se importarão com o que você faz; seu Deus se importa com o que você faz.

2. Você É Capaz. Avance e conquiste. Construa. Cultive. Você recebeu a habilidade de escolher seu caminho na vida — e nasceu na civilização mais livre da história da humanidade. Aproveite ao máximo. Você não é vítima. Em uma sociedade livre, você é responsável por seus atos. Seus sucessos são suas realizações, mas também são o legado daqueles que vieram antes de você e dos que estão com você; seus fracassos são apenas seus. Olhe para o próprio umbigo antes de culpar a sociedade que o aborreceu. E, se a sociedade *violar* os direitos individuais, é seu trabalho trabalhar para transformá-la. Você é um ser humano feito à imagem de Deus, terreno, mas com uma alma que sonha com o eterno. Não há risco nem oportunidade maior que essa.

3. Sua Civilização É Única. Reconheça que o que você recebeu é único na história da humanidade. A maioria dos seres humanos ao longo do tempo viveu na pobreza e na miséria, com sério risco de doenças e morte; a maioria dos seres humanos ao longo do tempo passou por dores mais intensas em seus primeiros anos do que você provavelmente passará em toda a vida. A maioria dos seres humanos viveu sob o controle de outros, sofreu tirania e opressão. Você não. A liberdade de que desfruta e a moral em que acredita são produtos de uma civilização única — a de Dante e Shakespeare, a de Bach e Beethoven, a civilização da Bíblia e de Aristóteles. Você não criou suas liberdades ou sua definição de virtude, nem elas surgiram do nada. Conheça sua história. Explore onde estão as raízes dos seus valores: em Jerusalém e Atenas. Seja grato por elas. Então as defenda, mesmo que você alcance novos ares.

4. Somos Todos Irmãos. Não somos inimigos se compartilharmos uma causa comum. E nossa causa comum é uma civilização repleta de propósitos, tanto coletivos quanto individuais, uma civilização que celebra tanto a predisposição individual quanto a coletiva. Se lutarmos lado a lado, em vez de um contra o outro, seremos mais fortes. Mas só podemos ser mais fortes se seguirmos na mesma direção e compartilharmos a mesma visão. Devemos compartilhar a mesma definição de liberdade quando se trata de política e, em termos gerais, a mesma definição de virtude quando se trata de criar e manter o capital social. Como disse Abraham Lincoln em seu discurso de posse: "Não somos inimigos, mas sim amigos. Não devemos ser inimigos. Embora o ódio nos leve até o limite, não deve romper nossos laços de afeto. Os acordes místicos da memória, que se estende de cada campo de batalha, e patriota, a cada coração vivo e lareira, em todo esse amplo terreno, ainda vai expandir o coro da União, quando novamente tocado, como certamente será, pelos melhores anjos da nossa natureza."

Conclusão: Como Construir

É aqui que nossa tarefa começa. Mas não é onde termina. Conforme meus filhos crescerem, suas perguntas se tornarão mais difíceis. Ótimo. Esta é a função da razão: questionar. E é nosso trabalho buscar as respostas e garantir a eles que, embora não as tenhamos todas, com dedicação, eles podem encontrar respostas que preservem as tradições de nossa história enquanto exploram novos horizontes. Ensinaremos a nossos filhos que se apoiam em alicerces poderosos e vitais construídos por mãos que não são deles e que eles são protegidos por muros que também devem defender.

Vamos ensiná-los que devem aprender *por que* esses muros existem, antes de destruí-los. Diremos a eles, como G. K. Chesterton fez: "Se você não entende a função desse muro, não permitirei que o tire dali. Vá embora e pense. Então, quando voltar e me disser que compreende, eu permitirei que o destrua."[4] Faremos nosso melhor para ensiná-los sobre o que tornou nossa civilização grandiosa e o que a torna ainda maior. Nosso trabalho é nos reconectar com a palavra de Deus e com a filosofia da razão e da liberdade individual — duas ideias que estão, afinal, inextricavelmente interligadas.

Nunca fui muito emotivo. Mas ter filhos muda isso. Uma noite, recentemente, na hora de dormir, minha filha se virou para mim e perguntou: "Papai, você sempre será meu pai?"

Surpreso, respondi: "Claro, querida."

"Mas", explicou ela, "um dia eu vou ser mais velha. E as pessoas idosas *morrem*. Você ainda estará lá?".

Senti um aperto no peito — porque, naturalmente, ela está certa. Não gosto de pensar na morte dos meus pais, muito menos na dos meus filhos. E, embora eu acredite que há vida após a morte, não há uma maneira efetiva de sabermos. Eu não sei o que virá depois. Ninguém sabe.

Coloquei minha mão nos cabelos dela e acariciei sua cabeça. "Sim, querida", respondi. "Mamãe e eu sempre estaremos lá. Nós sempre seremos sua mamãe e seu papai."

Apaguei a luz e saí do quarto. Então me sentei do lado de fora e pensei no quanto a amava, e em como um dia ela enfrentaria todas as questões difíceis que todos enfrentamos. E pensei em como responder a essas perguntas difíceis para mim: no final, somos todos órfãos? Somos obrigados a perder todos os que amamos, e viver e morrer sozinhos? Somos luzes piscando na existência, sem deixar rastros?

Eu não acho. Acredito que a história da civilização ocidental mostra que nossos pais vivem em nós — que quando aceitamos nosso passado, quando aprendemos as lições que nos ensina, quando reconhecemos sua sabedoria ao mesmo tempo em que desenvolvemos a nossa, surge um elo na cadeia da história. Nossos pais nunca morrem enquanto mantivermos a chama de seus ideais vivos e a transmitirmos a nossos filhos.

Depois que minha filha dormiu, voltei para o quarto dela e beijei sua cabeça de novo. Ela estava dormindo; então sei que ela não percebeu. Mas talvez, de alguma forma, ela saiba. E isso talvez seja tudo o que podemos esperar, tudo por que devemos nos esforçar.

Nosso trabalho é continuar a tradição. Nosso trabalho é levar a tarefa adiante.

Se o fizermos, seremos merecedores das bênçãos de Deus e aptos a proclamar a liberdade por toda a terra a todos os seus habitantes. Nós escolheremos a vida, para que nós e nossos filhos possamos viver.

NOTAS

INTRODUÇÃO

1. "Achievements in Public Health, 1900–1999: Healthier Mothers and Ba- bies", CDC.gov, 1º de outubro de 1999, https://www.cdc.gov/mmwr/preview/mmwrhtml/mm4838a2.htm.

2. "Exit polls", CNN.com, 23 de novembro de 2016, http://www.cnn.com/election/results/exit-polls.

3. Aaron Blake, "Nearly Half of Liberals Don't Even Like to Be around Trump Supporters", WashingtonPost.com, 20 de julho de 2017, https://www.washingtonpost.com/news/the-fix/wp/2017/07/20/half-of-liberals-cant-even-stand-to-be-around-trump-supporters/?utm_term=.be6b213ac75c.

4. Clare Malone, "Americans Don't Trust Their Institutions Anymore", FiveThirtyEight.com, 16 de novembro de 2016, https://fivethirtyeight.com/features/americans-dont-trust-their-institutions-anymore/.

5. Jim Norman, "Americans' Confidence in Institutions Stays Low", Gallup. com, 13 de junho de 2016, http://news.gallup.com/poll/192581/americans-confidence-institutions-stays-low.aspx.

6. Jeffrey M. Jones, "In U.S., Confidence in Police Lowest in 22 Years", Gallup. com, 19 de junho de 2015, http://news.gallup.com/poll/183704/confidence-police-lowest-years.aspx?g_source=position2&g_medium=relat- ed&g_campaign=tiles.

7. Norman, "Americans' Confidence in Institutions Stays Low."

8. George Gao, "Americans Divided on How Much They Trust Their Neighbors", Pew Research, 13 de abril de 2016, http://www.pewresearch.org/fact-tank/2016/04/13/americans-divided-on-how-much-they-trust-their-neighbors/.

9. Nathaniel Persily e Jon Cohen, "Americans Are Losing Faith in Democracy— and in Each Other", WashingtonPost.com, 14 de outubro de 2016, https://www. washingtonpost.com/opinions/americans-are-losing-faith-in-democracy-and-in- each-other/2016/10/14/b35234ea-90c6-11e6-9c52- 0b10449e33c4_story.html?utm_ term=.4a67e7724901.

10. Josh Zumbrun, "Not Just the 1%: The Upper Middle Class Is Larger and Richer Than Ever", WSJ.com, 21 de junho de 2016, https://blogs.wsj.com/ economics/2016/06/21/not-just-the-1-the-upper-middle-class-is-larger-and- richer- than-ever/.

11. "Mobility, Measured", Economist.com, 1º de fevereiro de 2014, http://www. economist.com/news/united-states/21595437-america-no-less-socially-mobile-it- was-generation-ago-mobility-measured.

12. Ta-Nehisi Coates, "The Champion Barack Obama", TheAtlantic.com, 31 de janeiro de 2014, https://www.theatlantic.com/politics/archive/2014/01/the- champion-barack-obama/283458/.

13. Ta-Nehisi Coates, "The First White President", *Atlantic*, outubro de 2017, https://www.theatlantic.com/magazine/archive/2017/10/the-first-white- president-ta-nehisi-coates/537909/.

14. Ta-Nehisi Coates, *Between the World and Me* (Nova York: Spiegel and Grau, 2015), 111. Publicado no Brasil com o título *Entre o Mundo e Eu*.

15. Thomas Chatterton Williams, "How Ta-Nehisi Coates Gives Whiteness Power", *New York Times*, 6 de outubro de 2017, https://www.nytimes. com/2017/10/06/opinion/ta-nehisi-coates-whiteness-power.html?smid=tw- share&_r=1&mtrref=www.nationalreview.com&assetType=opinion.

16. Frank Newport, "In US, 87% Approve of Black-White Intermarriage, vs. 4% in 1958", Gallup.com, 25 de julho de 2013, http://news.gallup.com/poll/163697/ approve-marriage-blacks-whites.aspx.

17. "Race Relations", Gallup.com, http://news.gallup.com/poll/1687/race- relations.aspx.

18. Mostafa El-Bermawy, "Your Filter Bubble Is Destroying Democracy", Wired. com, 18 de novembro de 2016, https://www.wired.com/2016/11/filter-bubble- destroying-democracy/.

19. Levi Boxell, Matthew Gentzkow e Jesse M. Shapiro, "Is the Internet Causing Political Polarization? Evidence from Demographics", Brown.edu, março de 2017, https://www.brown.edu/Research/Shapiro/pdfs/age-polars.pdf.

20. Jonah Engel Bromwich, "Social Media Is Not Contributing Significantly to Political Polarization, Paper Says", NYTimes.com, 13 de abril de 2017, https://www. nytimes.com/2017/04/13/us/political-polarization-internet.html?mtrref=www. google.com.

21. Jonah Goldberg, *The Suicide of the West* (Nova York: Crown Forum, 2018), 8.

22. Steven Pinker, *O Novo Iluminismo: Em defesa da razão, da ciência e do humanismo* (Companhia das Letras, 2018).

Notas

23. ADL's Task Force on Harassment and Journalism, *Anti-Semitic Targeting of Journalists during the 2016 Presidential Campaign*, ADL.org, 19 de outubro de 2016, https://www.adl.org/sites/default/files/documents/assets/pdf/press-center/CR_4862_Journalism-Task-Force_v2.pdf.

CAPÍTULO 1: A PROCURA DA FELICIDADE

1. William Kristol, "It's All about Him", *New York Times*, 25 de fevereiro de 2008, http://www.nytimes.com/2008/02/25/opinion/25kristol.html.

2. Eli Stokols, "Unapologetic, Trump Promises to Make America Rich", Politico.com, 26 de maio de 2016, http://www.politico.com/story/2016/05/ unapologetic-trump-promises-to-make-america-rich-223632.

3. Dana Milbank, "Americans' Optimism Is Dying", *Washington Post*, 12 de agosto de 2014, https://www.washingtonpost.com/opinions/dana-milbank-americans-optimism-is-dying/2014/08/12/f 81808d8-224c-11e4- 8593-da634b334390_story.html?utm_term=.5f205324fd19.

4. Shira Schoenberg, "Poll: Young Americans Fearful about Future of America, Overwhelmingly Support Hillary Clinton", MassLive.com, 26 de outubro de 2016, http://www.masslive.com/politics/index.ssf/2016/10/young_americans_fearful_about.html.

5. "US Suicide Rate Surges, Particularly among White People", BBC.com, 22 de abril de 2016, http://www.bbc.com/news/world-us-canada-36116166.

6. Eclesiastes 2:1 (Torah Mitzion).

7. Deuteronômio 28:47–48 (NIV).

8. Eclesiastes 3:22 (NIV).

9. Ética dos Pais 2:15.

10. Aristóteles, *Nicomachean Ethics* 1101a.

11. George Washington, Letter to the Protestant Episcopal Church, 19 de agosto de 1789, https://founders.archives.gov/documents/Washington/05-03-02-0289.

12. Charles Krauthammer, "A Note to Readers", *Washington Post*, 8 de junho de 2018.

13. Viktor Frankl, *Man's Search for Meaning* (Boston: Beacon Press, 2017), 80 (grifo meu).

14. Steve Taylor, PhD, "A Sense of Purpose Means a Longer Life", PsychologyToday.com, 12 de novembro de 2014, https://www.psychologytoday.com/blog/out-the-darkness/201411/sense-purpose-means-longer-life.

15. Dhruv Khullar, MD, "Finding Purpose for a Good Life. But Also a Healthy One", *New York Times*, 1º de janeiro de 2018, https://www.nytimes.com/2018/01/01/upshot/finding-purpose-for-a-good-life-but-also-a-healthy-one.html?smid=tw-nytimes&smtyp=cur.

16. Salmos 8:5 (NIV).

17. "George Washington's Rules of Civility", NPR.org, 11 de maio de 2003, http://www.npr.org/templates/story/story.php?storyId=1248919.

Notas

18. Brett e Kate McKay, "The Virtuous Life: Wrap Up", ArtOfManliness .com, 1º de junho de 2008, http://www.artofmanliness.com/2008/06/01/the-virtuous-life-wrap-up/.

19. Frankl, *Man's Search for Meaning*, 69. Publicado no Brasil com o título *Em Busca de Sentido*.

20. *Seneca's Letters*, Livro II, Carta XLVIII.

21. Eclesiastes 4:9–10.

22. Jonathan Haidt, *The Happiness Hypothesis: Finding Modern Truth in Ancient Wisdom* (Nova York: Basic Books, 2006), 133.

23. Liz Mineo, "Good Genes Are Nice, but Joy Is Better", *Harvard Gazette*, 11 de abril de 2017, https://news.harvard.edu/gazette/story/2017/04/over-nearly-80-years-harvard-study-has-been-showing-how-to-live-a-healthy-and-happy-life/.

24. "Political Scientist: Does Diversity Really Work?", NPR.org, 15 de agosto de 2007, http://www.npr.org/templates/story/story.php?storyId=12802663.

25. From John Adams to Massachusetts Militia, 11 de outubro de 1798, https://founders.archives.gov/documents/Adams/99-02-02-3102.

CAPÍTULO 2: DO TOPO DA MONTANHA

1. H. W. F. Saggs, *Civilization before Greece and Rome* (New Haven, CT: Yale University Press, 1989), 268.

2. Jordan B. Peterson, *Maps of Meaning: The Architecture of Belief* (Nova York: Routledge, 1999).

3. Jonathan Sacks, "The Wilderness and the Word", RabbiSacks.org, 31 de maio de 2008, http://rabbisacks.org/covenant-conversation-5768-bemidbar-the-wilderness-and-the-word-2/.

4. Tammi J. Schneider, *An Introduction to Ancient Mesopotamian Religion* (Grand Rapids, MI: William B. Eerdmans, 2011), 103.

5. Êxodo 20:2–3 (NIV).

6. Êxodo 33:19–20 (NIV).

7. Deuteronômio 32:4 (NIV).

8. Talmud Bavli, Bava Metzia 59b.

9. Deuteronômio 12:2–3.

10. Saggs, *Civilization before Greece and Rome*, 268.

11. Levítico 11:45.

12. Talmud Bavli, Eruvin 100b.

13. Gerald A. Press, *The Development of the Idea of History in Antiquity* (Kingston, ON: McGill-Queen's University Press, 1982), 7.

14. Albert Kirk Grayson, *Babylonian Historical-Literary Texts* (Toronto, ON: University of Toronto Press, 1975).

15. Arnold Krupat, *Ethnocriticism: Ethnography, History, Literature* (Berkeley: University of California Press, 1992), 38.

Notas

16. Masao Abe, *Buddhism and Interfaith Dialogue* (Houndmills, Basingstoke, England: Macmillan, 1995), 60.

17. Gênesis 9:13–15.

18. Deuteronômio 4:34 (NIV).

19. Paul Johnson, *A History of the Jews* (Nova York: Harper & Row, 1987), 2. Publicado no Brasil com o título *A História dos Judeus*.

20. Virginia Schomp, *The Ancient Egyptians* (Nova York: Marshall Cavendish, 2008), 41.

21. "Religion and Power: Divine Kingship in the Ancient World and Beyond", Uchicago.edu, 23–24 de fevereiro de 2007, https://oi.uchicago.edu/research/symposia/religion-and-power-divine-kingship-ancient-world-and-beyond-0.

22. "The Code of Hammurabi", http://avalon.law.yale.edu/ancient/ham- frame.asp.

23. Gênesis 6:2–3.

24. Gênesis 4:6–7.

25. Deuteronômio 30:15–20 (NIV).

26. Êxodo 24:7.

27. Eclesiastes 12:13

28. Eclesiastes 3:12, 22

29. Êxodo 32:12–13.

30. Gênesis 12:3.

31. Richard Tarnas, *The Passion of the Western Mind* (Nova York: Ballantine Books, 1991), 99. Publicado no Brasil com o título *A Epopeia do Pensamento Ocidental*.

32. Matt Lewis, "Obama Loves Martin Luther King's Great Quote — But He Uses It Incorrectly", TheDailyBeast.com, 16 de janeiro de 2017, https://www.thedailybeast.com/obama-loves-martin-luther-kings-great-quotebut-he-uses-it-incorrectly.

33. Deuteronômio 17:14–20.

34. Juízes 8:23.

35. 1 Samuel 8:10–18.

CAPÍTULO 3: DO PÓ VIEMOS

1. Daniel Walker Howe, "Classical Education in America", *Wilson Quarterly*, primavera de 2011, https://wilsonquarterly.com/quarterly/spring-2011-the-city-bounces-back-four-portraits/classical-education-in-america/.

2. Ashley Thorne, "The Drive to Put Western Civ Back in the College Curriculum", *New York Post*, 29 de março de 2016, https://nypost.com/2016/03/29/the-drive-to-put-western-civ-back-in-the-college-curriculum/.

3. Edward W. Said, *Orientalismo* (Companhia de Bolso, 2007).

4. Charlotte Allen, "Confucius and the Scholars", TheAtlantic.com, abril de 1999, https://www.theatlantic.com/magazine/archive/1999/04/confucius-and-the-scholars/377530/.

Notas

5. Chris Bodenner, "The Surprising Revolt at the Most Liberal College in the Country", TheAtlantic.com, 2 de novembro de 2017, https://www.theatlantic.com/education/archive/2017/11/the-surprising-revolt-at-reed/544682/.

6. Walter Kerr, *Tragedy and Comedy* (Nova York: Da Capo Press, 1985), 146.

7. Platão, *The Republic* (Nova York: Basic Books, 1968), 514a–520a. Publicado no Brasil com o título *A República*.

8. W. K. C. Guthrie, *A History of Greek Philosophy* (Cambridge: Cambridge University Press, 1965), 415.

9. Platão, *The Republic*, 353c–353e. Publicado no Brasil com o título *A República*.

10. Guthrie, *A History of Greek Philosophy*, 415.

11. Aristóteles, *Nichomachean Ethics* (Chicago: University of Chicago Press, 2011), 1098a.

12. Jonathan Haidt, *The Happiness Hypothesis: Finding Modern Truth in Ancient Wisdom* (Nova York: Basic Books, 2006), 163–65.

13. Leo Strauss, *Natural Right and History* (Chicago: University of Chicago Press, 1953), 162. Publicado no Brasil com o título *Direito Natural e História*.

14. Richard Tarnas, *The Passion of the Western Mind* (Nova York: Ballantine Books, 1991), 47. Publicado no Brasil com o título *A Epopeia do Pensamento Ocidental*.

15. Ibid., 46.

16. Alasdair MacIntyre, *After Virtue* (Notre-Dame, IN: University of Notre Dame Press, 2007), 135. Publicado no Brasil com o título *Depois da Virtude*.

17. Will Durant, *The Story of Philosophy* (Nova York: Pocket Books, 1926), 39. Publicado no Brasil com o título *A História da Filosofia*.

18. Platão, *The Republic*, 473c–d. Publicado no Brasil com o título *A República*.

19. Karl Popper, *The Open Society and Its Enemies* (Princeton, NJ: Princeton University Press, 1994), 85–87 (grifo do original). Publicado no Brasil com o título *A Sociedade Aberta e Seus Inimigos*.

20. Matthew J. Franck, "Fr. Barron and Prof. Popper—and Popper's Critics", FirstThings.com, 20 de junho de 2013, https://www.firstthings.com/blogs/firstthoughts/2013/06/fr-barron-and-prof-popper-and-poppers-critics.

21. Aristóteles, *Politics of Aristotle*, trad. Benjamin Jowett (Nova York: Co-lonial Press, 1899), Livro II, Capítulo V, http://classics.mit.edu/Aristotle/politics.2.two.html. Publicado no Brasil com o título *A Política*.

22. Cicero, *De Re Publica* (Cambridge, MA: Loeb Classical Library, Harvard University Press, 2000), 211. Publicado no Brasil com o título *Da República*.

23. Ibid., 203.

24. Mogens Herman Hansen, "Democratic Freedom and the Concept of Freedom in Plato and Aristotle", *Greek, Roman, and Byzantine Studies* 50 (2010): 1–27.

CAPÍTULO 4: UNIÃO IMPROVÁVEL

1. Naomi Pasachoff e Robert J. Littman, *A Concise History of the Jewish People* (Lanham, MD: Rowman & Littlefield, 2005), 67.

Notas

2. Jonathan Sacks, *The Great Partnership: Science, Religion, and the Search for Meaning* (Nova York: Schocken Books, 2011), 83.

3. Richard Tarnas, *The Passion of the Western Mind* (Nova York: Ballantine Books, 1991), 103. Publicado no Brasil com o título *A Epopeia do Pensamento Ocidental*.

4. Romanos 10:4–13 (NIV).

5. Linda Zagzebski e Timothy D. Miller, eds., *Readings in Philosophy of Religion* (Hoboken, NJ: Blackwell, 1999), 488.

6. Johannes Quasten, Walter Burghardt e Thomas Lawler, eds., *Ancient Christian Writers: The Works of the Fathers in Translation* (Mahwah, NJ: Paulist Press, 1982), 59.

7. Ernest L. Fortin, "St. agostoine", in *History of Political Philosophy*, 3ª ed., ed. Leo Strauss e Joseph Crowley (Chicago: University of Chicago Press, 1987), 196.

8. St. agostoine, *The City of God*, trad. William Babcock (Nova York: New City Press, 2012), 55. Publicado no Brasil com o título *A Cidade de Deus*.

9. St. agostoine, *The Letters of St. agostoine*, trad. J. G. Cunningham (Loschberg, Alemanha: Jazzybee Verlag, 2015), 180.

10. Rodney Stark, *The Rise of Christianity: A Sociologist Reconsiders History* (Princeton, NJ: Princeton University Press, 1996), 5–6.

11. Ibid., 83–84.

12. Karen Osman, *The Italian Renaissance* (Nova York: Lucent Books, 1996), 20.

13. Andrew Fleming West, "The Seven Liberal Arts", in *Alcuin and the Rise of the Christian Schools* (Nova York: Charles Scribner's Sons, 1912), http:// classicalsubjects. com/resources/TheSevenLiberalArts.pdf.

14. Rodney Stark, *How the West Won: The Neglected Story of the Triumph of Modernity* (Wilmington, DE: ISI Books, 2014).

15. Ibid., 124–36.

16. Tarnas, *The Passion of the Western Mind*, 175. Publicado no Brasil com o título *A Epopeia do Pensamento Ocidental*.

17. Thomas E. Woods Jr., "The Catholic Church and the Creation of the University", LewRockwell.com, 16 de maio de 2005, https://www.catholiceducation.org/en/ education/catholic-contributions/the-catholic-church-and-the-creation-of-the-university.html.

18. Michael W. Tkacz, "St. agostoine's Appropriation and Transformation of Aristotelian *Eudaimonia*", in *The Reception of Aristotle's Ethics*, ed. Jon Miller (Cambridge: Cambridge University Press, 2012), 67.

19. Thomas P. Rausch, *Reconciling Faith and Reason: Apologists, Evangelists, and Theologians in a Divided Church* (Collegeville, MN: Liturgical Press, 2000), 12.

20. Edward Feser, *The Last Superstition* (South Bend, IN: St. agostoine's Press, 2008), 91–96. Publicado no Brasil com o título *A Última Superstição*.

21. Tomás de Aquino, *Summa Theologica*, vol. 1, 418. Publicado no Brasil com o título *Suma Teológica*.

220 Notas

22. Edward Feser, *Aquinas: A Beginner's Guide* (Oxford, UK: Oneworld, 2009), 39.

23. Fortin, "St. Thomas Aquinas", in *History of Political Philosophy*, 252.

24. Stark, *How the West Won*, 170. Publicado no Brasil com o título *Por que o Ocidente Venceu*.

25. Peter Karl Koritansky, *Thomas Aquinas and the Philosophy of Punishment* (Washington, D.C.: Catholic University of America Press, 2012), 81–86.

CAPÍTULO 5: DOTADOS PELO CRIADOR

1. Rodney Stark, *How the West Won: The Neglected Story of the Triumph of Modernity* (Wilmington, DE: ISI Books, 2014), 175–77. Publicado no Brasil com o título *Por que o Ocidente Venceu*.

2. Steph Solis, "Copernicus and the Church: What the History Books Don't Say", CSMonitor.com, 9 de fevereiro de 2013, https://www.csmonitor.com/Technology/2013/0219/Copernicus-and-the-Church-What-the-history-books-don-t-say.

3. Joseph-Nicolas Robert-Fleury, "Vatican Admits Galileo Was Right", NewScientist.com, 7 de novembro de 1992, https://www.newscientist.com/article/mg13618460.600-vatican-admits-galileo-was-right-/.

4. Del Ratzsch, "The Religious Roots of Science", in Melville Y. Stewart, *Science and Religion in Dialogue*, vol. 1 (Hoboken, NJ: Wiley-Blackwell 2009), 59.

5. Stark, *How the West Won*, 317. Publicado no Brasil com o título *Por que o Ocidente Venceu*.

6. Ratzsch, "The Religious Roots of Science", 59.

7. Isaac Newton, Keynes Ms. 7, King's College, Cambridge UK, http://www.newtonproject.ox.ac.uk/view/texts/normalized/THEM00007.

8. Will Durant, *The Story of Philosophy* (Nova York: Pocket Books, 1926), 129. Publicado no Brasil com o título *A História da Filosofia*.

9. B. H. G. Wormald, Francis Bacon: History, Politics & Science (Cambridge: Cambridge University Press, 1993), 262.

10. Durant, *The Story of Philosophy*, 122. Publicado no Brasil com o título *A História da Filosofia*.

11. Francis Bacon, "Atheism", in *Lord Bacon's Essays*, ed. James R. Boyed (Nova York e Chicago: A. S. Barnes, 1867), 133.

12. Francis Bacon, Novum Organum, ed. Joseph Devey (Nova York: P. F. Collier, 1902; originalmente publicado 1620), CXXIX, http://oll.libertyfund.org/titles/bacon-novum-organum.

13. Richard Kennington, "René Descartes", in History of Political Philosophy, 3ª ed., ed. Leo Strauss e Joseph Crowley (Chicago: University of Chicago Press, 1987), 422.

14. René Descartes, *Discourse on Method* (Harvard Classics, 1909–1914), parte IV, http://www.bartleby.com/34/1/4.html. Publicado no Brasil com o título *Discurso do Método*.

Notas

221

15. Annabel Brett, "Introduction", in *Marsilius of Padua, The Defender of the Peace*, trad. Annabel Brett (Cambridge, MA: Cambridge University Press, 2005).

16. Niccolò Machiavelli, The Prince, trad. W. K. Marriott (Itália, 1532; Project Gutenberg, 2006), https://www.gutenberg.org/files/1232/1232-h/1232-h.htm.

17. Niccolò Machiavelli, *Discourses on Livy*, trad. Julia Conaway Bondanella e Peter Bondanella (Nova York: Oxford University Press, 1997).

18. Joseph Loconte, "How Martin Luther Advanced Freedom", *Wall Street Journal*, 26 de outubro de 2017.

19. Duncan B. Forrester, "Martin Luther and John Calvin", in *History of Po- litical Philosophy*, 335.

20. Richard H. Cox, "Hugo Grotius", in *History of Political Philosophy*, 389.

21. David Novak, "Natural Law", in *Judaism* (Cambridge: Cambridge University Press, 1998), 156.

22. Thomas Hobbes, Leviathan (Oxford, UK: Clarendon Press, 1947; reprinted from the 1651 ed.), 47.

23. Laurence Berns, "Thomas Hobbes", in *History of Political Philosophy*, 396–419.

24. John Locke, *Two Treatises of Government*, 3ª ed. (Nova York: Cambridge University Press, 1988), Livro 1, Sec. 30. Publicado no Brasil com o título *Dois Tratados do Governo Civil*.

25. Ibid., Livro 2, Sec. 57.

26. Ibid., Livro 2, Sec. 222.

27. Adam Smith, *An Inquiry into the Nature and Causes of the Wealth of Nations* (Londres: Methuen, 1776), Livro IV, Capítulo 9, Sec. 50.

28. Thomas Jefferson, "To Henry Lee", 8 de maio de 1825, in *The Works of Thomas Jefferson*, ed. Paul Leicester Ford, vol. 10, Federal Edition (Nova York: G. P. Putnam's Sons, 1904–1905), 342–43. Publicado no Brasil com o título *A Riqueza das Nações: Uma Investigação sobre a Natureza e as Causas da Riqueza das Nações*.

29. Michael Pakaluk, "Aristotle, Natural Law, and the Founders", NLNRAC.org, http://www.nlnrac.org/classical/aristotle#_ednref3.

30. Pauline Maier, "The Strange History of 'All Men Are Created Equal'", *Washington and Lee Law Review* 56, nº 3 (1º de junho de 1999): 873–88, https://scholarlycommons. law.wlu.edu/cgi/viewcontent.cgi?article=1547&context=wlulr.

31. Thomas G. West, *The Political Theory of the American Founding* (Cam- bridge: Cambridge University Press, 2017), 30–31.

32. John Locke, *An Essay Concerning Human Understanding* (Londres: William Tegg, 1849), 168–69. Publicado no Brasil com o título *Ensaio Acerca do Entendimento Humano*.

33. Harry V. Jaffa, "Aristotle and Locke in the American Founding", *Clare- mont Review of Books* 1, nº 2 (Winter 2001), http://www.claremont.org/crb/ article/ aristotle-and-locke-in-the-american-founding/.

34. "From John Adams to Massachusetts Militia, October 11, 1798", https:// founders.archives.gov/documents/Adams/99-02-02-3102.

222 Notas

35. George Washington, "First Inaugural Address", 30 de abril de 1789, https://www.archives.gov/exhibits/american_originals/inaugtxt.html.

36. Thomas Jefferson, "A Bill for Establishing Religious Freedom, 18 June 1779", https://founders.archives.gov/documents/Jefferson/01-02-02-0132-0004-0082.

37. John Adams, *The Works of John Adams*, vol. 6 (Boston: Charles C. Little and James Brown, 1851), 448, 519. Publicado no Brasil com o título *Escritos Políticos de John Adams*.

38. Thomas Jefferson, Carta a James Madison, 27 de abril de 1809, https://founders.archives.gov/documents/Jefferson/03-01-02-0140.

39. Alexis de Tocqueville, "On the Use that the Americans Make of Associa- tion in Civil Life", in *Democracy in America*, ed. e trad. Harvey Mansfield e Delba Winthrop (Chicago: University of Chicago Press, 2000), http://www.press.uchicago.edu/Misc/Chicago/805328.html.

40. James Madison, *Federalist No. 51*, The Avalon Project, http://avalon.law.yale.edu/18th_century/fed51.asp.

41. Peter C. Myers, "Frederick Douglass's America: Race, Justice, and the Promise of the Founding", Heritage.org, 11 de janeiro de 2011, https://www.heritage.org/political-process/report/frederick-douglasss-america-race-justice-and-the-promise-the-founding.

42. Ibid.

CAPÍTULO 6: MORTE AO PROPÓSITO, MORTE À PREDISPOSIÇÃO

1. Niccolò Machiavelli, *The Prince*, trad. W. K. Marriott (Itália, 1532; Project Gutenberg, 2006), https://www.gutenberg.org/files/1232/1232-h/1232-h.htm. Publicado no Brasil com o título *O Príncipe*.

2. Harvey C. Mansfield, *Machiavelli's Virtue* (Chicago: University of Chicago Press, 1966), 11.

3. Thomas Hobbes, *Leviathan* (Oxford, UK: Clarendon Press, 1947; reprinted from the 1651 ed.), 196–97. Publicado no Brasil com o título *Leviatã*.

4. Ibid., 47.

5. Ibid., 63.

6. Will Durant, *The Story of Philosophy* (Nova York: Pocket Books, 1926), 152. Publicado no Brasil com o título *A História da Filosofia*.

7. Baruch Spinoza, *Spinoza: Complete Works*, ed. Michael L. Morgan, trad. Samuel Shirley (Indianápolis, IN: Hackett, 2002), 504.

8. Ibid., 456.

9. Durant, *The Story of Philosophy*, 175–76. Publicado no Brasil com o título *A História da Filosofia*.

10. Ibid., 189–96.

11. Voltaire, *A Philosophical Dictionary, from the French*, vol. 3 (Londres: John and Henry L. Hunt, 1824), 155–56.

Notas

12. Voltaire, *The Works of Voltaire: A Philosophical Dictionary*, vol. 12 (Paris: E. R. DuMont, 1901), 18.

13. Graham Gargett, "Voltaire and the Bible", in *The Cambridge Companion to Voltaire*, ed. Nicholas Cronk (Nova York: Cambridge University Press, 2009), 196–99.

14. Voltaire, *Candide or Optimism*, ed. e trad. Theo Cuffe (Nova York: Pen- guin Books, 2005), 4. Publicado no Brasil com o título *Cândido, ou o Otimismo*.

15. Voltaire, "The Nature of Pleasure", in John Morley, ed., *The Works of Voltaire: A Contemporary Version*, trad. William F. Fleming, vol. 10 (Nova York: E. R. DuMont, 1901), 243–44.

16. Immanuel Kant, "What Is Enlightenment?", trad. Mary C. Smith, http://www. columbia.edu/acis/ets/CCREAD/etscc/kant.html.

17. *The Cambridge Companion to Kant*, ed. Paul Guyer (Cambridge: Cam- bridge University Press, 1992), 1.

18. Durant, *The Story of Philosophy*, 265–77. Publicado no Brasil com o título *A História da Filosofia*.

19. Immanuel Kant, *Grounding for the Metaphysics of Morals*, trad. James W. Ellington (Indianápolis, IN: Hackett, 1994), 2:421. Publicado no Brasil com o título *Fundamentação da Metafísica dos Costumes*.

20. Ross Harrison, "Bentham", in *The Philosophers: Introducing Great Western Thinkers*, ed. Ted Honderich (Nova York: Oxford University Press, 1999), 128.

21. Vickie B. Sullivan, *Machiavelli, Hobbes, & the Formation of a Liberal Republicanism in England* (Cambridge: Cambridge University Press, 2004), 93–95.

22. Richard Kennington, "René Descartes", in *History of Political Philosophy*, 3ª ed., ed. Leo Strauss e Joseph Crowley (Chicago: University of Chicago Press, 1987), 421–39.

23. Benedict de Spinoza, *On the Improvement of the Understanding/The Ethics/ Correspondence*, trad. R. H. M. Elwes (Nova York: Dover, 1955), 390.

24. David Hume, "Moral Distinctions Not Derived from Reason", in *Ethical Theory: An Anthology*, ed. Russ Shafer-Landau (Hoboken, NJ: Wiley-Blackwell, 2012), 10–11.

25. Mary Ann Glendon, *The Forum and the Tower: How Scholars and Politicians Have Imagined the World, from Plato to Eleanor Roosevelt* (Nova York: Oxford University Press, 2011), 122.

26. Daniel C. Dennett, *Darwin's Dangerous Idea* (Nova York: Simon & Schuster Paperbacks, 1995), 521. Publicado no Brasil com o título *A Ideia Perigosa de Darwin*.

27. Jason Farago, "Who's Afraid of the Marquis de Sade?", BBC.com, 6 de outubro de 2014, http://www.bbc.com/culture/story/20141006-marquis-de-sade-still-shocking.

28. Fiódor Dostoiévski, *The Brothers Karamazov*, trad. Constance Garnett (Nova York: Barnes & Noble Classics, 2004), 234–40. Publicado no Brasil com o título *Os Irmãos Karamazov*.

29. Fiódor Dostoiévski, *Notes from the Underground* (e-book). Publicado no Brasil com o título *Notas do Subsolo*.

30. Friedrich Nietzsche, *The Complete Works of Friedrich Nietzsche*, vol. 11: *Thus Spake Zarathustra*, ed. Oscar Levy (Nova York: Macmillan, 1911), 335. Citação no título *Gaia da Ciência*.

31. Ibid., 146. Citação no título *Gaia da Ciência*

32. Ibid., 351. Citação no título *Assim Falou Zaratustra*.

CAPÍTULO 7: A REFORMULAÇÃO DO MUNDO

1. Phillip Nicholas Furbank, *Diderot: A Critical Biography* (Londres: Faber and Faber, 2011), 354.

2. Jonah Goldberg, *The Suicide of the West* (Nova York: Crown Forum, 2018), 153.

3. Thomas Carlyle, *The French Revolution: A History* (Londres: Chapman and Hall, 1857), 300. Publicado no Brasil com o título *História da Revolução Francesa*.

4. Mona Ozouf, *Festivals and the French Revolution* (Cambridge, MA: Harvard University Press, 1988), 98.

5. Ibid., 28.

6. "February 5, 1794 (17 Pluvoise, An II): Robespierre's Report on the Prin- ciples of Political Morality", in *The French Revolution*, ed. Paul H. Beik (Nova York: Harper & Row, 1970), 280–83.

7. Jessica Riskin, *The Restless Clock* (Chicago: University of Chicago Press, 2016), 160.

8. Lester G. Crocker, *Diderot's Chaotic Order* (Princeton, NJ: Princeton Uni- versity Press, 1974), 100.

9. "Declaration of the Rights of Man—1789", The Avalon Project, http:// avalon. law.yale.edu/ 18th_century/ rightsof.asp.

10. Raymond Jonas, *France and the Cult of the Sacred Heart* (Berkeley: Univer- sity of California Press, 2000), 74.

11. David P. Jordan, *The Revolutionary Career of Maximilien Robespierre* (Chicago: University of Chicago Press, 1989), 33.

12. James Miller, *Rousseau: Dreamer of Democracy* (New Haven, CT: Yale University Press, 1984), 163– 64.

13. Edmund Burke, *Reflections on the Revolution in France* (Nova York: Oxford University Press, 1999), 8–9.

14. Ibid., 79–80.

15. Russell Kirk, *The Conservative Mind* (Chicago: Regnery Books, 1986), 29.

16. William Rogers Brubaker, "The French Revolution and the Invention of Citizenship", *French Politics and Society* 7, nº 3 (verão de 1989): 30–49, https:// www. sscnet.ucla.edu/ soc/ faculty/ brubaker/ Publications/ 04_The_French_Revolution_ and_the_Invention_of_Citizenship.pdf.

17. Alan Forrest, "L'armée de l'an II: la levée en masse et la création d'un mythe républicain", 23 de agosto de 1793, http://journals.openedition.org/ ahrf/ 1385#bodyftn15.

Notas

18. Donald Stoker, *Clausewitz* (Nova York: Oxford University Press, 2014), 19

19. Yoram Hazony, *The Virtue of Nationalism* (Nova York: Hachette Book Group, 2018), 24–25.

20. Goldberg, *The Suicide of the West*, 313.

21. Pierre Hasner, "Georg W. F. Hegel", in *History of Political Philosophy*, 3ª ed., ed. Leo Strauss e Joseph Crowley (Chicago: University of Chicago Press, 1987), 733–58.

22. Harrison Fluss, "Hegel on Bastille Day", *Jacobin*, 14 de julho de 2016, https://www.jacobinmag.com/2016/07/hegel-bastille-day-burke-french-revolution.

23. Sean Monahan, "Reading Paine from the Left", Jacobinmag.com, 6 de março de 2015, https://www.jacobinmag.com/2015/03/thomas-paine-american-revolution-common-sense/.

24. Henry Heller, "Marx, the French Revolution, and the Spectre of the Bourgeoisie", *Science and Society* 74, nº 2 (abril de 2010): 184–214.

25. Jon Elster, *Making Sense of Marx* (Nova York: Cambridge University Press, 1985), 168.

26. Karl Marx e Friedrich Engels, *The Communist Manifesto* (Chicago: Hay- market Books, 2005), 152. Publicado no Brasil com o título *O Manifesto Comunista*.

27. Karl Marx, *The German Ideology* (Moscow, 1932; Marxist Internet Archive, acesso em 2018), https://www.marxists.org/archive/marx/works/1845/german-ideology/ch01d.htm. Escrito em 1845. Publicado no Brasil com o título *A Ideologia Alemã* (Friedrich Engels e Karl Marx).

28. Marx e Engels, *The Communist Manifesto*, 67–68. Publicado no Brasil com o título *O Manifesto Comunista*.

29. Karl Marx, *Critique of Hegel's "Philosophy of Right"* (Cambridge: Cam- bridge University Press, 1970), 131.

30. Marx e Engels, *The Communist Manifesto*, 71. Publicado no Brasil com o título *O Manifesto Comunista*.

31. Peter McPhee, ed., *A Companion to the French Revolution*, (Malden, MA: John Wiley & Sons, 2013), 346–47.

32. Carl K. Y. Shaw, "Hegel's Theory of Modern Bureaucracy", *The American Political Science Review* 86, nº 2 (junho de 1992): 381–89.

33. Martin Slattery, *Key Ideas in Sociology* (Cheltenham, UK: Nelson Thornes, 2003), 28.

34. Mary Pickering, *Agostoe Comte: An Intellectual Biography*, vol. 1 (Nova York: Cambridge University Press, 1992), 187–88.

35. Robert Horwitz, "John Dewey", in *History of Political Philosophy*, 851–69.

36. Ronald J. Pestritto, "Progressivism and America's Tradition of Natural Law and Natural Rights", NLNRAC.org, http://www.nlnrac.org/critics/ american-progressivism#_edn1.

37. John R. Shook e James A. Good, *John Dewey's Philosophy of Spirit, with the 1897 Lecture on Hegel* (Nova York: Fordham University Press, 2010), 29.

38. Ronald J. Pestritto, *Woodrow Wilson and the Roots of Modern Liberalism* (Lanham, MD: Rowman & Littlefield, 2005).

226 Notas

39. Conforme citado em Ronald J. Pestritto, "Woodrow Wilson and the Rejection of the Founders' Principles", Hillsdale.edu, https://online.hillsdale.edu/docu- ment.doc?id=313.

40. *Woodrow Wilson: The Essential Political Writings, ed. Ronald J. Pestritto* (Lanham, MD: Rowman & Littlefield, 2005), 184.

41. Manuel Borutta, "Enemies at the Gate: The Moabit Klostersturm and the Kulturkampf: Germany", in *Culture Wars: Secular-Catholic Conflict in Nineteenth-Century Europe*, ed. Christopher Clark e Wolfram Kaiser (Nova York: Cambridge University Press, 2003), 227.

42. Woodrow Wilson, "The Study of Administration", *Political Science Quarterly* 2, nº 2 (junho de 1887): 197–222, http://www.iupui.edu/~speal/V502/Orosz/Units/Sections/uls5/Woodrow_Wilson_Study_of_Administration_1887_jstor.pdf.

43. Richard Wagner, "Judaism in Music", trad. William Ashton Ellis, in *Sämtliche Schriften und Dichtungen*, vol. 5, pp. 66–85, http://jrbooksonline.com/PDF_Books/JudaismInMusic.pdf.

44. Isabel V. Hull, *The Entourage of Kaiser Wilhelm II: 1888–1918* (Cambridge: Cambridge University Press, 1982), 74.

45. Ian Kershaw, *Hitler: 1889–1936* (Nova York: W. W. Norton, 1998), 43, 135.

46. Yvonne Sherratt, *Hitler's Philosophers* (New Haven, CT: Yale University Press, 2013), 120–21.

47. George Orwell, *Orwell*, vol. 2: *My Country Right or Left, 1940–1943*, ed. Sonia Orwell e Ian Angus (Boston: Nonpareil Books, 1968), 14.

48. Karl Marx, "The Victory of the Counter-Revolution in Vienna", trad. Marx-Engels Institute, *Neue Rheinische Zeitung No. 136*, novembro de 1848, https://www.marxists.org/archive/marx/works/1848/11/06.htm.

49. Marx e Engels, *The Communist Manifesto*, 89. Publicado no Brasil com o título *O Manifesto Comunista*.

50. V. I. Lenin, "The State and Revolution", in *Princeton Readings in Political Thought*, ed. Mitchell Cohen e Nicole Fermon (Princeton, NJ: Princeton University Press, 1996), 541.

51. Richard Pipes, *The Russian Revolution* (Nova York: Vintage Books, 1990), 820. Publicado no Brasil com o título *A Revolução Russa*.

52. Anne Applebaum, *Red Famine: Stalin's War on Ukraine* (Nova York: Doubleday, 2017).

53. Lee Edwards, "The Legacy of Mao Zedong Is Mass Murder", Heritage.org, 2 de fevereiro de 2010, https://www.heritage.org/asia/commentary/the-legacy-mao-zedong-mass-murder.

54. Jacques Steinberg, "Times Should Lose Pulitzer from 30's, Consultant Says", NYTimes.com, 23 de outubro de 2003, https://www.nytimes.com/2003/10/23/us/times-should-lose-pulitzer-from-30-s-consultant-says.html.

55. Jonah Goldberg, *Liberal Fascism: The Secret History of the American Left, from Mussolini to the Politics of Change* (Nova York: Crown Forum, 2009), 102–3. Publicado no Brasil com o título *Fascismo de Esquerda*.

56. Ben Shapiro, "NYT Op-Ed: 'For All Its Flaws, the Communist Revolution Taught Chinese Women to Dream Big", DailyWire.com, 26 de setembro de 2017, https://www.dailywire.com/news/21547/nyt-op-ed-all-its-flaws-communist-revolution-ben-shapiro.

57. Thomas L. Friedman, "Our One-Party Democracy", *New York Times*, 8 de setembro de 2009, https://www.nytimes.com/2009/09/09/opinion/09friedman.html.

58. David Filipov, "For Russians, Stalin Is the 'Most Outstanding' Figure in World History, Followed by Putin", WashingtonPost.com, 26 de junho de 2017, https://www.washingtonpost.com/news/worldviews/wp/2017/06/26/for-russians-stalin-is-the-most-outstanding-figure-in-world-history-putin-is-next/?noredirect=on&utm_term=.279839e59134.

59. Svetlana Alexievich, *Secondhand Time: The Last of the Soviets* (Nova York: Random House, 2017), 176–86. Publicado no Brasil com o título *O Fim do Homem Soviético*.

60. Meg Sullivan, "FDR's Policies Prolonged Depression by 7 Years, UCLA Economists Calculate", UCLA.edu, 10 de agosto de 2004, http://newsroom.ucla.edu/releases/FDR-s-Policies-Prolonged-Depression-5409.

61. Burton Folsom, *New Deal or Raw Deal?: How FDR's Economic Legacy Has Damaged America* (Nova York: Threshold Editions, 2008), 105.

62. Sullivan, "FDR's Policies Prolonged Depression by 7 years, UCLA Economists Calculate".

63. Thomas C. Leonard, *Illiberal Reformers: Race, Eugenics and American Economics in the Progressive Era* (Princeton, NJ: Princeton University Press, 2016), xiii.

64. "T. Roosevelt Letter to C. Davenport about 'Degenerates Reproducing'", DNA Learning Center, 3 de janeiro de 1913, https://www.dnalc.org/view/11219-T-Roosevelt-letter-to-C-Davenport-about-degenerates-reproducing-.html.

65. Paul Rahe, "Progressive Racism", NationalReview.com, 11 de abril de 2013, https://www.nationalreview.com/2013/04/progressive-racism-paul-rahe/.

66. *Buck v. Bell* (1927), 274 US 200.

67. Edward J. Larson, *Sex, Race, and Science* (Baltimore: Johns Hopkins University Press, 1996), 28.

68. Rachel Gur-Arie, "Eugenical Sterilization in the United States (1922), by Harry Laughlin", ASU.edu, 12 de agosto de 2015, https://embryo.asu.edu/pages/eugenical-sterilization-united-states-1922-harry-h-laughlin.

69. Paul A. Lombardo, *Three Generations, No Imbeciles* (Baltimore: Johns Hopkins University Press, 2008), 239.

70. Jennifer Latson, "What Margaret Sanger Really Said about Eugenics and Race", Time.com, 14 de outubro de 2016, http://time.com/4081760/margaret-sanger-history-eugenics/.

71. Margaret Sanger, "My Way to Peace", 17 janeiro de 1932, https://www.nyu.edu/projects/sanger/webedition/app/documents/show.php?sangerDoc=129037.xml.

72. "Eugenics and Birth Control", PBS.org, http://www.pbs.org/wgbh/americanexperience/features/pill-eugenics-and-birth-control/.

228 Notas

73. "Nomination Database: Margaret Sanger", NobelPrize.org, https://www.nobelprize.org/nomination/archive/show_people.php?id=8093.

CAPÍTULO 8: DEPOIS DA TEMPESTADE

1. Yvonne Sherratt, *Hitler's Philosophers* (New Haven, CT: Yale University Press, 2013), 16.

2. Hugh McLeod e Werner Ustorf, eds., *The Decline of Christendom in Western Europe, 1750–2000* (Nova York: Cambridge University Press, 2003).

3. Søren Kierkegaard, "Subjectivity Is Truth", in *Concluding Unscientific Postscript to the Philosophical Fragments*, trad. Louis Pojman, 1844, http://philosophyfaculty.ucsd.edu/faculty/rarneson/Courses/kierkegaardphil1reading.pdf.

4. Walter Kaufmann, *Existentialism from Dostoevsky to Sartre* (Cleveland: Meridian Books, 1968), 18.

5. Friedrich Wilhelm Nietzsche, *Beyond Good and Evil: Prelude to a Philoso- phy of the Future*, trad. Helen Zimmern (Nova York: Macmillan, 1907), 155. Publicado no Brasil com o título *Além do Bem e do Mal*.

6. Kaufmann, *Existentialism from Dostoevsky to Sartre*, 33–34.

7. Herman Philipse, *Heidegger's Philosophy of Being: A Critical Interpretation* (Princeton, NJ: Princeton University Press, 1998), 259.

8. Mark A. Ralkowski, *Heidegger's Platonism* (Londres: Continuum Books, 2009), 100.

9. Martin Heidegger, "The Self-Assertion of the German University", trad. W. S. Lewis, in *The Heidegger Controversy: A Critical Reader*, ed. R. Wolin (Cambridge, MA: MIT Press, 1993), 29–39.

10. Jean-Paul Sartre, *Essays in Existentialism* (Nova York: Citadel Press, 1993), 41.

11. Max Roser, "Life Expectancy", OurWorldInData.org, https://ourworldindata.org/life-expectancy.

12. Kyle Smith, "Sigmund Fraud", NationalReview.com, 19 de dezembro de 2017, https://www.nationalreview.com/2017/12/sigmund-freud-fake-charlatan-liar/.

13. Wardell B. Pomeroy, *Dr. Kinsey and the Institute for Sex Research* (New Haven, CT: Yale University Press, 1982), 68.

14. Sue Ellin Browder, "Kinsey's Secret: The Phony Science of the Sexual Revolution", CrisisMagazine.com, 28 de maio de 2012, https://www.crisismagazine.com/2012/kinseys-secret-the-phony-science-of-the-sexual-revolution.

15. Edward O. Wilson, *The Meaning of Human Existence* (Nova York: Liveright, 2014), 38. Publicado no Brasil com o título *O Sentido da Existência Humana*.

16. E. O. Wilson, *Consilience: The Unity of Knowledge* (Nova York: First Vintage Books/Random House, 1999), 7. Publicado no Brasil com o título *A Unidade do Conhecimento Consiliência*.

17. Edward O. Wilson, "The Biological Basis of Morality", *Atlantic*, abril de 1998, https://www.theatlantic.com/magazine/archive/1998/04/the-biological-basis-of-morality/377087/.

Notas

18. Wilson, *The Meaning of Human Existence*, 14. Publicado no Brasil com o título *O Sentido da Existência Humana*.

19. Ibid., 173–80.

20. Steven Pinker, *Enlightenment Now: The Case for Reason, Science, Humanism and Progress* (Nova York: Viking, 2018), 4. Publicado no Brasil com o título *O Novo Iluminismo*.

21. Yoram Hazony, "The Dark Side of the Enlightenment", *Wall Street Journal*, 6 de abril de 2018, https://www.wsj.com/articles/the-dark-side-of-the-enlightenment-1523050206.

22. Pinker, *Enlightenment Now*, 3–4. Publicado no Brasil com o título *O Novo Iluminismo*.

23. Michael Shermer, "How Do We Know Right from Wrong without God or Religion", BigThink.com, 4 de março de 2018, http://bigthink.com/videos/michael-shermer-how-we-know-right-from-wrong-without-god-or-religion.

24. Sam Harris, *The Moral Landscape* (Nova York: Free Press, 2010). Publicado no Brasil com o título *A Paisagem Moral*.

25. Ibid., 12–13.

26. Marvin Perry, *Sources of the Western Tradition*, vol. 2: *From the Renaissance to the Present* (Boston: Wadsworth Cengage Learning, 2014), 85.

27. "Waking Up with Sam Harris: Episode #112", https://www.youtube.com/watch?v=yTWCl32j8jM.

CAPÍTULO 9: O RETORNO AO PAGANISMO

1. Voltaire, "Jeannot and Colin", in *The Oxford Magazine*, volume I (1768), 190.

2. Frank Newport, "Five Key Findings on Religion in the US", Gallup.com, 23 de dezembro de 2016, http://news.gallup.com/poll/200186/five-key-findings-religion.aspx.

3. Thomas E. Woods Jr., "Race, Inequality, and the Market", FEE.org, 1º de outubro de 2002, https://fee.org/articles/race-inequality-and-the-market/.

4. "Changes in Women's Labor Force Participation in the 20th Century", U.S. Bureau of Labor Statistics, 16 de fevereiro de 2000, https://www.bls.gov/opub/ted/2000/feb/wk3/art03.htm.

5. Donald M. Fisk, "American Labor in the 20th Century", U.S. Bureau of Labor Statistics, 30 de janeiro de 2003, https://www.bls.gov/opub/mlr/cwc/american-labor-in-the-20th-century.pdf.

6. Fred Siegel, *The Revolt against the Masses* (Nova York: Encounter Books, 2013), 112–13.

7. Giuseppe Fiori, *Antonio Gramsci: Life of a Revolutionary* (Nova York: Schocken Books, 1973), 103. Publicado no Brasil com o título *A Vida de Antonio Gramsci*.

8. Max Horkheimer, *Critical Theory: Selected Essays* (Nova York: Continuum, 2002), 207. Publicado no Brasil com o título *Teoria Crítica*.

230 Notas

9. Rolf Wiggershaus, *The Frankfurt School: Its History, Theories, and Political Significance* (Cambridge, MA: MIT Press, 1995), 135. Publicado no Brasil com o título *A Escola de Frankfurt*.

10. Erich Fromm, *Escape from Freedom* (Nova York: Henry Holt, 1941), 240. Publicado no Brasil com o título *O Medo à Liberdade*.

11. Herbert Marcuse, *Eros and Civilization* (Boston: Beacon Press, 1974), 5. Publicado no Brasil com o título *Eros e Civilização*.

12. Christopher Holman, *Politics as Radical Creation* (Toronto, ON: Univer- sity of Toronto Press, 2013), 44.

13. Marcuse, *Eros and Civilization*, 227–28.

14. Herbert Marcuse, "Repressive Tolerance", in Robert Paul Wolff, Barrington Moore Jr. e Herbert Marcuse, *A Critique of Pure Tolerance* (Boston, 1965; Marcuse.org, 2015), https://www.marcuse.org/herbert/pubs/60spubs/65repressivetolerance.htm.

15. Abraham H. Maslow, *Toward a Psychology of Being* (Start Publishing LLC, 2012). Publicado no Brasil com o título *Introdução à Psicologia do Ser*.

16. Lisa Hammel, "Dr. Spock as a Father—No Mollycoddler", *New York Times*, 8 de novembro de 1968, https://archive.nytimes.com/www.nytimes.com/books/98/05/17/specials/spock-father.html?_r=1.

17. Eric Pace, "Benjamin Spock, World's Pediatrician, Dies at 94", *New York Times*, 17 de março de 1998, https://archive.nytimes.com/www.nytimes.com/books/98/05/17/specials/spock-obit.html.

18. Nathaniel Branden, *The Psychology of Self-Esteem* (Los Angeles: Nash, 2001), 114.

19. Steven C. Ward, *Modernizing the Mind* (Westport, CT: Praeger, 2002), 102.

20. Jesse Singal, "How the Self-Esteem Craze Took Over America", TheCut.com, 30 de maio de 2017, https://www.thecut.com/2017/05/self-esteem-grit-do-they-really-help.html.

21. Christina Hoff Sommers, "Reconsiderations: Betty Friedan's 'The Feminine Mystique'", NYSun.com, 17 de setembro de 2008, https://www.nysun.com/arts/reconsiderations-betty-friedans-the-feminine/86003/.

22. Betty Friedan, *It Changed My Life* (Cambridge, MA: Harvard University Press, 1998), 397.

23. Malcolm X, "Racial Separation", BlackPast.org, 11 de outubro de 1963, http://www.blackpast.org/1963-malcolm-x-racial-separation.

24. Kwame Ture e Charles V. Hamilton, *Black Power: The Politics of Libera- tion in America* (Nova York: Vintage Books, 1992), 4–5.

25. Gloria Steinem, *Revolution from Within* (Boston: Little, Brown, 1992), 44–45. Publicado no Brasil com o título *A Revolução Interior*.

26. Kimberlé Crenshaw, "Why Intersectionality Can't Wait", *Washington Post*, 24 de setembro de 2015, https://www.washingtonpost.com/news/in-theory/wp/2015/09/24/why-intersectionality-cant-wait/?noredirect=on&utm_term=.179ecf062277.

Notas

27. Ta-Nehisi Coates, "I'm Not Black, I'm Kanye", *Atlantic*, 7 de maio de 2018, https://www.theatlantic.com/entertainment/archive/2018/05/im-not-black-im-kanye/559763/.

28. Donna M. Hughes, "Significant Differences: The Construction of Knowledge, Objectivity, and Dominance", *Women's Studies International Forum* 18, nº 4 (julho–agosto 1995): 395–406, https://www.sciencedirect.com/science/article/abs/pii/027753959580031J.

29. Allum Bokhari, "Lawsuit: Google Instructed Managers That 'Individual Achievement' and 'Objectivity' Were Examples of 'White Dominant Culture'", Breitbart.com, 18 de abril de 2018, http://www.breitbart.com/tech/2018/04/18/lawsuit-google-instructed-managers-that-individual-achievement-and-objectivity-were-examples-of-white-dominant-culture/.

30. Joshua Loftus, "Steven Pinker's Radical Centrism and the 'Alt-right'", Medium. com, 11 de janeiro de 2018,https://medium.com/@joftius/steven-pinkers-radical-centrism-and-the-alt-right-b261fde5a24f.

31. Twitter, 9 de janeiro de 2018, https://twitter.com/jbouie/status/950794932066947072?lang=en.

32. Eric Turkheimer, Kathryn Paige Harden e Richard E. Nisbett, "Charles Murray Is Once Again Peddling Junk Science about Race and IQ", Vox.com, 8 de maio de 2017, https://www.vox.com/the-big-idea/2017/5/18/15655638/charles-murray-race-iq-sam-harris-science-free-speech.

33. Ezra Klein, "The Sam Harris Debate", Vox.com, 9 de abril de 2018, https://www.vox.com/2018/4/9/17210248/sam-harris-ezra-klein-charles-murray-transcript-podcast.

34. Heather Mac Donald, "How Identity Politics Is Harming the Sciences", City-Journal.org, primavera de 2018, https://www.city-journal.org/html/how-identity-politics-harming-sciences-15826.html.

35. Lawrence H. Summers, "Remarks at NBER Conference on Diversifying the Science & Engineering Workforce", Office of the President of Harvard University, 14 de janeiro de 2005, https://web.archive.org/web/20080130023006/http://www.president.harvard.edu/speeches/2005/nber.html.

36. Tom Yun, "U of T Letter Asks Jordan Peterson to Respect Pronouns, Stop Making Statements", TheVarsity.ca, 24 de outubro de 2016, https://thevarsity.ca/2016/10/24/u-of-t-letter-asks-jordan-peterson-to-respect-pronouns-stop-making-statements/.

37. Laura Booth, "Who Is Lindsay Shepherd?" TheRecord.com, 12 de dezembro de 2017, https://www.therecord.com/news-story/7992232-who-is-lindsay-shepherd-/.

38. Ben Shapiro, "The Purge: Scott Yenor and the Witch Hunt at Boise State", WeeklyStandard.com, 18 de outubro de 2017, https://www.weeklystandard.com/ben-shapiro/the-purge-scott-yenor-and-the-witch-hunt-at-boise-state.

39. John Sexton, "Professor Notes Men Are Taller Than Women on Average, SJWs Storm Out Angrily", HotAir.com, 14 de março de 2018, https://hotair.com/archives/2018/03/14/professor-points-men-taller-women-average-sjws-storm-angrily/.

40. Nick Roll, "Evergreen Professor Receives $500,000 Settlement", InsideHigherEd.com, 18 de setembro 2017, https://www.insidehighered.com/quicktakes/2017/09/18/evergreen-professor-receives-500000-settlement.

41. Greg Lukianoff e Jonathan Haidt, "The Coddling of the American Mind", TheAtlantic.com, setembro de 2015, https://www.theatlantic.com/magazine/archive/2015/09/the-coddling-of-the-american-mind/399356/.

42. Roy Baumeister, *Evil: Inside Human Violence and Cruelty* (Nova York: Holt Paperbacks, 1999), 45.

43. Melinda D. Anderson, "How the Stress of Racism Affects Learning", TheAtlantic.com, 11 de outubro de 2016, http://www.theatlantic.com/education/archive/2016/10/how-the-stress-of-racism-affects-learning/503567/.

44. Yuval Noah Harari, *Sapiens: A Brief History of Humankind* (Nova York: HarperCollins, 2015). Publicado no Brasil com o título *Sapiens: Uma Breve História da Humanidade*.

45. Yuval Noah Harari, "The Meaning of Life in a World without Work", *Guardian*, 8 de maio de 2017, https://www.theguardian.com/technology/2017/may/08/virtual-reality-religion-robots-sapiens-book.

CONCLUSÃO: COMO CONSTRUIR

1. Richard Dawkins, *The God Delusion* (Boston: Houghton Mifflin, 2008), 275. Publicado no Brasil com o título *Deus um Delírio*.

2. Ronald Reagan, Phoenix Chamber of Commerce, 30 de março de 1961, https://archive.org/details/RonaldReagan-EncroachingControl.

3. Abraham Lincoln, First Inaugural Address, 4 de março de 1861, http://avalon.law.yale.edu/19th_century/lincoln1.asp.

4. G. K. Chesterton, *The Thing* (Londres, 1929; página de Martin Ward, 2010), http://www.gkc.org.uk/gkc/books/The_Thing.txt.

ÍNDICE

A

Abraão, 24, 29, 56
Abraham Maslow, 187
Adam Smith, 85
agnosticismo, 98
Agostinho, 59
Alasdair MacIntyre, 48–50
alegoria da caverna, 42
Alexis de Tocqueville, 91
alfabetização, 65
Alfred Kinsey, 161
Allan Bloom, 49–50
alma, 37
    tripartida, 160
altruísmo, 8
anarquia, 15
Antonio Gramsci, 183
aperfeiçoamento, 11
aprimoramento econômico, 41
Aristóteles, 43–44, 55, 66, 82
artes liberais, 64
ateísmo, 76, 98
Auguste Comte, 135

autoaperfeiçoamento, 115
autodeificação, 31
autoestima, 188–204
autopreservação, 83

B

Barack Obama, xx
Baruch de Espinoza, 100
Betty Friedan, 191
biologia evolucionária, 111
Blackstone, 119
Boécio, 64
Bonifácio VIII, 74
branquidade, xx
budismo, 28
burocracia, 134

C

cadeia evolutiva, 111
caos destrutivo, 21
capitalista, 131
capital social, 14
caráter moral, 61

Índice

caridade, 101
caso Dred Scott, 93
cataclismo, 139–151
causa final, 44
certeza moral, 73
ceticismo do poder político, 74
Charles Darwin, 111
    biologia evolucionária de, 111
Charles Hamilton, 192
Cícero, 50, 64
cidadão, 49
Cidade de Deus, 60, 79
Cidade do Homem, 60, 79
ciência, 51, 74–76, 158
    nascimento da, 47, 53
    progresso, 77–79
civilidade, 11
civilização ocidental, 41, 97
código de Hamurabi, 9
cogito ergo sum, 78
comportamento, 12
    ideal
     lei natural, 83
comunidade de fé, 35
conhecimento, 156
    divino, 63
consenso, 84
consiliência, 163
Constantino, 62
consumismo, 184
contracultura, 187
contrato social, 83
coragem, 116
Credo Niceno, 62
cristianismo, 20–21, 57–61
culto
    ao Ser Supremo, 119
    da razão, 119

D

darwinismo
    ascensão do, 111
David Hume, 102
declaração de independência, 86

decreto de tolerância, 62
deísmo, 79
democracia, 41
    raízes da, 48
Demócrito, 43
Denis Diderot, 118
Descartes, 156
desigualdade
    econômica, xix
    humana, 31
Deus, 55–56
Diocleciano, 62
direito
    à felicidade, 88–89
    à liberdade, 84
    à propriedade, 84
    à vida, 84
    dos homens
     autopreservação, 83
    individual, 83, 120
    natural, 74, 82
direitos humanos, 41, 81–82
distinções de classe, 129
ditadura do proletariado, 144
Donald Trump, xx
donatistas, 61
DREAMers, 3

E

Edmund Burke, 123
Edward Said, 40
ego, 160
Elizabeth Cady Stanton, 173
empatia, 8
E. O. Wilson, 162
era
    da razão, 96
    messiânica do homem, 133
Erich Fromm, 184
Ernest Fortin, 68
Escola de Frankfurt, 183
escolástica, movimento, 65–66
estado de natureza, 83
estado não restritivo, 16

Índice

esterilização compulsória, 150
ética, 45–46
eugenia, 149
evolução darwiniana, 12
existencialismo, 154
Êxodo, 24

F
fabianismo, 144
família, 35
felicidade, 4, 109
   ingredientes da, 17
   na filosofia, 53
Felix Mendelssohn, 141
fé religiosa, 41
festival da razão, 119
Filipe IV, 74
Fiódor Dostoiévski, 112
força, 116
fortuna, 99
Francis Bacon, 77, 163
frenologia, 135
Friedrich Engels, 130
Friedrich Nietzsche, 114

G
Galileu Galilei, 75
Gauliano, 62
Gênesis, 24
Georg Hegel, 127
Gloria Steinem, 193
governo, 35, 85
guerra, 126
   da Independência dos Estados Unidos, 118
   dos Trinta Anos, 81
Guilherme de Ockham, 75

H
Hanucá, 57
hedonismo, 10
Henry William Frederick Saggs, 22
Heráclito, 46

Herbert Marcuse, 185
heróis, 42
hinduísmo, 28
história, 28
Hitler, 142
homem livre, 116
honestidade, 116
Hugo de São Vitor, 65
Hugo Grócio, 82

I
id, 160
Idade das Trevas, 63
Idade Média, 79
identidade tribal, 202
ídolos, 25
Igreja, 74
   Católica, 63, 79
Ilíada, 28
iluminismo, xxii, 69, 74, 96–97, 117
   europeu, 118
   norte-americano, 117
   revisionismo histórico do, 97
Immanuel Kant, 105
imperialismo, 127
Império Bizantino, 63
Império Romano
   colapso do, 63
individualismo
   atomista, 10
   radical, 16
instinto moral, 106
interseccionalidade, 190, 193, 195
Isaac Newton, 76

J
Jean-Jacques Rousseau, 105, 110, 118
Jean-Paul Sartre, 156
Jeremy Benhamm, 107
João Calvino, 75
Johannes Kepler, 76
Johann Fichte, 127
John Dewey, 136

236   Índice

John Locke, 83, 119, 138
Jonathan Haidt, 45
Jonathan Sacks, 23, 56
Jordan Peterson, 199
judaísmo, 20, 55
Juliano, 61
justiça, 48, 90

K
Karl Brandt, 150
Karl Jaspers, 156
Karl Marx, 130
Karl Popper, 49–50
Kimberlé Crenshaw, 193
Kulturkampf, 140

L
lei, 84
    moral, 106
    natural, 43, 50, 56, 68, 83, 84, 159, 173
    filosofia da, 43
leninismo, 145
Leo Strauss, 46–50
leviatã, 83
liberdade, 20, 138
    de culto, 89
    de expressão, xxv
    individual, 52
libertarismo, 102
livre-arbítrio, 12, 68, 70, 109, 159
livre mercado, 130
logos, 46, 59
luta, 116
luteranismo
    ascensão do, 80
Lutero
    razão como secundária à fé, 81

M
Magna Carta, 154
Maimônides, 66
Malcolm X, 192
Mao Tse-tung, 145

Maquiavel, 80
Margaret Sanger, 150
Marquês de Sade, 112
Marsílio de Pádua, 79
Martin Heidegger, 142, 156
Martin Luther King Jr., 173
materialismo científico, 12
Max Horkheimer, 183
Maximilien de Robespierre, 119
Max Weber, 135
meritocracia, 125
mesopotâmios, 23
método científico
    primeiras raízes do, 69
Michael Shermer, 170
millennials, 189
mito secularista, 75
mitos gregos, 42
Moisés, 24, 55
monoteísmo, 23
monoteístas filosóficos, 46
Montesquieu, 85, 119
moral, 45–46, 173
moralidade, 111
movimentos anticlássicos, 40
multiculturalismo, 40

N
nacionalismo, 124–128
    romântico, 141
narrativa da criação, 32
Nathaniel Branden, 188
nazismo, 142
    predisposição coletiva, 184
    surgimento do, 184
negar a razão, 12
neoiluminismo, 163–172
neurose infantil, 160
Nicolas de Condorcet, 118
Nicolau Copérnico, 69, 75
Nicolau Maquiavel, 79, 99
Nicole Oresme, 75
Nuremberg, 150

Índice

O

Otto von Bismarck, 140

P

paganismo, 22
  dionisíaco, 186
pais fundadores, 39
Pangloss, 105
panteísmo, 23
Pantera Negra, 192
papel da universidade, 39
particularismo, 56
partido único, 73
paz de Vestfália, 99
pecado, 26
pensamento grego, 42
pensamento helênico, 57
Pitágoras, 47–48
Platão, 42–53
poder, 35
  da mente, 52
  do coletivo, 131
politeísmo, 22–23, 102
politeístas, 46
positivismo, 135
pragmatismo, 137
predisposição, 17
  coletiva, 15–16, 51–53
  individual, 11–12, 51
privilégio, 194
progressismo, 136
progresso, 138
  científico, 68–69
  humano material, 169
propósito
  coletivo, 33–34, 51, 70
  da existência humana, 33
  da natureza, 44–53
  da vida
  lei natural, 84
  individual, 33, 51, 90
  moral, 5–9, 17
  coletivo, 13–14, 65
  elementos para criar o, 9

individual, 65
  necessidade do, 9–12
propriedade, 110
  privada, 129
prosperidade, xxx
  material, 20
protocapitalismo, 65
prudência, 90

Q

quadrívio, 64
queda do Império Romano, 60

R

racismo institucional, 192
razão, 12, 17, 68, 70, 90, 97, 106, 178–204
  como secundária à fé, 81
  devoção à, 98
  era da, 96
  festival da, 119
  humana, 42
realidade, 28
reflexão, 12
regime nazista, 142
relativismo moral, 100
religião, 41
Renascimento, 74
René Descartes, 78
responsabilidade governamental compartilhada, 50
restrições, 118
revelação no Sinai, 20
revolução científica, 68
Revolução Francesa, 118–120, 126
Richard Dawkins, 206
Richard Tarnas, 46, 58
Richard Wagner, 141
Rodney Stark, 61
Roger Bacon, 69
Romano Henrique IV, 63
Romulus Augustus, 63
Ronald Reagan, 208

238 Índice

S
Sabá, 2
Sêneca, 64
sentido, 17
Sigmund Freud, 159
simcha, felicidade, 5
Simone de Beauvoir, 192
sistema
    de virtude, 49
    ético, 48
    misto, 50
soberania, 83
    dos cidadãos, 79
sociobiologia, 163
sociologia, 135
Sócrates, 42
sonhos, 160
Søren Kierkegaard, 154
stalinismo, 145
Steven Pinker, 167, 196
Stokely Carmichael, 192
subjetividade, 155
subjetivismo moral, xxx
sufrágio, 173
superego, 160

T
Ta-Nehisi Coates, xx
tecido social funcional, 14
Teddy Roosevelt, 149
télos, 44, 51, 78, 82, 96, 151, 179–204
temperança, 90
tempo, 28
Teodósio, 62
Tertuliano, 59
Theodor Adorno, 183
Thomas E. Woods Jr., 66
Thomas Hobbes, 82
    relativismo moral, 100
Thomas Jefferson, 86
Thomas Paine, 129
tirania, 15
Tomás de Aquino, 66, 75
tomismo, 66

Torá, 101
totalitarismo, 184
trabalho colaborativo, 14
tradição filosófica greco-romana, 40
tradição judaico-cristã, 14
transformação social, 183
transgeneridade, 177–178
trívio, 64

U
universalismo, 56
utilitarismo, 107
utopia
    comunista, 130
    da burocracia, 134–139
    da igualdade, 129–133
    do nacionalismo, 124–128

V
valor, 44
verdade objetiva, 47–48, 111
verdade universal, 34
Viktor Frankl, 8
virtude, 45–46, 57, 83, 86, 90, 120
Voltaire, 103
vontade geral, 124

W
Woodrow Wilson, 138

Y
Yuval Noah Harari, 202–204

Z
zeitgeist, 128